JN451957

선진유가의 사상

선진유가의 사상

조 원 일 지음

전남대학교출판부

머리말

유학사상은 지난 수천 년 간의 세월들 속에서 동아시아 사람들의 삶 가운데서 세상을 올바르게 살아가게 하는 한 방편으로서 구심점의 역할을 해왔다고 할 수 있다. 이와 같은 유학사상은 지난 역사 속에서 동아시아 여러 왕조들의 국가통치 이데올로기로서의 역할을 담당해왔으며, 또한 세계와 우주를 이해하는 세계관으로서의 역할을 수행하는 한편 인간 삶의 궁극적인 문제를 탐구하는 인간관으로서 역할도 담당하였다. 그러나 이러한 유학사상은 지난 세기 초에는 과거지향적인 고루한 관념체계로 치부되어 동아시아 국가들의 근대화를 방해하는 걸림돌로 취급되어 결국에는 전면적으로 파기되어야할 과거의 낡은 유산으로 전락하게 된다. 그 결과 유학사상은 동아시아 사회에서 많은 수난과 박해를 받았다.

현대사회는 첨단과학과 정보화의 담론이 지배하고 있는 사회라고 할 수 있다. 오늘날 유학사상은 많은 사람들에 의해서 이러한 현대사회의 담론에 부응하지 못하는 구시대의 잔재로 취급받고 있으며 또한 현대사회에는 어울리지 않는 시대착오적 관념체계로서 인식되어지고 있는 상황이라고 할 수 있다. 이러한 시대적 상황 속에서 유학사상은 과연 어떠한 시대적 의미를 우리들에게 전해 줄 수 있을까?

유학사상은 현대사회를 살아가는 우리들이 현실생활 속에서 직면하게 되는 수많은 문제들에 대한 직접적이고 효율적인 해결방법은 제시해 줄 수 없다고 말할 수는 있다. 그러나 다른 한편으로 우리는 과연 현대사회의 어떠한 사상체계 혹은 이데올로기가 현재 인간사회에서 발생하고 있는 수많은 문제점들에 대하여 직접적이고 효율적인 해결책을 제시할 수 있는가? 라고 하는 의문을 제시할 수도 있다.

동아시아 사람들의 삶의 원리로서 자리매김을 했던 유학사상은 시공을 초월하는 보편적 원칙을 통해서 우리들에게 진정한 사랑의 의미와 정의로움에 대한 각성과 다른 사람과의 관계 속에서 타인을 배려할 줄 아는 마음과 교육의 중요성에 대한 인식을 일깨우고 있다고 할 수 있다. 이러한 것들을 바탕으로 우리는 가치 있는 인간으로 거듭날 수 있는 것이며, 무엇이 올바른 삶의 길인지를 체득할 수 있는 것이다.

필자는 지난 십여 년 동안 강단에서 유학사상과 관련된 강의를 하면서 틈틈이 연구논문을 작성했는데, 그 가운데 중국의 선진유학 사상에 관한 글들을 모아서 수정작업과 보완을 거쳐 단행본을 세상에 내놓게 되었다.

본서는 선진유학 사상에 대하여 관심이 있는 일반인들도 선진유학을 쉽게 이해할 수 있도록 구성하였다. 본문은 모두 열 개의 장으로 구성되어 있는데 다음과 같다.

먼저 제1장은 유가의 기원 문제에 대하여 유가집단과 그 사상의 연원과 유가집단의 형성을 촉진시킨 요인과 유가집단과 춘추전국시대의 새로운 형태의 국가와의 관계 및 그 결과로 파생된 문제는 어떠한 것들이 있는가? 의 문제를 중심으로 살펴보았다. 이 글은 원래 『중국인문과학』 제48집(2011년)에 게재했던 문장을 수정과 보완작업을 거쳐 수록한 것이다.

제2장은 공자의 천인론에 대하여 공자 이전의 '천'개념과 천인관계의 변화 발전 및 공자의 천인관계를 중심으로 살펴보았다. 이 글은 원래 『중국학논총』 제13집(2002년)에 게재했던 문장을 수정과 보완작업을 거쳐 수록한 것이다.

제3장은 공자의 인성론에 대하여 공자의 언급들 속에서 인성론 문제와 비교적 가깝게 접근했다고 판단되는 것들을 중심으로 공자의 인성론 문제에 대한 해석을 '性相近'과 '習相遠'의 분석과 '仁'으로 설명할 수 있는 본성의 문제를 중심으로 시도했다. 이 글은 원래 『중국학논총』 제30집(2010년)에 게재했던 문장을 수정과 보완작업을 거쳐 수록한 것이다.

제4장은 공자의 정치론 사상에 대하여 덕치와 법치의 대립의 문제와 자기 수양과 정치에의 참여에 대한 구분의 문제 및 예치의 실천 문제를 중심으로 살펴보았다. 이 글은 원래 『중국인문과학』 제47집(2011년)에 게재했던 문장을 수정과 보완작업을 거쳐 수록한 것이다.

제5장은 맹자의 천인론에 대하여 내재되어 있으면서 초월해 있음의 문제와 '知天', '事天', '立命'의 문제를 중심으로 살펴보았다. 이 글은 원래 『중국학논총』 제27집(2009년)에 게재했던 문장을 수정과 보완작업을 거쳐 수록한 것이다.

제6장은 맹자의 인성론에 대하여 맹자 인성론의 기본 형태를 비유

를 통해서 고찰하였으며, 맹자와 고자의 인성론 관점의 갈림길을 중심으로 살펴보았다. 이 글은 원래 『한중인문학연구』 제18집(2006년)에 게재했던 문장을 수정과 보완작업을 거쳐 수록한 것이다.

제7장은 맹자의 정치론에 대하여 정치사상의 핵심 개념인 '왕도'의 문제와 그가 직시한 현실문제에 대한 분석 그리고 그가 추진하고자 했던 이상적인 개혁정책 방안을 중심으로 살펴보았다. 이 글은 원래 『한중인문학연구』 제14집(2005년)에 게재했던 문장을 수정과 보완작업을 거쳐 수록한 것이다.

제8장은 순자의 천인론에 대하여 천의 개념분석과 '천'과 개인의 관계 및 '천'과 사회와의 관계에 대하여 살펴보았다. 이 글은 원래 『중국학논총』 제19집(2005년)에 게재했던 문장을 수정과 보완작업을 거쳐 수록한 것이다.

제9장은 순자의 인성론에 있어 성악의 문제에 관한 현대학자들의 해석의 장단점을 분석하고 '선'과 '악'의 개념에 대한 분석을 통하여 순자가 언급한 '선'과 '악'의 개념이 현대의 개념과 분명한 차이가 있다는 사실을 천명하였으며, '성악'의 주장은 기본적으로 '선위'를 기준으로 해서 나온 것이라는 사실을 중심으로 살펴보았다. 이 글은 원래 『중국학논총』 제32집(2011년)에 게재했던 문장을 수정과 보완작업을 거쳐 수록한 것이다.

제10장은 순자에게 있어서의 '정도'의 문제에 대하여 먼저 '예로써 다스림'을 통해 분석하고, 그 다음에 군주를 존중하는 방법을 통해 분석을 하고, 마지막으로 백성들을 귀하게 대하는 방법을 통하여 분석을 시도해보았다. 이 글은 원래 『중국인문과학』 제45집(2010년)에 게재했

던 문장을 수정과 보완작업을 거쳐 수록한 것이다.

필자는 대학 졸업 후 중국철학에 대하여 좀 더 폭넓은 안목을 키우고 심도 있는 연구를 위해서 타이완과 베이징에서 강산이 한 차례 바뀔 시간 동안 새로운 방법론과 이론을 연마했다. 또한 그러한 과정 속에서 고명한 석학들의 가르침을 통하여 엄정한 학문연구 태도를 배울 수 있었던 점은 커다란 행운이라고 생각한다. 이러한 성과들을 바탕으로 끊임없이 인간과 세계의 문제에 대한 근원적인 탐구에 관하여 고민했던 철학적 문제들에 대한 조그마한 결과물을 세상에 내놓게 되어 매우 기쁘게 생각한다.

2011년 가을

屯德齋에서

조원일

차례

제4장 공자의 정치론 _84

제5장 맹자의 천인론 _106

제6장 맹자의 인성론 _130

제7장 맹자의 정치론 _161

제8장 순자의 천인론 _193

제9장 순자의 인성론 _223

제1장 유가의 기원

1. 시작하는 말

유가의 기원에 관한 문제는 현재까지도 학계에서 이견이 분분한 분야로서, 이 문제에 관하여 연구자들마다 제 각기 서로 다른 각도에서 조명한 자신의 견해를 제시하고 있는 실정으로 아직 명확한 정설이 정해지지 않았다고 판단된다. 현재 학계에 거론되고 있는 유가의 기원에 대한 학설은 대략 다음과 같다고 할 수 있다.

먼저 공자 일생의 사적이나 공자의 사상체계로부터 유가사상의 기원을 탐색하는 학설로서, 이러한 각도에서 연구한 결과의 특징은 공자를 사회개혁가로 보고 있다는데 있다. 전목(錢穆)과 크릴(H.G.Creel) 같은 학자가 이러한 부류에 속한다.

다음은 사회체제의 거시적인 변화에 대한 분석으로부터 공자의 사상과 정치적 실천을 탐색하는 학설로서, 이러한 시각에서 연구한 결과는 공자를 중심으로 한 새로운 사회적 계층 및 학파가 발생했다고 하는 점에 그 특징이 있다고 할 수 있다. 조기빈(趙起彬)과 광아명(匡亞明) 및 카이즈카 시게키(貝塚茂樹) 같은 학자가 이러한 부류에 속한다.

그 다음은 '사'(士)나 '유'(儒) 등의 사회적 계층 혹은 사회적 단체의 실체로써 유가사상의 기원을 탐색하는 학설로서, 종합적인 특징을 가지고 있으며 여영시(余英時) 같은 학자가 이러한 부류에 속한다.

그 다음은 사상발전의 관점에서 유가사상의 기원을 탐색한 학설로서 '인'(仁)과 '예'(禮) 등의 개념의 변화를 중시한 점에 그 특징이 있다고 할 수 있다. 서복관(徐復觀)과 아카즈카 키요시(赤塚忠) 같은 학자가 이러한 부류에 속한다.

끝으로 연구자 자신이 설정한 철학적 관점에 기반 하여 공자 사상의 의미를 묘사한 학설로서 사상의 자율적 발전을 중시한 점에 그 특징이 있으며, 이택후(李澤厚)와 모종삼(牟宗三)과 핑가레트(H.Fingarette) 같은 학자가 이러한 부류에 속한다.

이상과 같은 학자들의 학설은 매우 심도 있는 연구결과라고 판단되지만, 본문에서 제기하고자 하는 문제의식에 비춰볼 때 다음과 같은 세 가지 측면에 있어서 보완이 필요하다고 생각된다.

먼저 많은 학자들의 견해 속에는 공자 본인의 사상과 정치적 실천이 주요한 연구 대상으로 각인되어져 있으며, 일부 학자들과 같은 경우는 역사적 법칙의 공자에 대한 영향을 과도하게 중시하고 있다. 그러나 여기에서의 문제는 만일 유가를 일종의 사회세력으로 간주한다면 마땅히 유가의 집단으로서의 특색을 고찰해야 한다는 것이다.

다음은 대부분의 학자들이 공자 사상의 본질이나 의미의 측면에만 집중적인 고찰을 하기 때문에 유가사상이 왜 형성되었을까? 라고 하는 문제에는 상대적으로 소홀했다는 것이다. 다시 말하면 춘추전국시대의 사회에서 무슨 이유 때문에 유가사상이 출현했어야만 했는가의 문제에 대한 설명과 고찰이 부족하다는 것이다.

마지막으로 많은 연구 서적이 공자의 정치적 실천에 대하여 거론하고 있지만, 공자나 원시유가 사상의 정치성에 대해서는 거의 거론하고 있지 않다는 것이다. 즉 많은 학설들이 유가사상과 춘추전국시대의 국가들 사이의 대립적 측면만을 강조하여 유가학파와 춘추전국시대 국가들 간의 상호의존적 측면을 경시했다는 점이다. 만일 유가학파와 춘추전국시대의 국가들 사이에 대립적인 관계만 존재했다고 하면 유가의 세력이 어떻게 그처럼 빠르게 확산될 수 있었겠는가?

본문에서는 이상과 같은 문제의식에 기초하여 유가집단이 어떻게 발생하게 되었나 하는 사안에 대하여 다음과 같은 문제들을 중심으로 분석을 해보겠다. 유가집단과 그 사상의 연원은 어디에 있는가? 어떤 요인이 유가집단의 형성을 촉진시켰는가? 유가집단과 춘추전국시대의 새로운 형태의 국가와의 관계는 어떠했는가? 유가집단과 춘추전국시대 국가들의 결합은 어떠한 문제를 발생시켰는가?

2. 유가 학파의 연원

유가집단의 연원에 관한 문제에 대하여 유가 학파의 세 가지 사상 연원 즉 '유'(儒) · '사'(史) · '시악'(詩樂)의 측면과 유가집단의 주요한 사회적 모체로서의 '사'(士)의 실태 측면의 두 부분으로 나누어 살펴볼 수 있다.

먼저 '유'(儒)의 원시형태에 관한 문제부터 살펴보기로 하겠다. '유'란 무엇인가? '유'에는 어떠한 사상 내함이 담겨져 있는 것인가? 『설문해자』에는 "유는 부드러움이다. 술사의 호칭이다."[1]라고 기록되어 있다. '유'자의 의미에서 언급하자면 중요한 함의는 '수'(需)부분에 있다고 할 수 있다. 시라카와 시즈카(白川靜) 같은 경우는 '수'(需)자의 원래 형태는 '우'(雨)와 '이'(而)인데, '이'자는 머리를 풀어헤친 무당을 의미하며, 그것에 '우'자가 더해져 그것이 가리키는 것은 비를 청하는 의식을 거행하는 '무격'(巫覡)을 의미하는 것이라고 한다.[2]

고대의 중국 특히 춘추시대 이전의 중국사회에는 '사'(祀)라고 하는 씨족집단이 있었다는 점에 유의할 필요가 있다. 이러한 '사'의 주요한 역할은 조상에 대한 의례를 담당하는 것으로 그들 즉 '사'의 신분이 높고 낮음의 관계없이 만일 '사'가 행사에 참여하지 않으면 왕이라고 할지라도 그들의 조상에 대한 제례를 진행할 수 없었다. 춘추시대의 사람들의 관념 가운데에 있어서 조상 역시 공동체의 구성에 포함되었으며 매우 중요한 존재였다.[3]

이러한 부분에서 주의해야 점은 고대사회에 있어서 '무격'과 '사'에 관한 사회적인 신분과 역할이 한(漢)나라 이후에 보여 지는 사실들과는 다르다는 점에 반드시 유의해야 한다. 특히 춘추시대에 와서는 왕・제후와 '무격'사이는 명확한 구분이 없었다는 점에 반드시 유의할

---

1) 許愼, 『說文解字』, "儒, 柔也, 術士之稱."

2) 白川靜, 『孔子傳』, 東京, 中央公論社, 1989년, 78~80쪽 참조.

3) 高木智見, 「春秋時代の神人共同體について」, 『中國-社會と文化』 集五, 1990년, 141~148쪽 참조.

필요가 있다. 즉 국가 차원의 제사를 거행하는 때가 되면 왕·제후는 큰'무격'으로 변했는데, 이것은 왕·제후가 일정부분에 있어서는 무술(巫術)에 정통했음을 의미한다고 볼 수 있다. 이러한 상황은 상나라 시기에 특히 성행했던 것이기는 하지만 그렇다고 춘추시대에 와서 완전히 소실된 것은 아니라고 보기도 한다.[4] 그렇기 때문에 기우제 의식을 거행하는 '무격'이 어떤 때에는 전문적인 민간'무격'일 수도 있지만 또 어떤 때에는 '무격'으로 분장하여 '무격' 역으로 각색된 왕이나 제후일 수도 있다고 말할 수 있는 것이다.

그렇다면 '유'(儒)와 '유가'의 관계는 과연 어떠한 형태를 가지고 있는가? 라는 문제에 대하여 살펴보도록 하겠다. 이러한 문제에 대해서는 춘추시대에 이르러 '무술'(巫術) 등 각종 의례에 관한 전문지식이 어떤 방법을 통하여 다음 세대로 전해질까? 라고 하는 물음에서 접근하는 편이 타당하다고 여겨진다. 즉 고대의 중국사회에서 전문적인 기능과 지식을 배울 수 있었던 곳에는 두 종류가 있었다. 하나는 고대의 각 나라에서 운영하던 학교로 서주시기의 '벽옹'(辟擁) 같은 경우가 그것에 해당된다. 다른 하나는 각 씨족의 내부에서 운영하던 학교이다. 중요한 점은 왕이나 제후 및 귀족들은 국가에서 운영하는 학교나 씨족에서 운영하는 학교를 선택하여 교육을 받을 수 있었으며, 본래 이러한 전문적인 지식들을 보유하고 있는 씨족집단이 존재하고 있다는 것이다. 한편 그들은 왕이나 제후가 주관하는 각종의 국가차원의 제사의례에 참여하면서 '무술' 등의 전문적인 지식과 기술을 왕이나 제후

4) 송나라에서 이러한 풍속이 특히 성행했는데, 『莊子』 등의 기록에 보이는 바와 같이 친히 기우제를 주재하는 송나라 경공(景公)의 경우 큰무당의 면모를 가지고 있다고 할 수 있다.

귀족들의 자제에게 전수하기도 했다. 다른 한편으로는 비교적 중요한 전문적인 지식은 씨족집단 내부의 다음 세대에 전수하기도 했다.

춘추시대의 '유'는 '무술' 등 제사 의례와 관련된 전문적인 지식과 기술을 보유하고 있었던 씨족집단이었을 것으로 생각된다. 그들 가운데 국가차원의 대규모적인 제사의 진행 및 준비를 담당하는 '대유'(大儒)와 민간차원의 소규모적인 제사의 의례를 담당했던 '소유'(小儒)가 있었을 것이다. 그러므로 공자는 일찍이 "너는 군자다운 유자가 되어야지, 소인 같은 유자는 되지 마라."[5]라고 언급했던 것이다.

'유'와 '유가'의 관계에 대하여 적지 않은 학자들이 '무격'이나 '사'(祀) 등의 제사를 담당하는 집단을 유가의 원초적인 형태로 간주한다. 특히 근래의 고대문자학과 문화인류학의 발전은 갈수록 춘추시대의 '유'와 유가사상의 관련성에 힘을 실어주고 있다. 그러나 설사 그와 같다 손 치더라도 앞에서 언급한 사실들로는 '무술'(巫術)을 담당했던 무당이나 신과 인간의 소통자의 역할을 했던 '사'(祀)가 갑자기 변하여 '덕치'(德治)나 '예치'(禮治)의 정치사상을 포함한 '유'(儒)로 변모 될 수 있었는가 라고 하는 문제에 대해서는 충분한 해답을 주고 있지 못하고 있다.

'유'(儒) 혹은 '사'(祀)는 도대체 어떻게 그러한 정치사상으로 발전할 수 있었을까? 라는 문제에 대하여 다음과 같은 각도에서 조명할 수 있을 것이다. 먼저 '유'의 원초적인 형태는 민간차원의 제사의 의례를 담당했던 '무당'이면서 왕이나 제후 및 귀족들의 '교육자'임과 동시에 국가차원의 제사 의례 거행에서 빠져서는 안 될 조력자로서의 '유'였던 것이다. 이들에게는 자신들의 전문적인 지식을 정치철학으로 발전

5) 『論語』, 「雍也」, "女爲君子儒, 無爲小人儒."

시킬 수 있는 능력과 의지가 있었을 것으로 판단된다. 다른 하나는 대체로 기술을 갖춘 모든 집단들과 마찬가지로 '유'의 존재형태는 씨족집단 위주로 이루어졌을 것인데, 그 가운데 국가차원의 행사에 영향력을 충분히 발휘할 수 있을 만한 씨족단체가 있어서 그들이 평상시에는 '무술'(巫術)에 종사하다가 일단 정치적인 분쟁이 발생했을 때는 '유'는 왕이나 제후 및 귀족들의 입장을 지도하면서 집단적인 역량을 이용하여 가볍게 여길 수 없는 실력을 발휘할 수 있었을 것이라고 생각한다.[6] 이와 같이 볼 때 유가집단의 출현 이전에 '유'는 이미 정치집단으로서의 잠재적 가능성을 보유하고 있었다고 볼 수 있으며, 이러한 의미에서 정치철학의 발생은 자연스러운 현상이라고 판단된다.

『논어』의 가치관을 분석해보면 원시유가가 '시'(詩)와 '음악'(樂)을 매우 중요시했음을 쉽게 발견할 수 있다. 공자는 "시에서 흥취를 갖게 되고, 예로써 자립하게 되고, 음악에서 완성시키는 것이다."[7]라고 했는데, 이러한 공자의 언급 속에는 주어가 생략되었기 때문에 우리는 '흥취'와 '자립' 및 '완성'의 주체가 학습의 대상인지 아니면 인간의 덕성인지를 결정 할 수가 없는 것이다. 그러나 여기에서 최소한 원시유가가 '시'와 '음악'을 매우 중시했다는 사실만큼은 알 수 있다. 그렇다면 고대의 중국인에게 있어서 '시'와 '음악'은 그들에게 어떠한 의미를 부여하는 것이었을까? 또한 유가에서 '시'와 '음악'을 학파의 이데올로기 형성수단으로 끌어들인 이후 '시'와 '음악'은 유가사상에 어떠한 영향을 끼쳤을까?

---

6) 白川靜, 『孔子傳』, 東京, 中央公論社, 1989년, 127~130쪽 참조.

7) 『論語』, 「泰伯」, "興於詩, 立於禮, 成於樂."

현대의 문헌고증학 및 문화인류학의 연구결과에 의하면 우리가 접하고 있는 『시경』의 원형은 연애가요와 제사의례용 노래였다.[8] 이 가운데 두 번째 의미를 특별히 주시할 필요가 있는데, 제사의례용 노래의 제작은 '신'(神)에게 봉헌 드리기 위한 행위로서 고대인은 이러한 행위에 대하여 경건하게 임했다. 그러므로 이러한 노래의 제작 행위에 대하여 고대인들은 최고의 지식과 사고력을 발휘했을 것이다. 서주시기 말기에는 '시'의 창조는 제사의례용 노래의 범주에서 독립하게 되는데, 이는 인간의 창조적 사고의 시작이 '시'의 방식으로 나타났음을 의미하는 것이다. 따라서 고대인들은 '시'를 통하여 생활의 고달픔과 정치와 사회에 대한 비판과 미래에 대한 불안 등등 자신과 사회의 각종 관계를 표명하기 시작한다. 춘추시대에 와서 '시'에 대한 새로운 창조는 이미 종말을 고하고, 고대 선인들의 지적유산으로 변모하여 외교의전 등의 수사용으로 사용되는데 이러한 것이 '시'의 '단장취의'(斷章取義)라고 하는 것이다. '시'의 '단장취의' 형식이 춘추시대 귀족들의 언어생활에 영향을 준 것은 '시'의 수사적인 기능과 음운의 탁월성 때문만이 아니고 '시'의 내용 자체가 고대인들의 최고 지적활동의 결과였기 때문인 것이다.

그렇기 때문에 『논어』에서는 "공자께서 백어에게 말씀하셨다. 너는 주남과 소남을 공부하였느냐? 사람으로서 주남과 소남을 공부하지 않으면, 그는 마치 담벼락을 마주 대하고 서 있는 것과 같을 것이다."[9]

---

8) 松本雅明, 「古典の形成」, 「世界歷史」 卷四, 東京, 岩波書店, 1970년, 127~130쪽 참조.

9) 「論語」, 「陽貨」, "子謂伯魚曰: 女爲周南召南矣乎? 人而不爲周南召南, 其猶正牆面而立也與!"

라고 언급한 것이다. 이곳에서 “그는 마치 담벼락을 마주 대하고 서 있는 것과 같을 것이다”라는 언급은 언어적인 측면에만 답보 상태에 빠진 것이 아니라 전체적인 사고와 지적능력 역시 답보 상태에 빠지게 된다는 것을 의미하는 것이다. 원시유가에 있어서 지식과 사고에 대한 육성 및 사고의 성심을 다하는 태도는 ‘시’의 학습을 통하는 것이 가장 좋은 방법이었다.

원시유가에서 ‘음악’을 중요시한 이유는 두 가지 측면으로 귀납시킬 수 있는데 다음과 같다. 첫 번째 이유는 음악 자체가 가지고 있는 신비한 성질이다. 동서고금을 막론하고 선율의 일정한 조합은 인간의 정서를 동요시켜왔다. 그렇기 때문에 어떠한 제사의례 속에서도 음악은 필수 불가결한 요소로 자리 잡아 온 것이다. 특히 더욱 장엄한 국가 차원의 의례에서 음악의 중요성은 더욱 높아졌던 것이다. 이러한 것이 바로 ‘예’(禮)와 ‘음악’을 합쳐서 ‘예악’(禮樂)라고 말하는 이유인 것이다. 이러한 점에 대하여 기무라 에이이치(木村英一) 같은 경우 다음과 같이 주장했다.

> 각종 의례에는 그것에 적합한 각종 음악이 있다. 또한 이러한 음악은 각종 의례가 순조롭게 진행 될 수 있게 하는 선율을 가지고 있다. 의례와 음악의 미묘한 조화에 의해서 참여자들이 일체감에 도취되는 것을 누릴 수 있는 것이다. 이러한 점에서 볼 때 고대의 ‘예악’은 상호 표리관계를 이루고 있었을 뿐만 아니라 국가사회 질서의 통일과 작위 신분의 차별을 상징적으로 표현하고 있으며 이것을 실현하는 신성한 방법이었으며 통치계층의 필수적인 교양이었던 것이다.[10]

10) 木村英一, 『孔子と論語』, 東京, 創文社, 1971년, 159쪽 참조.

다음의 이유는 음악을 연주하는 악사에게 있다. 고대 사회의 악사는 신비한 음악의 연주자 일뿐만 아니라 고대 지식의 전달자였다. '시'의 가사는 반드시 음악과 동반되었기 때문에 악사들은 필연적으로 '시'의 가사를 외울 수 있었던 것이다.

그렇다면 '사'(史)의 지식전통과 원시유가의 관계는 어떠한가? 사실 대부분의 학자들이 원시유가와 『상서』의 관계는 그다지 깊지 않은 것으로 생각하고 있다.[11] 그러나 원시유가와 『상서』의 관계가 그다지 깊지 않다고 하는 사실은 원시유가에게 역사관이 없었다거나 『상서』 가운데의 가장 일찍 성립되었다고 간주되고 있는 「오고(五誥)」 등의 역사기록을 참고한 적이 없었다는 것을 의미하는 것은 아니다. 춘추시대에는 각 나라에 사관(史官)이 있었는데, 그들은 한편으로는 서주시기 이래의 기록을 전수 받아 보존하는 작업을 하였으며 동시에 자신들 역시 역사를 기록하는 작업을 했었다. 또한 원시유가의 합리적인 사고방식은 역사 공부를 통하여 터득된 것인데, 그것은 역사 지식의 누적을 통하여 역사의 경험을 배워 그것으로써 행동의 표준을 삼았기 때문이다. 신화적인 부분 이외에 그들의 경험은 실제세계를 초월하지 않았기 때문에 그들의 학습의 교훈은 인간의 활동이 주가 되었던 것이다. 『춘추좌전』의 "천도는 멀고, 인도는 가깝다."[12]라고 하는 기록은 바로 이러한 사실을 잘 대변하고 있는 것이다.

유가집단의 또 다른 주요한 사회모체인 '사'(士)에 대해서는 유가집단의 성립이 '유'와 '사'계층의 융합이라고 하는 측면에서 조명하고자

11) 白川靜, 『孔子傳』, 東京, 中央公論社, 1989년, 99쪽 참조.

12) 『春秋左傳』, 「昭公十八年」, "天道遠, 人道邇."

한다. '사'라는 글자는 갑골문 속에서 이미 나타나기 시작하고 있으며, 상나라 시기에는 '사'자와 '왕'자가 거의 같은 의미로 쓰였다. 그러므로 '사'와 '왕'의 원래 글자는 모두 특권계층의 상징을 의미하는 것이었다고 할 수 있는 것이다. 왕권의 강화에 따라 이러한 원래 글자는 '사'와 '왕'의 두 글자로 분화되어 그것들의 구분을 나타내게 되었다.13) 서주 시기에 와서는 '사'자는 제사의례를 담당했던 관직을 지칭한 것처럼 보이지만 이러한 해석은 아직까지 정설로 인정받지 못하고 있다.

춘추시대에 이르러 '사'라는 명칭에는 새로운 함의가 부여되어 역사의 무대에 다시금 출현한다. 춘추시대의 '사'는 '국'(國)과 '도'(都) 등에 거주하던 씨족 공동체의 성원이었다. 그들은 평상시에는 공동체의 연장자로부터 '예'(禮)와 활쏘기 및 전차 몰기 등을 배우지만, 일단 전쟁이 발발하면 자신의 무기를 휴대하고 전장터로 출동하였다. 이러한 '사'계층은 기본적으로 통치계층에 속했다고 할 수 있다. 또한 서복관(徐復觀) 같은 경우는 『시경』 속에 나오는 '사'개념의 분석을 통하여 '사'계층의 변천과정을 분석했는데 다음과 같다.

> '사'는 본래 '국인'(國人) 가운데의 농민이었다. 철기를 사용하기 전에는 농기구로 경작을 할 때 반드시 농민들 가운데 건장한 자가 필요했다. 그러므로 '사'는 원래 농민 가운데 특별한 건장한 자를 지칭하는 것이었다. 당시에는 항상 이러한 건장한 농민을 선별하여 '갑사'(甲士)로 삼았기 때문에 '갑사'를 '사'라고 불렀던 것이다. 단 평시의 직업은 여전히 농업이 주가 되었다. 다시 '갑사' 가운데 귀족의 하급관료로 선발된 사람들이 있었는데 그들을 상사(上士)·중사(中士)·하사(下士)

13) 河池重造, 「先秦時代'士'の諸問題」, 『史林』 卷四十二, 1959년, 4~6쪽 참조.

라고 불렀으며 농사일에서 벗어나기 시작하여 군대 조직의 기본 골간을 이룬다. 또한 귀족을 위해 일하는 사람들 가운데 농사일을 그만둔 사람들도 '사' 집단의 일부로 편입된다. 대부분의 '사' 및 그의 가족들은 농사일과 연결되어 있었다. 그러나 '갑사'를 '사'라고 불렀고, 하급 관료 역시 '사'라고 불렀기 때문에 '사'의 명칭에는 점진적으로 농민 가운데의 건장한 사람이라고 하는 본래의 의미가 사라지게 된다. 춘추시대에 와서는 전문적으로 각종 통치기술에 대하여 추구하는 사람들이 출현하여 정치의 예비군이 되어 농사일에는 손을 떼게 된다.[14)]

서복관은 비록 명확하게 지적하지는 않았지만 '사'가 피통치계층에 속하는 것처럼 여기고 있다. 또한 여영시(余英時)는 춘추시대 말기에 이르러 '사'는 귀족에도 속하지 못하고 그렇다고 서민에도 속하는 것도 아닌 중간계층이라고 생각했다.

귀족계급들 가운데는 지위가 부단히 하강되어 '사'가 되는 경우도 있었고, 특히 서민계급에서는 많은 사람들이 지위가 상승되어 '사'가 되어 '사'계층은 확대되었으며 성질도 변화하기 시작했다. 가장 중요한 것은 '사'는 이미 다시는 고염무가 언급한 것처럼 '대체로 모두 직책이 있는 사람'이 될 수 없었다. 반대로 '사'는 고정된 봉건관계 속에서 떨어져 나와 '사'는 정착하지 않는다고 하는 상태로 진입하게 된다.[15)]

14) 徐復觀, 「封建政治・社會的崩潰, 及典型專制政治的成立」, 『新亞書院學術年刊』 第十一期, 香港, 1969년, 18쪽 참조.

15) 余英時, 『中國知識階層史論』, 臺北, 聯經圖書出版事業公司, 1980년, 22쪽 참조.

서복관이 지적한 것처럼 춘추시대 말기에는 통치계층과 피통치계층 사이에 '사'계층에 속하는 사람들이 갈수록 증가해가고 있었다. 비록 '사'계층의 상당수에 해당하는 인원이 부득이하게 농업에 종사하여 생활을 유지하고 있기는 했지만 그들은 신분상승을 통한 통치계층의 성원으로의 진입기회를 포기한 것은 아니었다. 그래서 여영시 같은 경우 "이러한 때 사회에 학문과 지식을 갖춘 '사'계층의 사람들이 대규모로 출현하였으며, 그들은 관료사회로의 진출을 전업으로 삼았으나, 사회적으로는 고정된 직위가 그들을 기다리고 있지는 않았다. 이러한 상황 아래서 관직의 문제가 발생한 것이다."[16]라고 언급한 것이다.

춘추시대 말기에 전체 '사'계층은 개별적인 관직에로의 진출 방식을 통하여 정치세력을 결성하게 되며, 이러한 정치세력은 춘추시대 말기에서부터 전국시대 초기에 연이어 성립된 새로운 형태의 국가의 기반이 되었다. 그렇다면 '사'는 과연 어떻게 이러한 새로운 형태의 국가에서 관직을 구했을까? 그들은 '사'계층에 속한 것에 불과했기 때문에 순조롭게 관직에 진출 할 수는 없었다. 그래서 그들은 우선 새로운 형태의 국가에서 필요로 하는 각종의 기능과 전문지식을 배워야 했다.

3. 유가집단의 형성

이상과 같은 논거들의 결과를 기반으로 하여 다음과 같은 즉 유가는 왜 성립되었을까? 및 유가는 어떤 성립과정을 거쳤을까? 라고 하는

16) 余英時, 『中國知識階層史論』, 臺北, 聯經圖書出版事業公司, 1980년, 22~23쪽 참조.

문제들을 중심으로 유가집단의 형성에 대하여 살펴보도록 하겠다. 상기의 문제들에 대한 선결과제로서 우선 이미 언급한 '사회모체'와 '지식전통' 등은 과연 어떠한 요인과 상호 결합하여 유가집단의 성립을 촉진시켰을까? 라고 하는 문제를 풀어야만 한다고 생각한다. 이러한 문제에 대하여 결론적으로 다음과 같은 세 가지 이유를 들어보겠다.

하나는 새로운 형태의 국가에서는 유능하고 믿음직한 인재가 상당수 필요했다는 점이다. 다른 하나는 상류층인 귀족계층에 속하지도 않고 서민계층에도 속하지 않는 피통치계층인 '사'계층이 대규모로 출현했다는 점이다. 끝으로 각 국(國)에서는 학교의 역할이 퇴색됨과 동시에 전문지식을 보유한 씨족집단 역시 그러한 전문지식을 유지 전수하는 것이 어려운 처지에 놓이게 되는 곤경이 생겼다는 점이다.

먼저 첫 번째 이유에 대하여 서술해보겠다. 즉 새로운 형태의 국가에서 요구하는 인재는 대략 뛰어난 전투 지휘능력을 갖춘 인재와 각종 의례에 대하여 해박한 지식을 갖춘 인재와 축성이나 관개시설에 전문적인 기능을 갖추었으며 각종 천연자원을 잘 관리할 수 있는 인재들이었을 것이다. 전투 지휘능력을 갖춘 인재의 필요성에 대해서는 언급할 필요가 없으며 각종 의례에 대하여 해박한 지식을 갖춘 인재에 관해서 보면 다음과 같다. 당시의 새로운 형태의 국가들에서는 갈수록 규모가 대형화되는 제사의례의 거행이 필요했는데, 이러한 행사를 거행하는 데는 필연적으로 많은 인재가 필요했다. 또한 축성이나 관개시설에 전문적인 기능을 갖추고 천연자원을 잘 관리할 수 있는 인재에 관해서는 국가형태의 변화 추세와 관련지어 볼 수 있는데, 그것은 읍제(邑制)국가의 형태가 영토국가의 형태로 변화하는 과정에 수반되는 필연적인 결과라고 할 수 있다.[17] 즉 새로운 형태의 국가에서는 신 개척지에서 얻어지는 이익을 유지하기 위해서는 반드시 중간 통치계층(토지와 백성을 제어할 수 있는)의 직위세습화를 방지해야만 했다. 만일 그렇지 않을 경우 중간 통치계층이 관리하거나 지배하는 영역은 '채읍화'(采邑化) 되어 그것을 바탕으로 세력 확장을 도모하여 일정한 세력이 형성되면 군주의 세력권에서 이탈하거나 상위의 통치계층에 대항하는 결과를 초래할 수 있었기 때문이었다.[18] 그렇기 때문에 상위의 통치자 입장에서는 '봉록제'(俸祿制)를 도입하여 중간 통치계층의 직위를 비세습화 시킨 것이다.

새로운 형태의 국가의 군주는 어떠한 방법으로서 신하들이 자신에게 충성을 굳건히 하도록 했을까? 춘추시대의 말기에는 새로운 형태의 국가의 군주와 '가재'(家宰) 및 '읍재'(邑宰) 등 직속부하들 사이의 연대는 상당한 부분에 있어서 약해진 상태에 있었다. 그래서 군주들은 종종 '맹약'(盟約)의 방식을 통하여 부하들의 배반을 방지하고자 했다.[19] 이러한 '맹약'은 본래 신성한 종교의식의 의미가 담겨져 있으나 춘추시대 중기 이후에 이르러서는 점진적으로 상징적인 의례의 형태로 변모되어 갔다. 그러므로 '가재' 및 '읍재' 등 부하의 입장에서 본다면 '맹약'에 복종한다는 것이 도리어 자신에게 불리한 상황을 초래할 수 있게 되기 때문에 그들은 항상 반란을 시도했던 것이다. 여기에서 새로운 형태의 국가에 있어서 가장 경계해야할 만한 사항은 바로 부

---

17) 松丸道雄 외, 조성을 역, 『중국사개설』, 서울, 한울 아카데미, 1990년, 55쪽 참조.

18) 增淵龍夫, 『中國古代の社會と國家』, 東京, 弘文堂, 1960년, 436~447쪽 참조.

19) 伊藤道治, 『中國社會の成立』, 東京, 講談社, 1981년, 144~148쪽 참조.

하의 세력 확대 및 배반에 의한 국가적인 타격이었던 것이다. 그렇기 때문에 새로운 형태의 국가에서는 국가를 위하여 성심 성의껏 일을 할 수 있는 믿음직한 인재가 필요했던 것이다. 원시유가의 '인'(仁)·'신'(信)·'충'(忠) 등의 핵심적인 개념들은 새로운 형태의 국가의 이러한 요구에 부응하기 위해 제시된 것들이다.[20]

유가집단이 발생하게 된 두 번째와 세 번째의 원인은 서로가 관련이 있는 사안이라고 할 수 있다. '사'계층은 관직을 얻기 위해서 반드시 새로운 형태의 국가에 도움이 될 만한 각종 기술과 전문지식을 학습해야 했으며, 자신이 믿을 만한 인재라는 것을 증명시켜야만 했다. 앞서 언급한 바와 같이 고대 중국에서는 각종 기술과 전문지식을 배울 수 있는 방법이 두 종류 있었다. 하나는 고대의 각 나라에 설치되었던 학교였고, 다른 하나는 각 씨족공동체 사회 내부에서 유지되고 다음 세대로 전수했던 방식이었다. 고대 중국에서 '사관'(史官)과 '악사'(樂師) 등의 관직이 세습되었다는 점이 바로 그러한 사례인 것이다.

양관(楊寬) 같은 경우 서주시기의 학교와 교육제도는 과거 씨족공동체의 원시적인 교육제도의 발전에서 온 것이라고 하여 다음과 같이 언급했다.

> 서주의 대학은 귀족 구성원들의 집회와 예의 실습과 음악연주와 연회의 예절과 활쏘기를 연습하는 곳이었다. 그렇기 때문에 귀족의 자제들이 성인사회의 생활방식과 필요한 지식과 기능을 배우기 위해서는 이곳이 가장 좋은 실습 장소였다. 당시 귀족생활 속에서 필요한 지식과 기능은 '육예'라고 하는 것으로 예(禮)·악(樂)·사(射)·어

20) 赤塚忠,『中國古代思想史硏究』, 東京, 硏文書店, 1987년, 218~223쪽 참조.

(御) · 서(書) · 수(數)가 있었으나, 예악과 사어 위주였다.[21]

춘추시대 이전의 통치계층에 있어서 가장 중요한 행사는 '제사'와 '전쟁'이었다. 그래서 어떠한 경우에도 불구하고 그들은 귀족이라면 반드시 '예악'(禮樂)과 '사어'(射御)를 배워야만 했던 것이다.

춘추시대 중기 이전에는 '예악'과 '사어' 및 역사기록 등의 전문지식은 대외적으로 철저하게 봉쇄되어 씨족공동체 내부에서만 유지되고 전수되었던 것처럼 보인다. 춘추시대 중기 이후에 명문세족 사이의 권력분쟁과 명문세족의 멸망으로 인하여 각 국의 학교는 활력을 잃게 되었을 뿐만 아니라, 명문세족의 멸망은 동시에 전문적인 기술과 지식을 보유한 수많은 씨족집단의 멸망과 유랑을 초래하게 되었다. 반대로 권력분쟁에서 승리한 귀족들과 같은 경우, 그들은 세력을 더욱 확장시키기 위해서는 더 많은 수의 인재가 필요하다는 것을 느끼고 있었다. 그리고 더욱 중요한 요인은 전통적인 학교와 씨족공동체 내부의 교육으로는 도덕적 소양을 갖춘 인재(믿을 수 있는 인재)를 손쉽게 양성할 수 없었다는 것이다. 이와 같이 유가집단 형성의 역사적 조건들은 이미 성숙되어가고 있었다.

유가집단의 발생 과정에 대하여 공자의 생애와 적절하게 배합하여 구성해본다면 더욱 설득력 있는 사실을 도출할 수 있을 것으로 판단하며, 다음과 같은 단계로 구성하여 살펴보도록 하겠다. 먼저 공자는 '유'라고 하는 씨족단체에서 태어나고 여기에서 각종 제사의례를 배운다고 하는 단계이다. 그 다음은 공자가 정치에 참여하며 정치세력을

21) 楊寬, 『古史新探』, 北京, 中華書局, 1965년, 207쪽 참조.

조성하는 단계인데, 이 시기의 공자는 정치적으로 큰 성공을 거두지는 못한다. 끝으로 공자 만년의 단계인데, 이 시기는 공자가 자신의 정치세력을 학문단체로 전환시키고 자신은 인재육성을 담당하는 단계이다.

먼저 우리는 공자가 출생한 씨족집단이 '무격'(巫覡)인가 아닌가의 문제에 집착할 필요가 없을 것이다. 왜냐하면 당시에는 '무격'씨족의 구성원이 정치에 참여하지 못할 하등의 이유가 없었기 때문이다. 중요한 것은 공자 자체가 '예'(禮)의 전문가로서 정치적 활동을 시작했다고 하는 사실이다.

다음은 공자의 정치적 활동에 대한 정의의 문제다. 순자 이래로 공자의 정치적 활동은 종종 노(魯)나라 집권층을 옹호한 것으로 인식되어져 왔다. 그러나 『논어』에 기재되어 있는 각종 기록들은 우리들에게 이러한 견해에 대하여 의심을 하게 만든다.[22] 그러나 반대로 부득불 『순자』 이후 공자에 관련된 기록들은 진한(秦漢)시기 이후의 황제중심의 가치관과 섞여 있는 것이라는 혐의가 있다고 볼 수도 있는 것이다.[23] 그렇기 때문에 춘추시대의 상황을 고려한다면 즉 춘추시대의 각 국의 공실(公室)은 반드시 복종해야하는 대상이 아직은 아니었을 때 공자와 자로(子路) 등의 제자들은 하나의 정치세력을 이루고 있어 때로는 노나라를 위해서 일을 하기도 하고 때로는 계씨와 양호 등 주요한 정치세력들과 협력을 했다고 말 할 수 있는 것이다.

그러나 노나라에서 정치에 참여했던 시기의 공자는 삼환(三桓)의

---

22) 『논어』의 기록에 의하면 공자는 공산불요(公山不狃)의 반란에 동참하려 했으며(양화편), 또한 필힐(佛肸)의 초청에도 응했으며(양화편), 양호(陽虎)의 관직 제의에 승낙을 했다(양화편).

23) 小倉芳彦, 『中國古代政治思想研究』, 東京, 青木書店, 1970년, 252~254쪽 참조.

정치적 맞수가 되지 못했기 때문에 공자는 부득이하게 외국으로 도피할 수밖에 없었으며, 심지어는 환퇴(桓魋)나 광인(匡人)들 등의 공격을 받기도 한다. 공자의 집단이 공격을 받을 수밖에 없었던 주요한 원인은 공자의 정치세력이 위(衛)나라 등 외국에서 지속적으로 정치적 활동을 전개했기 때문이라고 판단된다.[24]

공자가 만일 계속해서 현실 정치에서 성공을 견지할 수 있었다면 중국의 역사 속에서 등장했던 수많은 정치세력들처럼 역사의 무대에서 소실되었을 것이다. 사실 공자의 위대한 점은 그러한 정치세력을 학문단체로 전환을 시킨 것에 있다고 할 수 있다. 이렇기 때문에 공자의 집단은 역사에서 소실되지 않았을 뿐만 아니라 새로운 역사의 조류를 열었다고 할 수 있는 것이다.

> 공자가 진나라에 계실 때 말씀하셨다. 돌아가자! 돌아가자! 내 고장의 젊은이들은 뜻은 너무 크나 일에는 거칠고, 아름답게 겉모양을 이루기는 했으나 일을 재량하는 방법은 알지 못한다.[25]

공자가 만년이었을 때 언급한 위의 인용문의 의미는 바로 공자 자신은 정치에 더 이상 참여하고 싶지 않고 오직 가르치는 일에만 전념하겠다는 의미이다. 바꿔 말하면 공자는 자신에게 속한 집단의 성격을 이미 거대해진 정치세력을 위하여 인재를 제공하는 학원의 성격으로 바꾸겠다는 것이다. 이렇게 함으로써 다시는 정치적으로 박해를 받지

24) 白川靜, 『孔子傳』, 東京, 中央公論社, 1989년, 38~54쪽 참조.

25) 『論語』, 「公冶長」, "子在陳曰: 歸與! 歸與! 吾黨之小子狂簡, 斐然成章, 不知所以裁之."

않고, 반대로 이로부터 각종 정치집단들 즉 새로운 형태의 국가의 군주들로부터 정치적인 보호와 경제적인 지원을 받을 수 있었을 것이다. 이와 같이 볼 때 공자집단의 이러한 결단은 유가가 향후 중원세계 전체로 그 세력을 확대시켜 나갈 수 있는 획기적인 전환을 가져왔다고 할 수 있는 것이다. 이러한 전환은 바로 유가가 사상가 집단으로서의 자리 매김 했음을 의미하는 진정한 출발점이 된다고 할 수 있는 것이다.

이상과 같이 볼 때, 춘추시대는 씨족공동체 사회가 와해되는 시기였으며, 이와 동시에 전문적인 기술(예악, 시서, 관계기술 등)을 구비한 씨족집단이 정치세력간의 투쟁에 휘말려 들어가는 한편 씨족집단이 해체되거나 멸망하는 시기이기도 했다. 이러한 추세에 따라 중국의 각 지역에서는 혈연을 초월한 전문적인 지식과 기술을 겸비한 집단이 탄생하게 된다. 공자의 집단도 그러한 집단들 가운데의 하나라고 할 수 있다. 그러나 이러한 집단들이 또한 정치세력의 특성을 가지고 있었기 때문에 역사의 무대에서 반복적으로 뜨고 가라앉았던 것이다. 즉 어떤 집단은 그 세력을 확대시켜나가고 어떤 집단은 멸망의 길을 밟았던 것이다. 이러한 상황들 속에서 공자의 집단만이 국가조직의 주체가 되려고 하는 의지를 과감하게 포기하고 새로운 형태의 국가의 인재(믿을 수 있는 인재) 양성의 역할을 담당하게 된다.

공자와 원시유가집단의 이러한 선택은 유가집단의 파격적인 발전을 수반하였다. 그러나 원시유가집단이 발전했던 이러한 종류의 방향은 그들과 전국시대의 국가들 사이에 긴밀한 의존 관계를 조성하게 된다. 또한 이러한 의존 관계는 전국시대에 활약했던 유가사상가들의 행동과 정치사상의 기본적인 요인이 되었던 것이다.

4. 맺는 말

이상과 같은 논의들을 근거로 유가의 기원문제에 대하여 다음과 같은 사실을 살펴볼 수 있었다.

먼저 유가집단의 연원에 관한 문제에 대하여 유가학파의 세 가지 사상연원 즉 '유'·'사'·'시악'의 측면과 유가집단의 주요한 사회적 모체로서의 '사'의 실태 측면의 두 부분으로 나누어 살펴보았는데 다음과 같다.

춘추시대의 '유'는 '무술' 등 제사 의례와 관련된 전문적인 지식과 기술을 보유하고 있었던 씨족집단이었을 것으로 생각된다. 그들 가운데 국가차원의 대규모적인 제사의 진행 및 준비를 담당하는 '대유'(大儒)와 민간차원의 소규모적인 제사의 의례를 담당했던 '소유'(小儒)가 있었을 것이다.

제사의례용 노래로서의 시는 '신'(神)에게 봉헌 드리기 위한 의식에 사용되었으며, 서주시기 말기에는 '시'의 창조는 제사의례용 노래의 범주에서 독립하여 인간의 창조적 사고의 시작이 '시'의 방식으로 나타난다. 또한 원시유가에서 '음악'을 중요시한 이유는 음악 자체가 가지고 있는 신비한 성질과 음악을 연주하는 악사가 신비한 음악의 연주자 일뿐만 아니라 고대 지식의 전달자였기 때문이다.

'사'(史)의 지식전통과 원시유가의 관계는 『상서』 가운데의 가장 일찍 성립되었다고 간주되고 있는 「오고」 등의 역사기록을 참고한 점에서 볼 수 있다. 춘추시대에는 각 나라에 사관(史官)이 있었는데, 그들은 한편으로는 서주시기 이래의 기록을 전수 받아 보존하는 작업을 하였으며 동시에 자신들 역시 역사를 기록하는 작업을 했었다. 또한 원시유가의 합리적인 사고방식은 역사 공부를 통하여 터득된 것인데, 그것은 역사 지식의 누적을 통하여 역사의 경험을 배워 그것으로써 행동의 표준을 삼았기 때문이다.

다음은 유가는 왜 성립되었을까? 및 유가는 어떤 성립과정을 거쳤을까? 라고 하는 물음들을 중심으로 유가집단의 형성 문제에 대하여 살펴보았는데 다음과 같다.

새로운 형태의 국가에서는 뛰어난 전투 지휘능력을 갖춘 인재와 각종 의례에 대하여 해박한 지식을 갖춘 인재와 축성이나 관개시설에 전문적인 기능을 갖추었으며 각종 천연자원을 잘 관리할 수 있는 인재들이 필요했다. 이러한 능력들 이외에도 국가를 위하여 성심 성의껏 일을 할 수 있는 믿음직한 인재 역시 필요했다. 그래서 원시유가에서는 새로운 형태의 국가의 이러한 요구에 부응하기 위해 '인'(仁) · '신'(信) · '충'(忠) 등의 핵심적인 개념들을 제시한 것이다.

춘추시대 중기 이전에는 '예악'과 '사어' 및 역사기록 등의 전문지식은 대외적으로 철저하게 봉쇄되어 씨족공동체 내부에서만 유지되고 전수되었던 것처럼 보인다. 춘추시대 중기 이후에 귀족들 사이의 권력투쟁과 명문세족의 멸망으로 인하여 각 국의 학교는 활력을 잃게 되었을 뿐만 아니라, 동시에 전문적인 기술과 지식을 보유한 수많은 씨족집단의 멸망과 유랑을 초래하게 되었다. 반대로 권력분쟁에서 승리한 귀족들과 같은 경우, 그들은 세력을 더욱 확장시키기 위해서는 더

많은 수의 인재가 필요하다는 것을 느끼고 있었다. 그러나 전통적인 학교와 씨족공동체 내부의 교육으로는 도덕적 소양을 갖춘 인재(믿을 수 있는 인재)를 손쉽게 양성할 수 없었다. 이와 같이 유가집단 형성의 역사적 조건들은 이미 성숙되어가고 있었다.

정리해서 말하면 춘추시대는 씨족공동체 사회가 와해되는 시기였으며, 이와 동시에 전문적인 기술(예악, 시서, 관계기술 등)을 구비한 씨족집단이 정치세력간의 투쟁에 휘말려 들어가는 한편 씨족집단이 해체되거나 멸망하는 시기이기도 했다. 이러한 추세에 따라 중국의 각 지역에서는 혈연을 초월한 전문적인 지식과 기술을 겸비한 집단이 탄생하게 된다. 공자의 집단도 그러한 집단들 가운데의 하나라고 할 수 있는 것이다.

參考文獻

朱公遷, 『詩經義疏』, 『四庫全書』 本.

孫星衍, 『尙書今古文注疏』, 『平津館叢書』 本.

劉寶楠, 『論語正義』, 『續皇淸經解』 本.

焦循, 『孟子正義』, 『焦氏遺書』 本.

趙汸, 『春秋左氏傳補注』, 『通志堂經解』 本.

許愼撰, 段玉裁注, 『說文解字注』, 上海, 上海書店, 1992년.

木村英一, 『孔子と論語』, 東京, 創文社, 1971년.

白川靜, 『孔子傳』, 東京, 中央公論社, 1989년.

H.G.Creel, 『孔子與中國之道』, 太原, 山西人民出版社, 1993년.

趙紀彬, 『論語新探』, 北京, 人民出版社, 1976년.

匡亞明, 『孔子評傳』, 濟南, 齊魯書社, 1985년.

錢穆, 『孔子與論語』, 臺北, 聯經圖書事業公司, 1988년.

余英時, 『中國知識階層史論』, 臺北, 聯經圖書出版事業公司, 1980년.

李澤厚, 『中國古代思想史論』, 北京, 人民出版社, 1986년.

徐復觀, 『中國人性論史』, 臺北, 臺灣商務印書館, 1990년.

牟宗三, 『中國哲學十九講』, 臺北, 學生書局, 1991년.

楊寬, 『古史新探』, 北京, 中華書局, 1965년.

河池重造, 「先秦時代'士'の諸問題」, 『史林』 卷四十二, 1959년.

增淵龍夫, 『中國古代の社會と國家』, 東京, 弘文堂, 1960년.

松本雅明, 「古典の形成」, 『世界歷史』 卷四, 東京, 岩波書店, 1970년.

小倉芳彦, 『中國古代政治思想硏究』, 東京, 靑木書店, 1970년.

伊藤道治,『中國社會の成立』, 東京, 講談社, 1981년.

赤塚忠,『中國古代思想史研究』, 東京, 硏文書店, 1987년.

高木智見,「春秋時代の神人共同體について」,『中國-社會と文化』集五, 1990년.

徐復觀,「封建政治・社會的崩潰, 及典型專制政治的成立」,『新亞書院學術年刊』第十一期, 香港, 1969년.

H.Fingarette, 송영배 역,『공자의 철학』, 서울, 서광사, 1993년.

松丸道雄 외, 조성을 역,『중국사개설』, 서울, 한울 아카데미, 1990년.

제2장 공자의 천인론

1. 시작하는 말

중국 역사에서 하늘과 인간의 관계에 대한 연구가 매우 오랜 기간에 걸쳐서 진행되어 왔고, 또한 그것에 관한 논의는 중국의 전통문화 각 부분에 걸쳐 많은 영향을 주었기 때문에 하늘과 인간의 관계에 대한 논의는 중국사상을 규정하는 특징적인 문제라고 말할 수 있다. 또한 이러한 하늘과 인간의 관계에 대한 논의는 단지 지난 과거의 기억 속에만 존재하는 것이 아니라 오늘을 살아가고 있는 우리들의 현실적 삶 속에 그 잔영이 투영되어 있으며, 현대사회에서도 다양한 분야에 걸쳐 여전히 많은 영향력을 행사하고 있다고 말할 수 있다.

천인관계(天人關係)의 문제는 특히 중국철학에 있어서 인간과 세계(天)에 대한 궁극적인 물음으로, 중국인들은 일찍부터 이 문제에 대해 집중적인 관심을 기울여 왔다. 중국문화의 특성상 인간과 세계에 대한 이해는 그들의 삶에 필수적이었기 때문에 중국철학에서 '천'(天)은 비록 정도의 차이는 있지만 거의 대부분의 학파와 시대에 가치의 궁극적인 근원 역할을 해왔다. 그러므로 천인관계에 대한 조명은 중국사상의 정신을 이해하는 절대적인 관건이 된다고 할 수 있는 것이다.

천인관계의 형태에 있어서 특히 '천(天)'개념은 매우 중요한 위치를 차지하는데 이러한 '천'개념에 대해 전인들은 다음과 같이 정의했다. 먼저 풍우란(馮友蘭)은 일찍이 중국의 고대문자 속에 있는 '천'을 다섯 가지 다른 형태의 의미를 지닌 것으로 파악한다. 먼저 물질적 의미의 '천'(즉 地와 상대로서의 천)과 주재자적 의미의 '천'(즉 황천 · 상제 등의 인격적천) 그리고 운명의 의미로서의 '천'(인간의 삶 속에서 인간의 능력으로 어찌할 수 없는 불가항력적인 힘으로서의 천) 또한 자연적 의미의 '천'(즉 자연계의 운행 · 법칙으로서의 천) 끝으로 의리(義理)적인 의미의 '천'(우주의 최고 원리로서의 천, 즉 중용에서 언급한 "天命之謂性"의 천) 등의 형태로 파악한다.[1] 또한 채인후(蔡仁厚)는 '천'을 의리사상의 각도로부터 파악하는데, 그는 '천'개념을 세 가지의 형태로 구분하여 말한다. 즉 '의지천'(意志天: 인격신의 의미 혹은 고대로부터 전해져 내려오는 주재자적인 의미의 천으로 『시경詩經』 · 『상서尙書』 · 『춘추좌전春秋左傳』 · 『국어國語』 등지에서 보인다.) 그리고 '덕화천'(德化天: 天道 · 天理 · 天德으로서의 천) 또한 '기화천'(氣化天: 陰陽등 자연의 생성변화의 근거로서의 천) 등의 형태로 파악한다.[2]

천인관계의 다양한 형태에 대하여 다음과 같은 시각으로 정리해보도록 하겠다.

첫째로 만일 '천'을 인격신의 대표로 본다면 '천'과 상응하는 존재는

---

1) 馮友蘭, 『中國哲學史』, 臺北, 藍燈文化事業股份有限公司, 1989년, 55쪽 참조.
2) 蔡仁厚, 『孔孟荀哲學』, 臺北, 學生書局, 1990년, 236~240쪽 참조.

지상의 통치자가 되는데, 이와 같은 천인관계 속에서는 군주가 천명을 받아서 인간 사회의 통치자가 되어 '천'의 인자함과 사랑(仁愛)을 체현해야함과 동시에 덕(德)을 백성들에게 베풀어야 한다. 그래서 『시경』에서는 "하늘의 명이 아아! 그윽하고 그지없어, 아아! 밝기도 해라 문왕의 크신 덕이여!"[3], 『상서』 역시 "하늘도 사방 천하의 백성들을 가엾게 여기셨으니, 왕께서는 천명을 보살피시고 힘써 일하도록 하여 삼가 덕행을 빨리 시행하도록 하십시오."[4]라고 말하고 있다. 이러한 의미의 천인관계는 대략 주(周)나라 초기에 출현하여 서한(西漢)시기에 이르러 동중서(董仲舒)의 천인감응(天人感應) 사상체계 속에서 커다란 발전을 이룬다.[5] 그러나 이 둘 사이의 차이는 서한시기의 천인감응사상 속에는 이미 음양가(陰陽家)의 '재이'(災異) 관념이 혼재되어 있는데, 이러한 관념 속에는 인간의 행위는 반드시 천지간의 상서로운 현상과 재난에 대한 책임을 수반하며 또한 자연계의 비정상적인 현상 역시 모두 인간에게 그 책임이 있다고 생각한다. 그러나 주나라 초기의 천인관계는 주로 통치권의 변화문제에 집중되어 있다.

둘째로 만일 '천'을 도덕가치의 근원으로 본다면 '천'과 상응하는 존재는 성현(聖賢) 및 도덕수양을 통하여 성현의 경지에 도달하는 사람이 된다. 이러한 관념 속에서의 천인관계는 곧 '천'과 사람이 같은 덕을 가지고 있는 존재로 이해되어진다. 이러한 전통은 주로 선진유가에 의해 형성 발전된다. 유가에 의하면 인성(人性)은 천도(天道)에 근본을

3) 『詩經』, 「周頌」, "維天之命, 於穆不已, 於乎不顯, 文王之德之純."

4) 『尙書』, 「召誥」, "天亦哀於四方民, 其眷命用懋, 王其疾敬德."

5) 楊慧傑, 『天人關係論』, 臺北, 水牛圖書出版事業有限公司, 1989년, 4쪽 참조.

두고 있기 때문에 성(性)과 천도는 상호 관통하는 것으로, 인간이 심성의 수양을 통해서 위로 하늘의 덕(天德)에 합치한다고 하여 사람의 덕(人德)과 하늘의 덕(天德)을 동일 선상에서 파악한다. 그래서 공자는 "인의 실천을 통하여 하늘을 안다."고 하였고, 맹자는 "그 마음을 다하는 사람은 그 성을 아니, 그 성을 알면 하늘을 알게 된다. 그 마음을 보존하여 그 성을 기르는 것은 하늘을 섬기는 근거가 된다."[6] 라고 한 것이다. 그러므로 이러한 의미 속에서의 천인관계의 형태는 도덕가치 중심의 세계관을 형성하며 중국의 전통문화 형성에 대하여 깊은 영향을 끼쳤다고 할 수 있다.

셋째로 만일 '천'을 자연적인 의미로 본다면 '천'과 상응하는 존재는 '신인(神人)'이나 '진인(眞人)'이 된다. 이러한 관념 속에서의 천인관계는 '천인불상승'(天人不相勝)으로 이해되어진다. 이런 전통은 주로 도가의 자연주의에 의해 형성발전 되는데, 도가에 있어서의 '신인'이나 '진인'의 경지에 도달할 수 있는 수양방법론은 비록 유가의 성인의 경지에 도달하도록 덕을 수양한다는 수양방법론과 상호보완 되는 점이 있으나, 그 주목적은 덕을 이루는데(成德)에 있지 아니하고 정신적인 초월을 통하여 자연과 합일을 이루는 경지에 도달하는데 있다. 그래서 장자는 "하늘과 사람이 서로 다투는 것으로 보지 않으니, 이런 사람을 '진인'이라 일컫는다."[7] 라고 하였다. 그러므로 이러한 의미 속에서의 천인관계의 모습은 천과 사람이 서로 다투지 않고 만물과 내가(物我) 혼연일체가 되는 것을 나타내고 있는데, 이런 형태의 천인관계사상은

---

6) 『孟子』, 「盡心上」, "盡其心者, 知其性也. 知其性, 則知天矣, 存其心, 養其性, 所以事天也."

7) 『莊子』, 「大宗師」, "天與人不相勝也, 是之謂眞人也."

중국 문화에 있어서 특히 문학과 예술분야에 깊은 영향을 주었다.

이상과 같이 천인관계의 다양한 유형에 대해 간략하게 고찰 해보았다. 본문에서는 주로 은주(殷周)시대의 천인관계에서부터 시작하여 공자를 중심으로 한 춘추시대의 천인합일(天人合一)사상에 대하여 분석해 보겠는데, 이는 선진유가의 천인관계 문제에 있어서 매우 중요한 관건성의 문제이기 때문이다.

2. 은대 · 주대의 天개념 및 천인론의 변화와 발전

고대 중국에 있어서의 '천'개념은 주나라 초기에는 지고무상(至高無上)의 인격신의 의미로 이해되어지고 있었다. 물론 주나라 이전 즉 은상(殷商)시기에도 '천'개념과 유사한 개념이 있었는데 은나라 사람들은 이것을 '제(帝)'라고 불렀다.

공자는 스스로를 "옛것을 배워 전하기는 하되 창작하지는 않으며, 옛것을 믿고 좋아한다."[8]고 하였다. 육경(六經)은 공자에 있어서 매우 친숙한 문헌이었으며 그 내용을 제자들에게 전수했는데, 이는 중국문화의 역사적인 연원을 삼황오제(三皇五帝)의 시대까지 소급시키는 것이다. 그러므로 공자사상의 연원은 이러한 시대의 문화발전과도 밀접하게 관계된다고 할 수 있다. 공자에게 있어서 이러한 시대의 문화적 배경을 이해하는데 필요한 자료는 사실상 매우 부족했다. 그래서 공자는 "하(夏)나라의 예(禮)를 내가 말할 수는 있으나 기(杞)나라로서는 실증하기에 부족하고, 은나라의 예를 내가 말할 수는 있으나 송(宋)나

8) 『論語』, 「述而」, "述而不作, 信而好古."

라로서는 실증하기에 부족하다. 문헌과 현명한 이들이 부족한 탓이니, 이것들이 충분하다면 내가 실증할 수 있을 것이다."[9] 라고 말하였던 것이다. 이러한 상황 속에서 공자사상의 연원을 파악하기는 상대적으로 더욱 곤란할 뿐이다. 그러나 다행히도 다량의 갑골문이 출토되어 이러한 시대배경을 이해하는데 중요한 단서를 제공하였으나 갑골문은 은·상(殷·商)시기의 유물로 은·상시기의 문화배경에 관한 단서만을 제공해 주었다. 그러므로 은·상시기 이전의 문화배경은 역사적인 사실로서 일일이 검토 할 수는 없고 다만 전설에 의지해야 할 뿐이다.[10]

이것 외에 문헌전적을 통해서 이러한 시기의 문화배경을 파악하는 것 역시 괜찮은 방법인데, 그 대표적인 문헌전적은 『시경』과 『상서』로 이러한 경서가 성립된 시기는 대략 주나라 초기에서 춘추시대 초기에 이르는데 6~7세기의 시간을 가로질러 넘고 있다.[11] 그러므로 이 두 권의 경서는 두 시대의 사상배경을 이해하는데 빠져서는 안 될 연결고리인 것이다.

갑골문의 자료에 의하면 은나라 사람들은 종교의식을 자주 거행하는 민족으로 매년 열여덟 종류의 각기 다른 종교의식을 거행하였으며 이러한 종교의식은 일 년 가운데 110일을 차지했다.[12] 조상숭배·제

---

9) 『論語』, 「八佾」, "夏禮, 吾能言之, 杞不足徵也. 殷禮, 吾能言之, 宋不足徵也. 文獻不足故也, 足則吾能徵之矣."

10) 秦家懿, 孔漢思, 『中國宗教與西方神學』, 臺北, 聯經出版事業公司, 1993년, 10~11쪽 참조.

11) 傅佩榮, 『儒道天論發微』, 臺北, 學生書局, 1989년, 26쪽 참조.

12) 傅佩榮, 『儒道天論發微』, 臺北, 學生書局, 1989년, 3쪽 참조.

사·주술 등은 은나라 사람들의 일상생활 속에서 매우 중요한 부분으로 자리 잡아갔다.[13] 은나라 사람들은 조상숭배를 특별히 중요시하였는데 그것은 은나라 사람들의 관념 속에 있어서의 조상은 비록 육체는 죽으나 영혼은 영원히 사라지는 존재가 아닌 것으로, 조상의 혼령은 비록 육체가 죽더라도 생전의 지위·권위·감정·욕망 등을 가지고 있으며 또한 조상은 육체가 사멸된 뒤에도 신비한 능력을 갖게 되어 후손들에게 복을 주거나 저주를 내릴 수 있는 존재였다. 그래서 은나라 사람들의 생활 가운데에 있어서 제사를 통한 조상숭배는 철저한 "죽은사람 섬기기를 살아있는 사람처럼 한다."는 정신의 표현이었다.[14]

혹자는 심지어 '제(帝)'의 관념이 은나라의 씨족신(氏族神)이 변해서 생긴 것이라고 말한다.[15] 그러나 문헌자료에는 '제'가 독립적이고 초월적인 모습을 보유하고 있는 것으로 나타나 있으며 일반 백성들은 '제'에게 직접적으로 기원하거나 혹은 '제'와 접촉을 할 수가 없었으며 조상을 통해서만 기원과 접촉이 가능했다.[16] 그래서 은나라 사람들에게 있어서의 '제'와 인간의 관계는 다음과 같은 형태를 갖게 된다. 즉 '제'는 모든 것을 주재하며 절대적인 권위를 갖고 또한 하늘의 높은 곳에 거하면서 지상의 인간들에게 복과 재앙을 내려주는 존재였으며, 인간은 '제'에 대하여 경외와 두려움을 가지고 모든 일을 '제'에게 묻고 기원했다. 군주가 국가의 대사를 결정하거나 왕실의 대소사와 관련된

---

13) 秦家懿, 孔漢思, 『中國宗敎與西方神學』, 臺北, 聯經出版事業公司, 1993년, 7쪽 참조.

14) 楊慧傑, 『天人關係論』, 臺北, 水牛圖書事業出版公司, 1989년, 25쪽 참조.

15) 傅佩榮, 『儒道天論發微』, 臺北, 學生書局, 1989년, 4~6쪽 참조.

16) 傅佩榮, 『儒道天論發微』, 臺北, 學生書局, 1989년, 25쪽 참조.

문제를 처리 할 때도 반드시 '제'의 의사를 점복(占卜)을 통해서 묻고 행하였다. 그래서 은나라 시기의 왕은 군주이면서 동시에 태사(太師)・태축(太祝) 혹은 태무(太巫)였다.17)

은나라가 멸망하고 그 뒤를 이어 주나라가 들어서면서 '제'의 관념도 점차 변화되어 '천' 관념이 그 자리를 대신하게 되는데, 주나라 초기에는 '제'나 '천'관념이 같이 쓰이다가 세월이 흐름에 따라 '천'관념으로 바뀌게 된다.18)

은나라 시기에 있어서 '제'는 지고무상의 권위를 지닌 주재자로서 인간의 위에 존재하면서 축복과 재앙을 내리는 특색을 가지고 있었으나, 주나라 초기에 이르러는 비록 인간의 위에 존재하면서 복과 재앙을 내려주는 일면도 있지만 백성들을 사랑하는(愛民)의 특색이 현저하게 드러난다. 이를테면 『시경』, 「대아」에 "위대하신 상제께서 위엄 있게 세상에 임하시어 세상을 살펴보시고 백성들의 고통을 알아 보셨다." 또 『상서』, 「소고」에 "하늘도 사방 천하의 백성들을 가엾게 여기셨으니 왕께서는 천명을 보살피시고 힘써 일하도록 하며 삼가 덕행을 빨리 시행하도록 하십시오." 그리고 『상서』, 「태서」에 "하늘이 백성을 긍휼히 여기셔서 백성이 하고자하는 바를 하늘이 반드시 따라서 행하니" 라고 한 부분에서 찾아볼 수 있다. 그러므로 이러한 시기의 천인

---

17) 傅佩榮, 『儒道天論發微』, 臺北, 學生書局, 1989년, 22쪽 참조.

18) '제'와 '천'의 관계에 대하여 학자들 사이에 다양한 견해가 존재하는데, 서복관(徐復觀)은 주나라의 문화는 처음에는 은제국 문화의 한 갈래였으나 은나라를 멸망시킨 이후에 문화와 제도상의 발전을 이룩한다. 이는 은나라 문화를 계승하여 발전을 지속적으로 한 결과라고 할 수 있다. 그러므로 주나라 초기의 천・제・천명 등의 관념들은 모두 은나라 문화의 전통에 속한다는 것이다. 徐復觀, 『中國人性論史』, 臺北, 臺灣商務印書館, 1990년, 16~20쪽 참조.

관계는 더 이상 상하의 관계가 아닌 '천인동심'(天人同心) · '천인합덕'(天人合德) 관계의 모습을 나타낸다. 당시의 군주들은 대부분 그들 자신의 왕위를 '천명'으로부터 부여받았다고 믿었으며, 백성들 역시 '천명'은 덕이 있는 군주에게 수여된다고 하는 것을 믿었다. 그래서 하 · 은왕조의 군주들도 과거에 역시 천명을 부여받았으나 종극에 가서는 천명을 상실하고 멸망당했다는 역사적 경험에 비춰 주나라 시기에는 '천명미상'(天命靡常) 즉 천명이 일정함이 없다는 것을 인식하고 삼가 덕을 닦아서 천명이 영원히 함께 하기를 기원하였는데, 이때 덕을 수양하는 주요한 대상은 군주였으며 그 목적은 천명을 영원히 보전하는데 있었다.

그렇다면 이러한 시기에는 군주에게 덕이 있는지 없는지를 과연 어떻게 파악하였을까? 이러한 의문에 대하여 『상서』, 「태서」에는 "하늘이 보실 때에는 우리 백성들로부터 통하여 보시고, 하늘이 들으실 때에는 우리 백성들로부터 통하여 들으신 것이오."와 『상서』, 「고요모」의 "하늘이 듣고 보는 것이 아니라 우리 백성들이 듣고 보는 것을 따르는 것이며, 하늘이 밝히고 위압하심이 아니라 우리 백성들의 밝히고 위압하는데 따르는 법입니다."에서 보이는 바와 같이 백성들의 뜻이 곧 하늘의 뜻이고, 백성들을 섬기는 것이 곧 하늘을 섬기는 것이라 하여 군주가 덕이 있는가? 그렇지 않은가?는 백성들의 뜻을 통해서 드러난다고 하였다. 그러므로 당시의 사람들은 하 · 은왕조의 멸망은 바로 군주가 덕을 잃어서(失德) 생긴 결과로 하늘이 왕조를 바꾸고 새로운 군주를 세운 것으로 생각한 것이다.

군주가 '예악'(禮樂)을 제정하고 백성들을 교화 시켜감에 따라 백성들이 나날이 '선'을 추구하게 함으로서 인간의 덕(人德)이 하늘의 덕(天德)과 일치하게 되는 것이다. '예악'(일종의 인문문화)이 발흥하면서부터 인간들이 주체적으로 사유하기 시작하여 과거의 인습(즉 모든 일을 신이나 점괘에 의지하던 습관)으로부터 탈피하게 되어 결국 인간 자신이 주체가 되어 모든 일을 결정하거나 해결하게 된 것이다. 또한 도덕의식 역시 점차 대두되어 도덕법칙에 합치되는 '천도'(天道)사상이 천천히 형성되어졌다.

> 주나라 시기 사람들의 공헌은 전통의 종교생활 가운데 자각의 정신을 불어넣은 데 있다.……주나라가 은나라를 극복했다는 것은 곧 정신적인 자각을 한 통치 집단이 정신적인 자각을 하지 못했거나 자각이 부족한 통치 집단을 극복했다는 것이다.19)

그러므로 사람들의 관념 역시 '경천'(敬天)에서 '경덕'(敬德)으로 전화되어 간다.『상서』,「소고」에 "그들이 그들의 덕행을 삼가 실행하지 않았기 때문에 일찍이 그들 나라의 운명을 상실한 것인지를 모릅니다." 그리고 이때 '덕'의 구체화된 모습은 바로 문왕(文王) 자신이다. 또한『시경』,「대아」에 "상제 하시는 일은 소리도 없고 냄새 또한 없어, 문왕을 본받으면 천하가 믿고 따르게 되리라." 라는 말과『시경』,「주송」에 "하늘의 명이 아아! 그윽하고 그지없어, 아아! 밝기도 해라 문왕의 크신 덕이여!" 라고 한데서 '경천' 의 관념이 '경덕'의 관념으로 전화된 것을 알 수 있다.

---

19) 徐復觀,『中國人性論史』, 臺北, 臺灣商務印書館, 1990년, 15~16, 19~20쪽 참조.

경천'의 관념이 '경덕'의 관념으로 전화되었다는 것은 곧 인간의 주체의식이 점차 형성되어 그들이 자신의 능력이나 책임 가치 등을 자각하기 시작하고 긍정했다는 것을 의미한다. 그러므로 '천'의 인격신적 요소는 점차 퇴색되어 도덕적 의미를 갖춘 형이상학적인 '천'이 그 자리를 대신 하는 것이다.

그러나 주나라의 려왕(厲王)과 유왕(幽王)시대에 이르러서는 왕실의 부패와 군주가 부덕한 행위를 자행하고 폭압적인 정치로 백성들을 학대하므로 백성들은 학정의 고통 속에서 신음하면서 하늘에 호소를 하지만 하늘은 묵묵부답으로 일관하고 대지에 호소하나 대지 역시 침묵으로 일관하고, 제후들은 그들대로 서로 정벌전쟁을 자행하는 한편 '천명'을 권력쟁탈을 위한 구실로 이용한다. 그래서 백성들은 더욱 참담한 상황에 빠지게 되고 그 속에서 하늘에 대하여 원망과 원한을 품는 마음을 가지게 된다. 따라서 천인관계 역시 본래의 화합의 상태에서 점차 긴장과 대립의 형태로 변해간다. 이와 같이 시대의 변화는 '천'의 인격신적 요소를 퇴색시키고 도덕적인 의미의 형이상학적인 모습을 점차 희석 시켜 운명이나 자연적인 의미의 '천'으로 전화시킨다.

그러므로 춘추시대에는 천인관계에 있어서 급속한 변화가 발생하는데 통치 집단의 부패는 전통의 예악제도의 붕괴를 초래하여 군주가 군주답지 못하고, 신하가 신하답지 못하고, 부모는 부모답지 못하고, 자식은 자식답지 못하는 등 윗사람이나 아랫사람이 서로를 해치고 자식이 부모를 살해하고 신하가 군주를 시해하는 풍조가 만연하여 사회의 혼란은 끊임없이 지속되어 전통가치는 심각한 시련에 직면한다. 이러한 시대적 상황에 직면한 공자는 과연 어떻게 하늘과 인간사이의 본래적 모습인 화합의 관계와 질서를 회복하고자했나에 대하여 살펴 보도록 하겠다.

3. 공자의 천인론

춘추시대를 회고해보면 이 시기는 예악이 붕괴된 시대로 귀족사회의 부패와 타락으로 인해서 제후들은 방탕무도하고 신하된 자가 군주를 시해하고 자식 된 자가 부모를 죽이는 등 봉건제도를 유지하고 있던 주나라의 문화가 형식적으로 변화되면서 타락의 형태로 전화된다. 또한 제후들은 천자의 통치 질서로부터 이탈하여 개개인이 각기 독립된 새로운 형태의 국가를 형성하여 봉건제도는 나날이 몰락하여가는 위기에 직면하게 되는데, 이러한 정치와 문화의 이중적인 위기의 상황 속에서 어떻게 하면 이러한 시대의 질서를 바로잡을 수 있을까 하는 문제는 그 시대의 많은 사상가들의 주된 관심이었다.

공자는 주나라 문화에 새로운 생명을 부여하는 것으로 이러한 시대 상황의 난국을 해결하려 하였다. 과연 공자는 어떤 방식으로 주나라 문화에 새로운 생명력을 불어넣었을까? 공자는 주나라 문화에 대하여 새로운 생명력을 불어넣는 작업을 인간의 자각으로부터 착수해야 한다고 생각하고 퇴폐적이고 향락적인 삶의 태도에서 그러한 것들을 분연히 떨치고 일어나야 한다고 생각했다.

당시의 기타 여러 학파들은(주로 묵・도・법가)[20] 주나라 문화에 대하

20) 牟宗三의 견해에 의하면, 제자백가라는 것은 주로 儒家・墨家・道家・法家・名家・陰陽家의 六家를 말하는 것이며, 앞의 四家는 주나라 문화의 병폐를 시정하려고 한 데서 발생하였다. 牟宗三, 『中國哲學十九講』, 臺北, 學生書局,

여 보편적으로 부정적인 태도를 취하는데, 먼저 묵가의 태도를 보면 그들은 공리주의적인 입장과 태도로서 주나라 문화를 파악하여 주나라 문화의 '예(禮)'는 번잡하고 낭비적인 것으로 생각하여 비유(非儒) · 비악(非樂) · 절장(節葬) 등을 주장하고, 도가는 작위적이고 형식적인 것을 주나라 문화로 파악하여 주나라 문화를 인간의 생명을 속박하는 주요한 요인으로 생각하여 정신세계의 자유를 추구하고, 법가는 정치 경제적인 측면으로부터 착안하여 당시의 정치형태는 봉건제도이고 경제형태는 정전제도라고 파악하여 봉건제도와 정전제도를 폐지하는 한편 귀족들을 억압하여 군주와 국가의 이익을 증대시킬 것을 주장한다. 이렇게 볼 때 당시의 다른 학파들은 일반적으로 주나라 문화에 대하여 소극적인 태도를 취할 뿐만 아니라 심지어는 배척하는 태도를 취하는데 공자만이 주나라 문화에 대해 적극적으로 긍정적인 태도를 취하며 한 걸음 더 나아가 그것을 생명화 하였다.[21] 이는 은 · 상시대에 있어서는 군주가 백성들로 하여금 귀신을 섬기게 하고 또한 자신도 귀신을 섬기는 등의 천인관계는 경외의 단계에 머물러 있었으나, 주나라의 시대에 와서는 군주가 예악을 통하여 백성들을 교화시킴으로 예악에 의해 교화된 백성들은 끊임없이 선함을 향하여 매진했기 때문에 가능했던 것이다.[22]

주나라 초기에 있어서의 군주의 덕은 하늘의 덕(天德)의 구체적인 표현으로, 군주는 '천명'을 계승하여 백성들에게 덕을 베풀어야 했다.

1991년, 57쪽 참조.

21) 徐復觀, 『中國人性論史』, 臺北, 臺灣商務印書館, 1990년, 57~66쪽 참조.

22) 秦家懿, 孔漢思, 『中國宗教與西方神學』, 臺北, 聯經出版事業公司, 1993년, 63쪽.

그래서 군주는 끊임없이 '경덕'과 자신의 수양을 통해서 '천명'을 영원히 보전해야만 했다. 군주가 예악을 제정하여 백성들을 교화시켜 백성들로 하여금 지속적으로 선함을 향하여 매진케 하여 군주의 덕으로 하늘의 덕(天德)에 도달하고자 하였으니 이러한 이유로 인하여 예악은 그 존재의 필연적 가치가 있는 것이다. 춘추시대에 이르러 예악제도가 점차 형식화 되가는 추세의 주된 원인은 예악제도 자체에 문제가 있어서가 아니고, 그것을 운용하는 사람에게 문제가 있었던 것으로 사람들이 예악제도의 근본정신을 망각하였기 때문에 예악제도는 허공에 붕 떠버린 형식으로 전락하게 된 것이다. 그래서 예악제도의 근본정신을 다시 중흥시키고자 한다면 인간의 자각으로부터 시작하여 예악에 새로운 생명력을 불어넣는 것이다. 그러므로 공자는 '인'(仁)을 논의해서 "예다! 예다! 라고 말하는데 의식만 갖추는 것이 예인가? 음악이다! 음악이다! 라고 말하는데 종치고 북 두드리는 것만을 말하는 것이겠는가?"[23] 또 "사람이면서 어질지 못하면 예는 무엇 할 것이며, 사람이면서 어질지 못하면 음악은 무엇 하겠는가?"[24]라고 말하는 것은 바로 예악은 반드시 진실한 의미와 가치를 가져야 하고 참 생명을 가지지 않으면 안 된다는 사실을 말하고 있는 것이다. 또 이러한 참 생명은 바로 이 '인'(仁)에 있다는 것을 알 수 있다. 그러므로 이러한 '인'(仁)이라는 관념이 제출되어 예악제도를 진실성 있게 만들고 생명력이 있게 하여 객관적 유효성(objective validity)을 가지게 한 것이다.[25]

---

23) 『論語』, 「陽貨」, "禮云! 禮云! 玉帛云乎哉? 樂云! 樂云! 鐘鼓云乎哉?"

24) 『論語』, 「八佾」, "人而不仁, 如禮何? 人而不仁, 如樂何?"

25) 『徐復觀』, 『中國人性論史』, 臺北, 臺灣商務印書館, 1990년, 55~66쪽 참조.

이것 외에 공자는 '인'(仁) 개념의 제시를 통해서 천인관계에 새로운 형태를 부여한다. 즉 공자는 고대 성왕들의 생명의 지혜를 늘 동경하며 "서술하되 창작하지 않고, 옛것을 좋아하여 믿는다."라고 했는데, 여기에서의 '서술'·'믿음'·'좋아 한다'는 것은 모두 고대 성왕들의 생명의 지혜 및 하늘과의 화합을 뜻한다. 그리고 공자 자신 역시 '천명'을 이어받아 문왕의 도통을 계승하였음을 자인한다.

공자는 늘 말하기를 군자에게는 두려워하는 것이 셋 있다고 하였는데 즉 "천명을 두려워해야 하고 위대한 사람을 두려워해야 하고 성인의 말씀을 두려워해야 한다."[26)]라고 한 바와 같이 초월자인 하늘에 대하여 경외하는 태도를 가지고 있었다. 그 외에 공자의 다른 언급 속에서도 이러한 하늘에 대한 경외의 태도를 찾아 볼 수 있는데, 즉 "하늘이 내게 덕을 부여해 주셨거늘, 환퇴가 나를 어찌하겠는가?"[27)], "나를 알아주는 이는 하늘 일 것이다."[28)], "나는 말하지 않으려 한다. 자공이 아뢰었다: '선생님께서 만약 말씀하시지 않는다면, 저희들은 무엇을 전술하겠습니까?' 공자께서 말씀하셨다: '하늘이 무슨 말씀 있으시더냐? 사철이 돌아가고 있고 만물이 자라고 있지만, 하늘이 무슨 말씀을 하시더냐?'"[29)], "하늘이 이 문화를 없애려 하셨다면, 후세에 나온 내가 이 문화에 참여할 수가 없었을 것이다. 하늘이 이 문화를 없애려 하지 않고 계신데, 광 사람들이 나를 어찌할 수 있겠느냐?"[30)] 이와 같이 공

---

26) 『論語』, 「季氏」, "畏天命, 畏大人, 畏聖人之言."

27) 『論語』, 「述而」, "天生德於予, 桓魋其如予何?"

28) 『論語』, 「憲問」, "知我者, 其天乎!"

29) 『論語』, 「陽貨」, "予欲無言. 子貢曰: 子如不言, 則小子何述焉? 子曰: 天何言哉? 四時行焉, 百物生焉, 天何言哉?"

자는 진정한 군자가 되기 위해서는 초월자에 대한 경외의 마음가짐이 필요하며, 또한 이러한 것들이 없이는 완전한 인격을 완성할 수 없다고 보았다.

또한 "선생님의 글과 의표에 대해서는 들을 수가 있었지만, 선생님의 본성과 천도에 관한 말씀은 들을 수가 없었다."[31]라고 한 문구에서는 공자가 '성'(性)과 '천도'의 구체적인 내용에 관해서 언급하지 않았다고 했으나, 공자의 사상체계 속에서 공자가 하늘에 대하여 경외의 심정을 갖고 있었던 것을 찾아볼 수 있다.[32] 그리고 공자가 '인'(仁)의 사상체계를 수립할 때 그의 마음 속에는 모종의 초월적인 기도와 고무가 있어 그 자신으로 하여금 '인'(仁)을 통하여 '성'과 '천도'에 합일케 했다.[33] 이러한 하늘(天)이야말로 공자가 진정으로 지향한 생명의 근원인 것이다.

공자는 인간 마음(人心)의 불안과 불인(不忍)으로 '인'(仁)을 말했다. 그래서 공자에 있어서의 '인'(仁)은 생명의 가장 근본적인 원리가 되기 때문에 만일 인간이 이러한 생명의 가장 근본적인 원리로서의 '인'(仁)을 상실하게 되면, 곧 마땅히 갖추어야할 인생의 방향과 도리를 상실하게 된다고 생각했다. 예악제도는 이렇게 인간의 마음속에 내재되어 있는 '인'(仁)으로서 기초를 삼는 것이 필요한데, 만일 이러한 '인'(仁)을 상실하게 되면 예악제도 역시 형식적으로 변화되어 공허한 메아리

---

30) 『論語』, 「子罕」, "天之將喪斯文也, 後死者不得與於斯文也. 天之未喪斯文也, 匡人其如予何?"

31) 『論語』, 「公冶長」, "夫子之文章, 可得而聞也. 夫子之言性與天道, 不可得而聞也."

32) 『論語』, 「季氏」, "畏天命, 畏大人, 畏聖人之言."

33) 牟宗三, 『中國哲學的特質』, 臺北, 學生書局, 1991년, 33쪽 참조.

가 된다는 것이다. 그러므로 공자는 "사람이면서 어질지 못하다면 예는 무엇 할 것이며, 사람이면서 어질지 못하다면 음악은 무엇 하겠는가?"[34]라고 말한 것이다.

춘추시대의 사람들은 한편으로는 하늘에 대한 경외감을 상실하였으며, 다른 한편으로는 인간이 마땅히 갖추어야할 가치의식과 질서의식을 상실했는데, 이는 불충한 신하가 나타나서 군주를 시해하고 자식이 부모를 죽이고 윗사람들과 아랫사람들이 서로 해치고 남편은 남편의 역할을 하지 않고 부인은 부인의 역할을 하지 않는 등 사회 각처에 기존의 가치체계와 질서체계가 무너지는 무도한 사회적인 분위기가 춘추시대 전반에 걸쳐 충만해 있었다. 그래서 인간이 인간으로서의 가치를 상실하고 하늘 역시 하늘로서의 가치를 상실하였기 때문에 새롭게 천인화합의 관계를 회복하기 위해서는 오직 인간의 내재적인 가치의 재창출을 통해서 인간의 본질 혹은 본성을 회복시켜 하늘의 가치 및 본질을 회복시키는 수밖에 없었다.

천인관계의 파괴는 인간의 정신적인 귀의처를 상실하게 만들었으며 더 나가 예악제도의 붕괴를 초래하여 백성들의 도덕가치에 대한 신뢰와 생명(도덕생명)의 방향을 상실하게 만들었다. 그래서 당시의 사람들은 어떠한 도덕가치 규범에 따라 행동해야 하는지의 방향성을 상실하고 자신의 사욕에 따라 행동하는 방탕한 생활 속에서 살아가고 있었다. 이렇게 춘추시대 전반에 걸쳐 기존의 도덕가치와 질서가 무너지는 풍조가 조성되는 가운데 공자는'인'(仁)으로서 '천'의 초월성과 객관적 유효성을 회복시켜 인간의 도덕생명기초를 새롭게 건립할 것을 호소

34) 『論語』, 「八佾」, "人而不仁, 如禮何? 人而不仁, 如樂何?"

하였던 것이다.

'천'은 공자에게 있어서의 최종 관심소재였으나 시대의 변화 발전에 따라 '천'의 본질이 변화되어, 공자는 새로운 '인'(仁)관념의 제시를 통해 '천' 혹은 '천도'에 새로운 생명력을 부여한다. 그래서 공자에게서의 '천'은 도덕가치의 실체가 되며 또한 도덕이 존재해야 하는 초월적인 이론근거로 변모한다.

과거에는 덕을 수양해야 하는 대상이 군주에게만 국한되었으며 또한 군주가 덕을 수양해야만 하는 주된 이유는 '천명'을 영원히 보존하기 위해서였던 것이다. 이와 같이 군주들이 덕을 수양했던 것은 외재적인 요인에 의해서이지 내재적인 도덕의 자성에서 우러나와 자율적으로 행하였던 것은 아니었다. 그래서 백성들의 모든 관심의 초점은 자연히 군주의 덕성 수양 여부로 모여지는 한편 군주의 덕성 수양에 의해 하늘로부터 영원한 축복을 받기를 기원하였다. 그러나 군주가 덕을 수양하지 않거나 부덕한 행위를 했을 때 하늘은 곧 부여했던 '천명'과 축복을 거둬들이는데, 이로 말미암아 백성들은 상대적으로 고통스러운 상황으로 빠져들 수밖에 없었던 것이다.

공자는 '인'(仁)을 통하여 인간 자신에게 내재되어 있는 도덕가치를 자각 하고자 하였으며, 또한 덕성 수양의 요구를 군주 한 개인에게만 국한시키지 않고 백성들 자신에 대한 요구로 전화시켜, 인간이 자신의 노력을 통하여 끊임없이 '인'(仁)을 실천하면 바로 성인(聖人)의 경지에 도달할 수 있다고 한 것이다.

공자의 사명은 본래 "경덕에 힘쓰다"·"천명이 영원하기를 기원하다.”의 정치적인 규범에서 “인(仁)을 실천하여 하늘을 안다.”고 하는 도덕규범으로써 군주를 계도하여 문화와 역사적 사명을 재창조한다.[35]

그렇다면 ‘인’(仁)은 어떻게 하늘과 인간 사이의 소통을 담당하는 가교의 역할을 하게 되는 것일까? 모종삼은 ‘인’(仁)의 특성을 ‘각’(覺)과 ‘건’(健)이라고 하였다. 즉 ‘각’은 마음속의 불안과 불인(不忍) 그리고 슬퍼하는 감정이고, ‘건’은 열심히 실천하여 그침이 없는 것을 뜻한다고 하여 ‘인’(仁)의 특성을 내심의 ‘각’으로써 부단하게 열심히 실천하는 정신을 표현하는 것이라고 했다. 이러한 것들이 전의 되어 ‘감통’(感通)과 ‘윤물’(潤物)이 된다고 하여 “인으로써 감통하여 성을 삼고, ‘윤물’로써 ‘용’(用)을 삼는다.”고 주장한다. ‘감통’을 통하여 생명은 점차 더욱 확대되어 극에 달하면 우주만물과 일체를 이룰 수 있으며, 또한 “천지와 더불어 덕을 합하고, 일월과 함께 밝음을 합치하고, 사시와 더불어 순서를 합치하고, 귀신과 더불어 길흉을 합치한다.”는 경지에 도달하게 된다고 했다.[36] 즉 개인에게 내재되어 있는 자아의 ‘감통’을 기점으로 더욱 확대하여 타인과 만물에게까지 파급하여 최종적으로는 천지만물과 하나로 융합하여 상통한다는 것이다. 그러므로 주관과 객관의 절대적인 대립이 사라지게 된다는 것이다.

인체 · 인리 · 인도 혹은 인심의 네 단어는 서로 통용된다. 즉 “이러한 이치를 체득하여 인식한다는 것은 성과 경(誠敬)으로써 그것을 보

35) 牟宗三, 『心體與性體』 第一冊, 臺北, 正中書局, 1991년, 222쪽 참조.

36) 牟宗三, 『中國哲學的特質』, 臺北, 學生書局, 1991년, 35~36쪽 참조.

존한다는 것을 말 할 뿐이다." 이는 '인'(仁)이 '리'(理)가 되는 것을 말하는 것이니 '인리'(仁理)라고 말할 수 있는 것이다. "이러한 '도'(道)는 만물과 더불어 대립되는 것이 아니고 이미 그것을 밝히기에 매우 부족하다는 것이다." 이는 '인'(仁)이 '도'(道)가 되는 것을 말하는 것이니 '인도'(仁道)라고 할 수 있는 것이다. "만물이 모두 나에게 갖추어져 있다." "양지·양능은 본래적으로 상실되는 것이 아니다." 이는 곧 마음(心)으로서의 '인'(仁)을 말한 것이니 '인심'(仁心)이라고 말할 수 있는 것이다.[37]

그러므로 심(心)·성(性)의 관계에서 말하면 '심'은 곧 '성'으로 '인'(仁)의 주관적인 의미(心)가 도출될 수 있으며, '성'·'리'(理)의 관계에서 말하면 '성'은 곧 '리'로 '인'(仁)의 객관적인 의미(性)가 도출될 수 있으며, '리'·'도'(道)의 관계에서 말하면 '리'는 곧 '도'로 '인'(仁)의 절대적인 의미(天)가 도출될 수 있는 것이다. 그래서 주관·객관·절대가 서로 상통하여 일체를 이루는 것이므로 '심'·'성'·'천'은 서로 상통하여 일체가 되는 것이다.[38]

그러므로 '인'(仁)과 하늘은 합일되어 '인한 하늘'(仁天)이 되는 것이다.[39] 『중용中庸』의 "천명이 아아! 그윽하고 그침이 없다."라는 말은 하늘이 '천명'이 되는 이유를 언급한 것이며, 또한 "아아! 밝기도하여라, 문왕의 크신 덕이여!"라는 말 역시 문왕이 성인(聖人)이 되는 가치를 언급한 것으로 위대한 덕이 그침 없음을 뜻한다. 이는 곧 '천도'의

37) 牟宗三, 『圓善論』, 臺北, 學生書局, 1985년, 256쪽 참조.
38) 蔡仁厚, 『儒家心性之學論要』, 臺北, 文津出版社, 1990년, 279쪽 참조.
39) 謝仲明, 『儒學與現代世界』, 臺北, 學生書局, 1991년, 98~101쪽 참조.

생성이 멈춤이 없다는 것으로부터 정신적으로 하늘이 '천덕(天德)'이 되는 이유를 체득하는 것에 이르기까지 그리고 문왕의 덕이 위대하여 그침 없다는 것으로부터 인간이 인간의 덕(문왕의 덕)을 체득한다는 것은 바로 사람의 덕으로서 하늘의 덕과 합일한다는 것이다.

이와 같이 하늘에 의해 부여된 '인'(仁)의 실질적인 내용은 이후로 하늘을 더 이상 고원한 존재로 인식치 않게 하였으며 인간의 내면에 존재하는 도덕가치의 실체로 자리 잡게 한 것이다. 즉 하늘은 더 이상 인간에게 요원한 대상적인 존재가 아님과 동시에 운명이나 자연법칙의 의미도 아닌 살아있는 도덕으로 도덕생명을 끊임없이 창조해내는 형이상학적 실체가 되는 것이다.

4. 맺는 말

이상과 같이 공자의 천인론에 대하여 천인관계의 형태를 중심으로 살펴보았는데 요약하면 다음과 같다.

먼저 은왕조 시기의 천인관계는 '제'와 인간의 관계형태로 말할 수 있는데, '제'는 모든 것을 주재하며 절대적인 권위를 갖고 하늘의 높은 곳에서 기거하면서 지상의 인간들에게 축복과 재앙을 내려주는 존재였으며, 인간은 '제'에 대하여 경외와 두려움을 갖고 있었으며 모든 일을 '제'에게 묻고 기원했다. 군주가 국가의 대사를 결정하거나 왕실의 제반 문제를 처리할 때도 반드시 '제'의 의지를 점복 행위를 통해서 묻고 실행하였다. 이와 같이 은왕조 시기의 천인관계는 절대적인 권위를 갖는 '제'에 대해 인간은 무조건적인 복종과 의무를 강요당하였으며 인간의 주체성이 용납되지 않는 상명하복의 관계였다.

주왕조 시기의 천인관계는 '천'과 인간의 관계형태로 말할 수 있는데, '천'은 주왕조 초기에는 지고무상의 권위를 지닌 주재자의 일면과 백성들을 사랑한다고 하는 특색도 가지고 있었다. 이 시기의 천인관계의 형태는 이전의 은왕조 시기와는 달리 상명하복의 모습에서 벗어나 '천인동심'(天人同心)·'천인합덕'(天人合德) 관계의 형태로 나타낸다. 또한 군주는 천명을 보전하기 위해 자신의 덕성 수양을 주요한 임무로 삼는 한편 자신의 덕을 바탕으로 백성들을 교화하는데 주력하였다. 그리고 이 시기에는 이전 시대의 종교적인 분위기에서 탈피하여 인간 자신이 주체가 되어 모든 일을 결정하거나 해결하였으며 도덕의식이 대두되어 도덕법칙에 합치되는 '천도'사상이 형성되어졌다. 인간이 주체가 되어 모든 일을 결정하였다는 것은 곧 인간의 주체의식이 점차 형성되어 인간이 자신의 능력·책임·가치 등을 자각하기 시작했다는 것을 의미한다. 그러므로 '천'의 인격신적 요소는 점차 퇴색되어 도덕적 의미를 갖춘 형이상학적인 천이 그 자리를 대신하는 형태를 보인다.

공자의 시대에는 사회 각처에서 기존의 가치체계와 질서가 무너지는 무도한 사회적인 분위기가 당시 사회 전반에 걸쳐 팽배되어 있었다. 그래서 인간이 인간으로서의 가치를 상실하고 하늘 역시 하늘로서의 가치를 상실하였다. 이와 같이 춘추시대에 있어서의 천인관계의 파괴는 인간의 정신적인 귀의처를 상실하게 만들었으며 더 나가 예악제도의 붕괴를 초래하여 백성들의 도덕가치에 대한 신뢰와 생명(도덕생명)의 방향성을 상실하게 만들었다. 사람들은 어떠한 도덕가치 규범에 따라 행동해야 하는지의 방향성을 상실하고 자신의 사욕에 따라 행동하는 방탕한 생활 속에서 생존하고 있었다. 이러한 가운데 공자는 '인'(仁)으로서 '천'의 초월성과 객관적 유효성을 회복시켜 인간의 도덕 생명 기초를 새롭게 건립하고자 하였다. 하늘은 공자에게 있어서 최종 관심소재였으며 또한 그는 '인'(仁)을 통하여 '천'에 새로운 생명력을 부여한다. 그래서 공자에게 있어서의 '천'은 도덕가치의 실체가 되며 또한 도덕이 존재해야하는 초월적인 이론 근거로 변모하는 것이다.

參考文獻

朱公遷撰,『詩經疏義』,『四庫全書』 本.

孫星衍撰,『尙書古今文注疏』,『平津館叢書』 本.

劉寶楠撰,『論語正義』,『續皇淸經解』 本.

傅佩榮,『儒道天論發微』, 臺北, 學生書局, 1989년.

秦家懿・孔漢思,『中國宗教與西方神學』, 臺北, 聯經出版事業公司, 1993년.

楊慧傑,『天人關係論』, 臺北, 水牛圖書事業出版公司, 1989년.

徐復觀,『中國人性論史』, 臺北, 臺灣商務印書館, 1990년.

牟宗三,『中國哲學十九講』, 臺北, 學生書局, 1991년.

牟宗三,『中國哲學的特質』, 臺北, 學生書局, 1991년.

제3장　공자의 인성론

1. 시작하는 말

고대 중국의 사상에 있어서의 인간 문제에 대한 중시 특히 인성 및 인성에 관련된 문제는 중국사상이 가지고 있는 독특한 측면을 보여주는 부분이라고 할 수 있을 것이다. 중국사상을 발전사적인 측면에서 회고해보면, 유가사상은 인간에 대한 탐구를 시초로 탐구의 영역을 인간사회 전반에 걸쳐 확대 발전 시켜왔음을 알 수 있다. 즉 인간에 대한 탐구를 통하여 점진적으로 사고의 대상을 인간사회의 정치・경제・문화 등의 전반적인 분야에로 확대시켜나갔던 것이다.

유가사상에서는 인간 자신을 대상화시켜 인간의 본질에 대하여 반성적인 사고를 하기 시작하는데, 이렇게 인간이 자신을 사고의 대상으로 인식하기 시작했다는 것은 인간이 자아와 객관적인 실재세계 속에서 다른 존재자의 실체를 의식하기 시작했음을 의미하는 것이다.

유가사상의 인간에 대한 사고는 객관적인 실재세계의 탐구를 통하여 자신의 존재와 다른 사물의 차이를 반성적으로 인식한데 있다. 또한 그들은 인간이 자연계에서 우월적인 위치에 있음을 부정하지도 않았다. 유가사상에서는 비록 인간이 자연계에서 우월적인 위치에 있음을 인정했지만 인간의 본질에 대해서는 명확한 설명을 하지 않았다. 그 이유는 유가사상에서는 실천이성을 중시한 반면 이론의 사변성에 대해서는 중시하지 않았기 때문에 인간 존재를 추상화시키지 않은데 있다고 할 수 있다. 또한 현실생활과 괴리된 인간존재에 대해서는 생각을 할 만한 여지가 없었기 때문에 유가사상의 인간존재에 대한 이해는 모두 실천이성을 출발점으로 삼아 도덕가치의 함의를 담고 있는 것이다.

유가사상의 집대성자라고 할 수 있는 공자의 인성론에 대한 문제는 해결하기 쉽지 않은 문제라고 판단된다. 그 이유는 공자가 체계적으로 인성에 대하여 언급하거나 논술한 부분이 없기 때문이다. 그렇기 때문에 본문에서는 공자의 인성에 대한 견해를 공자의 언급들 속에서 인성론 문제와 비교적 가깝게 접근했다고 판단되는 것들을 중심으로 공자의 인성론 문제에 대한 해석을 시도해보도록 하겠다.

2. 性相近과 習相遠

공자는 '성'(性)에 대하여 언급을 거의 하지 않았다. 『논어論語』에 언급된 '성'자는 불과 두 곳에서만 발견할 수 있는데, 다음과 같다. 한 곳은 공자가 언급한 "본성은 서로 가까운 것이지만, 습성이 서로를 멀어지게 한다."[1]이고, 다른 한 곳은 자공(子貢)의 서술에서이다. 즉 자

1) 『論語』, 「陽貨」, "性相近, 習相遠."

공이 "선생님의 글과 의표에 대해서는 들을 수가 있었지만, 선생님의 본성과 천도에 대한 말씀은 들을 수가 없었다."[2]라고 언급한 부분이다. 이러한 두 곳에서 언급된 '성'은 과연 '성'이란 무엇인가에 대해서는 명확한 해석이 결여되어 있으며, 다만 공자가 인간은 모두 '성'이 있음을 긍정했다는 사실만을 확인할 수 있다.

자공의 서술에 대하여 일부의 학자는 다음과 같은 해석학적 방법론을 제기하는데, 일견 참고할만한 가치가 있다고 여겨진다. 즉 하나는 "선생님의 글과 의표에 대해서는 들을 수가 있었지만, 선생님의 인간본성이 천도에 참여한다는 것에 대한 말씀은 들을 수가 없었다."로서 공자가 언급한 '성'은 '천도'(天道)에 참여한다고 하는 해석은 형이상학적 영역으로 귀결된다고 할 수 있다. 다른 하나는 "선생님의 글과 의표에 대해서는 들을 수가 있었지만, 선생님의 인간본성에 대한 것과 천도에 대한 말씀은 들을 수가 없었다."로서 공자가 '천도'로써 '성'을 논의한 것으로, 이는 '성'이 주제가 되어 '성'과 '천도'의 연결에 관한 문제를 본 것으로 심성론(心性論)의 영역으로 귀결된다고 할 수 있는 것이다.[3]

만일 '성'과 '천도'가 두 개의 논제라면 이 두 가지는 독립적인 논의 주제가 될 수 있다. 그렇다면 우리가 이미 알고 있는 것과 같이 이러한 두 개의 주제는 "들을 수가 없었다"가 되어버린다. 그렇기 때문에 그 속의 내용을 파악하는 작업은 난관에 직면할 수밖에 없게 되는 것이다. 그러나 만일 '성'과 '천도'가 서로 관련되어 있는 하나의 주제라

2) 『論語』, 「公冶長」, "夫子之文章, 可得而聞也; 夫子之言性與天道不可得聞也."

3) 林義正, 「論語 '夫子之文章之研究'」, 『文史哲學報』, 第四十二期, 臺北, 1995년, 9쪽 참조.

고 한다면, '성'과 '천도'에 대한 이해는 반드시 양자의 상관성과 맞물려 있을 것이다. 설사 이와 같다고 가정하더라도 아직 중요한 단서 하나가 문맥 속에 담겨져 있다고 할 수 있는데, 그것은 바로 공자가 채택한 '성'과 '천도'가 동질이라고 한 것과 논급의 방식으로는 '성'과 '천도'의 결합에 대한 문제에 관하여 어떤 식으로 말을 해야만 하는지를 알지 못한다는 것이다. 그렇기 때문에 자공이 "선생님의 본성과 천도에 대한 말씀은 들을 수가 없었다"라고 말한 것이다.

공자는 비록 '성'과 '천도'를 기반으로 윤리 도덕의 학설체계를 세우지는 못하지만, 후대의 맹자가 이러한 공자의 '성'과 '천도'에 기초한 사상을 계승하여 '인·의·예·지'(仁·義·禮·智)라고 하는 '사단지심'(四端之心)의 이론을 체계화하여 '성선설'(性善說)의 관념을 확립하면서 '진심·지성·지천'(盡心·知性·知天)에 이르는 사상체계를 확립하기에 이른다. 만일 맹자의 학설체계가 우연적으로 세워진 것이 아니라고 가정한다면, 다음과 같은 가설을 세워볼 수 있을 것이다. 즉 공자 자신의 이론체계에서가 아닌 그 후학의 학설체계를 통하여 역으로 인성론 체계를 수립한다는 것이다. 다시 말하자면, 맹자의 인성론 체계를 통하여 공자의 인성론 체계를 건립할 수 있다는 가설을 세워볼 수 있다는 것이다. 이러한 가설은 비록 적합하지는 않은 측면이 있기는 해도 꼭 그렇게 요원한 것만도 아닌 것이라고 판단된다. 이러한 사고를 기반으로 하여 인간의 '인'(仁)에 대한 욕구를 가지고 공자의 인성론 문제를 조명해보는 시도 역시 나름대로 의미가 있을 것이라고 생각된다.

공자가 언급한 "본성은 서로 가까운 것이지만, 습성이 서로를 멀어지게 한다."로부터 '본성'과 '습성'의 대조에 주안점을 두고 공자의 인성론 문제를 파악해보면 다음과 같은 사실들을 알 수가 있을 것이다. 즉 공자가 제시한 '습성'이 사람들의 본성을 서로 상이하게 만드는데, 이러한 상이한 차이는 약간 혹은 소량의 차이가 아니기 때문에 상이함이 매우 멀다(크다)고 말하는 것이다.

'서로 다름'과 '서로 같음'을 상호 대응적인 측면의 입장에서 본다면 다음과 같은 문제가 제기 될 수 있을 것이다. 만일 '습성'의 "서로를 멀어지게 한다"고 하는 것이 나타내는 점이 차이라고 한다면, '본성'과 '습성'은 대립적인 배열을 이루게 되어 대칭적으로 어떠한 의미를 전달할 수 있을 것인가? 또한 '본성'을 말하는 "서로 가까운 것"이라고 하는 것의 실제적인 의미는 과연 무엇인가? 이러한 것을 '서로 같음'을 사용하여 해석할 수 있는 것인가?

'본성'에 대해서는 "들을 수가 없었다"고 하였기 때문에 어떤 의미에서는 '본성'에 대한 정의를 내리거나 그 정확한 의미를 설명하기에는 적지 않은 어려움이 수반된다고 볼 수 있다. 그렇기 때문에 많은 사람들이 한결같이 아무런 의심 없이 비유나 추리를 통하여 쉽게 터득할 수 있었던 사실은, 공자가 "습성이 서로를 멀어지게 한다"는 사실과 대비하여 '본성'이 "서로 가까운 것"이 된다는 사실을 응용했다는 것이다. "본성은 서로 가까운 것"에 관하여 그것의 정확한 의미가 도대체 무엇을 지칭하는 것인가에 대하여 사람들은 제각기 다른 해석을 내놓는데 다음과 같다. 즉 어떤 사람들은 공자는 인간의 본성은 평등한 것으로 생각해서 극소수의 위로는 뛰어난 품성을 가진 사람들과 아래로는 우매한 품성을 가진 사람들을 제외한 일반적인 사람들의 품성은

선천적으로 평등하기 때문에 공자가 “서로 가까운 것” 이라고 언급했다는 것이다.[4]

‘의리지성’(義理之性)이나 ‘인성’(仁性) 및 ‘성선’(性善)의 각도로부터 착수해 들어가 보면 공자가 무엇 때문에 “본성은 서로 가까운 것”이라고 했는지에 대해서 이해하는 것은 쉽지 않은 일이다. 즉 ‘천도’(天道)가 내재되어 있기 때문에 본성이 선(善)하다고 하는 것은 모든 인간에게 똑같이 해당되는 사항이기 때문이다. 그러므로 “서로 가까운 것”이라는 언급은 ‘서로 동등하다’거나 ‘그것에 상당한다’ 및 ‘서로 동일하다’는 의미와는 부합되지 않는다.

공자가 언급한 “본성은 서로 가까운 것”이라는 명제에 대하여 ‘기질지성’(氣質之性)의 각도로 접근해서 공자의 인성론 문제를 분석해볼 수는 없을까? 라고 하는 의문이 발생하기도 한다. ‘서로 가깝다’와 ‘서로 동일하다’는 언급들 사이에는 분명하게 구별이 존재하기 때문에 ‘본성’에 대한 해석을 시도할 때 ‘기질지성’의 측면으로 분석해볼 수도 있기 때문이다. 이러한 접근방법은 주자가 견지하고 있는 견해로서 다음과 같다.

> 여기에서 말하는 ‘성’이란 ‘기질’을 겸해서 말한 것이다. 기질의 성은 본래 좋아하고 싫어하는 것의 구분이 있는 것이다. 그렇기 때문에 그것을 처음 언급할 때 모두가 서로를 심하게 멀어지게 하는 것은 아니다. 단 습성이 선에 가까우면 선하게 되고, 습성이 악에 가까우면 악하게 되기 때문에 처음에 서로 멀어진다고 한 것일 뿐이다. 정자가

---

4) 宋淑萍, 「淵源有自一先秦學術的萌芽」, 『浩瀚的學海』, 北京, 三聯書店, 1991년, 106쪽 참조.

말하기를 여기에서 말한 기질의 성은 성의 본원적인 것을 언급한 것이 아니다. 만일 그것의 본원적인 측면에서 언급한다면 성은 곧 리가 되는 것이다. 이러한 리(理)에는 불선(不善)함이 없기 때문에 맹자가 본성은 선한 것이다 라고 말한 것은 이러한 이유 때문이다. 어디에 서로 가까운 것이 있겠는가?[5]

주자는 선한 본성이 '천'(天)에서 온 것으로 생각하여, 성선(性善)이 의미하는 것은 본성이 서로 같거나 동일하다는 것이라고 말했다. 그러나 공자가 이미 "본성은 서로 가까운 것"이라고 한 언급은 바로 본성에 대하여 그것을 기질과 겸해서 말한 것을 의미한다고 주자는 생각했다. 주자의 이러한 관점은 상당히 많은 수에 있어서 반대하는 의견들이 나오게 만드는 결과를 초래했다.

특히 서복관(徐復觀)과 같은 학자의 경우는 절대로 공자가 기질의 성에 대하여 언급했다고는 생각하지 않아서, "또한 '기질의 성은 본래 좋아하고 싫어하는 것의 구분이 있는 것이다'라고 하는 말은, 곧 기질의 성이 처음에는 좋아하고 싫어하는 것에 대한 구분을 함유하고 있지만 그것이 본성 속에 잠복해 있어 아직 발동하지 않고 있는 상태에 불과한 것이다. 또한 무엇을 근거로 하여 본성 자체가 서로 가까운 것이라는 말을 할 수 있는 것인가? 그러므로 주자의 이러한 두 마디의 언급은 사실상 '구분'과 '가까운 것'이라는 서로 모순되는 어구를 동일한 사물 즉 기질의 성의 위에 더한 것이다."[6]라고 주장 한 것이다. 또

---

5) 朱熹, 『論語集注』 卷九, 「陽貨第十七」, "此所謂性, 兼氣質而言者也. 氣質之性, 固有美惡之不同矣. 然以其初而言, 則皆不甚相遠也. 但習於善則善, 習於惡則惡, 於是始相遠耳. 程子曰: 此言氣質之性. 非言性之本也. 若言其本, 則性卽是理, 理無不善, 孟子之言性善是也. 何相近之有哉?"

한 서복관은 『논어』에서 언급한 것이 비록 '기질의 성'에 상당하다고는 할 수 있겠지만, 그렇다고 해서 이러한 이유 때문에 공자가 '기질의 성'을 주장했다고는 말할 수 없는 것이라고 주장했다.

주자는 한편으로는 '구분'에 대하여 직접적으로 언급했으며, 다른 한편으로는 "맹자가 주장한 본성은 선한 것이다"라고 하는 언급에 인간의 마음이 모두 그러한 것과 같다는 것을 더하여 대비시킴으로써 "서로 가까운 것"의 의미를 확대시켜 '구분'의 의미에로 가깝게 접근시켰다. 즉 주자는 "서로 가까운 것"이라고 하는 말의 의미를 '구분'과 같은 의미로 보았다고 할 수 있다.

왕양명(王陽明) 같은 경우는 『전습록傳習錄』에서 "서로 동일하다"는 뜻으로써 "서로 가깝다"는 의미를 해석하는데, 그의 견해는 다음과 같다.

> 공자께서 말씀하신 "본성은 서로 가까운 것"이라는 것은 곧 맹자가 말씀하신 "본성은 선한 것이다"는 의미이다. 이러한 것은 기질의 측면에서만 말할 수 있는 성질의 것이 아니다. 만일 기질의 측면에서 언급한다면 단단함과 부드러움이 서로 대립하는데 어떻게 서로 가까울 수 있겠는가? 오직 본성이 선하다는 것만이 동일한 것일 뿐이다. 사람이 처음 태어났을 때는 선하다고 하는 것은 원래 동일한 사실이다. 그러나 단단함의 습성이 선에 기울면 단단함은 선이 되는 것이고, 습성이 악으로 기울면 단단함은 악이 되는 것이다. 부드러움의 습성이 선에 기울면 부드러움은 선이 되는 것이고, 습성이 악으로 기울면 부드러움은 악이 되는 것이어서 나날이 서로 멀어지게 되는 것이다.[7]

6) 徐復觀, 『中國人性論史』, 臺北, 臺灣商務印書館, 1990년, 78~79쪽 참조.

7) 王陽明, 「傳習錄下」, "夫子說'性相近', 卽孟子說'性善', 不可專在氣質上說. 若說氣質, 如剛與柔對, 如何相近得? 惟性善則同耳. 人生初時, 善原是同的. 但剛的習

왕양명은 인간 모두가 공통적으로 가지고 있는 '성선'(性善)에 착안하여 "서로 가깝다"는 의미가 실제로는 "사람이 처음 태어났을 때의 선함"을 지칭하는 것이라고 설명했다. 다시 말하면, "서로 가깝다"는 '의리의 성'(義理之性)을 가리키는 것이지 '기질의 성'(氣質之性)을 가리키는 것은 아니라는 것이다. 채인후(蔡仁厚) 역시 왕양명의 견해에 적극적으로 동의하는 입장을 견지하면서 '의리의 성'으로 해석해야만 하는 타당성에 대하여 다음과 같이 의견을 개진했다.

> 언어적 함의에서 볼 때 '서로 가깝다'와 '서로 동일하다'는 각각 차별이 존재하고 있다. 그러나 옛날 사람들이 사용한 언어는 꼭 이처럼 엄격하게 사용되었던 것은 아니다. 『맹자』, 「고자상」에 우산의 나무장에 실려 있는 "수목도 밤낮으로 자라고, 아침 공기를 흡수하여 기운이 깨끗해질 때는 살기를 좋아하고 죽기를 싫어하는 그 본능이 사람과 서로 비슷하여 차이가 많지 않다."에 대하여 주자는 "좋아하고 미워함이 사람과 서로 비슷하다는 것은 사람의 마음이 한가지로 같음을 말하는 것이다."라고 주석을 했는데, 이러한 것이 의미하는 것은 양심에서 피어나는 좋아함과 미워함은 모든 사람들이 모두 동일하다고 하는 것이다. 주자는 '서로 동일하다'라는 것으로써 '서로 가깝다'를 해석하고 있는 것이다. 그러나 공자가 말한 "본성은 서로 가까운 것"이라는 언급에서 서로 가깝다는 것은 맹자가 언급한 "서로 비슷하다"와 의미상에 있어서 서는 같은 맥락으로 보아야 한다. 이와 같기 때문에 "본성은 서로 가까운 것"에서의 본성은 '기질의 성'으로는 말해질 수

於善則爲剛善, 習於惡則爲剛惡; 柔的習於善則爲柔善, 習於惡則爲柔惡, 便日相遠了." 王陽明, 「傳習錄下」, 『王陽明全集』上冊, 上海, 上海人民出版社, 1992년, 123쪽 참조.

없는 것이며, 마땅히 사람들 모두가 동일한 '의리의 성'인 것이다.[8)]

3. 仁으로 설명할 수 있는 본성의 문제

공자의 '의리의 성'에 대한 본질이 무엇인가의 문제에 대해서는 다양한 각도에서 조명해볼 수 있을 것이다. 본문에서는 『논어』의 내용들에 대한 직접적인 추론과 심도 있는 분석을 통하여 그 의미를 조명해볼 것이며, 이러한 작업들 위에 맹자의 인성론과 『중용中庸』의 '성'(性) '명'(命) 이론을 더하여 추론하는 방식을 통하여 결론적으로 공자가 '인'(仁)으로써 '본성'(性)을 삼은 사실을 천명해보도록 하겠다.

'인'이라는 것은 일종의 내재적인 덕성이라고 할 수 있다. 공자가 '인'에 대하여 언급한 부분을 『논어』의 도처에서 찾아 볼 수는 있으며 또한 그것이 내재적인 덕성의 의미로 언급된 부분 역시 적지 않지만 본문에서는 다음과 같은 일부만 다루어 보겠다.

> 인하기를 원해서 인하게 되었다.[9)]

> 인은 멀리 있는 것일까? 내가 인하게 되고자 하면 곧 인이 찾아온다.[10)]

> 하루라도 자신의 힘을 인을 위해 쓸 수 있는 사람이 있던가? 나는 능력이 부족한 사람은 보지 못했다. 그러한 사람이 있을 법이기는 하

8) 蔡仁厚, 『孔孟荀哲學』, 臺北, 學生書局, 1991년, 105쪽 참조.
9) 『論語』, 「堯曰」, "欲仁而得仁."
10) 『論語』, 「述而」, "仁遠乎哉? 我欲仁, 斯仁至矣."

나 나는 아직까지 본적이 없다.[11]

공자는 무슨 이유 때문에 "내가 인하게 되고자 하면 곧 인이 찾아온다" 및 "인하기를 원해서 인하게 되었다"라고 하는 말들을 했을까? 이러한 긍정적인 언사들 가운데 "인하기를 원해서 인하게 되었다"에서 "원하다"는 글자는 배고플 때 먹고 싶다는 욕구가 생기는 것과 추위속에서 따뜻한 것을 추구하는 생리적인 욕망과 같은 맥락에서 이해되어져서는 안 되는 것이다. 그렇다면 어떠한 맥락에서 "인하기를 원해서"의 "원하다"는 글자의 의미를 이해해야 하는 것일까? 여기에서 다뤄져야할 "원하다"는 의미는 마땅히 "하루라도 자신의 힘을 인을 위해 쓸 수 있는 사람이 있던가"에서의 "힘을 쓰다"는 의미와 동일한 선상에서 파악되고 이해되어져야 한다. 즉 "원하다"는 글자에는 "인을 위해 힘쓰다"라고 하는 의미를 포함하고 있으며, '주동적인 것'과 '반성' 그리고 '자각'의 함의가 내재되어 있다고 할 수 있다.

"내가 인하게 되고자 하면 곧 인이 찾아온다"에서 "나"는 누구를 지칭하는 것일까? 라고 하는 문제가 제기될 수 있다. 이러한 문제에 대하여 다음과 같은 두 가지 가능성을 상정해 볼 수 있을 것이다.

먼저, "나"는 보편적인 일인칭으로서 모든 개인들이 말하는 "나"가 아니고, 공자 자신을 지칭하는 것이다. 이때의 공자는 이미 마음 내키는 대로 행동해도 법도에 어긋남이 없는 경지에 도달한 상태이기 때문에 자연히 스스로가 "내가 인하게 되고자 하면 곧 인이 찾아온다"라고 말할 수 있었던 것이다.

11) 『論語』, 「里仁」, "有能一日用力於仁矣乎? 我未見力不足者. 蓋有之矣, 我未之見也."

다음은 "나"는 일반적인 일인칭이라는 것이다. 즉 모든 사람들이 자기 자신에 대한 자각행위를 통하여 자신을 반성적으로 성찰하게 될 때에 비로소 그 가운데 '인'이 있다고 하는 것이다.

그렇다면 '인'은 어떻게 정의되고 해석되어야 할까? 라는 문제에 대해서는 맹자가 언급한 "모든 사람들이 다 요임금이나 순임금과 같은 성인이 될 수 있다"라고 하는 도리와 같은 맥락에서 파악되어져야 할 것이라고 판단한다. 공자가 말한 "인하기를 원해서 인하게 되었다"라는 언급은 '모든 사람들이 인하기를 원해서 인하게 되었다'라고도 말해질 수 있는 것이다. 그러나 만일 인하게 될 수가 없다면 그것은 '하지 않는 것'이지 '할 수 없는 것'이 아니다.[12] 그렇기 때문에 비록 우매한 품성을 지닌 사람은 수양공부를 정진하는 과정 가운데 "인하기를 원해서 인하게 되었다"는 경지를 달성할 수는 없지만, '모든 사람들이 인하기를 원해서 인하게 되었다'는 추론에는 별 지장을 주지 않는 것이다.

이는 맹자의 경우도 마찬가지인데, 맹자가 모든 사람들이 다 요임금이나 순임금과 같은 성인이 될 수 있다고 하는 것에 대한 긍정은 사실상 무턱대고 아무런 사람들이 다 요임금이나 순임금과 같은 성인이 될 수 있다고 하는 것을 뜻하지는 않는다. 그러한 언급 속에는 수양공부에 뜻을 세우고 최선을 다하여 노력해야 한다는 단서조항이

---

12) 맹자는 '할 수 없는 것'과 '하지 않는 것'의 구별에 대하여 "태산을 끼고 북해를 건너뛰는 것을 사람들에게 말하기를 '내가 할 수 없다'고 하면, 이는 진실로 할 수 없는 것이지만 어른을 위해서 나뭇가지를 꺾는 것을 사람에게 말하기를 '내가 할 수 없다'고 하면, 이는 하지 아니 할 뿐이지 할 수 없는 것이 아닙니다."라고 설명한 바 있다. 『孟子』, 「梁惠王上」, "挾太山以超北海, 語人曰: 我不能, 是誠不能也. 爲長者折枝, 語人曰: 我不能, 是不爲也, 非不能也."

포함되어져 있는 것이다. 그러므로 모든 사람들이 다 갖추고 있는 내재적인 도덕성의 측면에서 본성을 말 할 때에만 모든 사람들이 "인하게 되고자 하면 곧 인이 찾아온다"라고 하는 공식이 설립될 수 있는 것이다.

만약 공자가 '인'을 '인도'(仁道)나 '인리'(仁理)로 간주하여 내가 욕구하는 것의 대상이 되어 '마음'과 '리'(理)를 나누어 두 개의 이론노선을 구축하여 그것을 나타낼 수 있게 되면 '마음'과 '리'는 이미 나누어졌기 때문에 "내가 인하게 되고자 하면 곧 인이 찾아온다"와 "인하기를 원해서 인하게 되었다"에 대한 합리적인 해설을 할 수가 없게 된다. 그렇기 때문에 오직 '인'만이 내가 본래부터 갖추고 있는 것이 되기 때문에 '인'하기를 원해서 '인'하게 되는 것에는 어떠한 외재적 요인에도 의탁할 필요가 없다는 것이다. 이래야 만이 공자의 이론체계가 두 가지 노선으로 분열되어 하나의 학설체계로 일치하지 않는 상황을 막을 수 있는 것이다.

맹자는 공자의 이러한 학설체계에 대하여 타당성이 있는 해석과 계승을 했다고 할 수 있다. 즉 맹자는 "인은 사람의 마음이다."[13]라고 하여 공자의 '인'을 인성의 본질로 파악하였던 것이다.[14] 이와 같이 공자의 인성에 대한 관점을 맹자의 인성론으로부터 거슬러 올라가 이해할 수도 있는 것이다. 어떤 학자들은 공자에게는 체계적인 인성론이

13) 『孟子』, 「告子上」, "仁, 人心也."

14) 李澤厚는 "공자가 '인'을 사용하여 '예'를 해석한 것은 원래 '예에로 돌아간다'를 위해서였다. 그러나 그 결과는 오히려 수단이 목적을 초월한 셈이 되었다. 공자에 의해서 발굴되고 강조된 '인'—인성심리원칙이 반대로 본질적인 것이 되어버렸다."라고 했다. 李澤厚, 『中國古代思想史論』, 北京, 人民出版社, 1986년, 22쪽 참조.

없다고는 하지만 맹자가 공자의 학설을 계승하고 그것에 대한 보완작업을 통하여 체계화시켜 완성했다고도 주장한다.

만일 맹자가 언급한 '인'은 사람의 마음이라는 것을 하나의 견해로 채용한다면 공자가 '인'으로써 '성'을 언급한 사항의 핵심적인 요소는 과연 무엇일까? 공자는 '인'이라고 하는 것은 인간에게 없어서는 절대로 안 되는 것이라고 생각했다. 그래서 그는 일찍이 '인'이 인간에 대하여 얼마나 중요한 존재인지를 "백성들에게 인의 필요성에 대한 문제의 정도는 물이나 불보다도 더 심각한 문제이다."[15]라고 매우 심도 있게 묘사를 하였다. 이외에도 '인'에는 또 다른 차원의 의미가 담겨져 있고 할 수 있다. 즉 가치에 관한 문제가 담겨져 있는데, 이러한 문제에 대하여 공자는 군자가 '인'에서 한시라도 떨어질 수 없는 것이며 그것을 상실해서는 안 된다고 하는 사례를 들어 설명하고 있다.

> 군자가 인을 버린다면 어찌 군자란 이름이 이룩되겠는가? 군자는 밥을 먹는 동안이라도 인을 어기지 말아야 하며, 다급한 순간이라 할지라도 반드시 인을 지키고, 넘어지는 순간이라 할지라도 반드시 인을 지켜야 한다.[16]

서복관 같은 경우는 공자의 '인'은 생명의 근원으로서 인성이 되는 것이라고 보아 공자에게 있어서의 인성은 '선'한 것이라고 주장했다.

> 공자가 기왕에 인정한 '인'은 각 개인의 생명 속에 내재되어 있는

15) 『論語』, 「衛靈公」, "民之於仁也, 甚於水火."

16) 『論語』, 「里仁」, "君子去仁, 惡乎成名? 君子無終食之間違仁, 造次必於是, 顚沛必於是."

것인데, 공자가 비록 '인'이 곧 인성이라고 설명을 하지는 않았지만, 앞에서 서술한 바와 같이 그것은 실제로는 본성은 선한 것이라고 여긴 것이다. 공자에게 있어서 선함의 궁극적인 것은 '인'이 되는 것이다. 즉 반드시 실제상에서 인정된 '인'만이 인간이 인간 되는 이유에 대한 가장 근본적인 규정이 되는 것이며 또한 인이 생명의 근원으로서 인성이 되는 것이다.[17)]

만일 역으로 거슬러 올라가는 추론 방식을 통하여 탐색해 본다면, 맹자가 언급한 '성선'은 공자를 계승하여 만들어진 학설체계로서 공자의 '인'은 자연히 인성론으로 전개되게 되는 것이다. 또한 만일 공자의 '인'으로써 인성론의 논점을 삼는다고 한다면 반드시 인간의 본성은 '선'한 것이라고 주장하게 되는 것이다. '인'은 공자의 인성론 체계에 있어서 가장 핵심적인 요소라고 말할 수 있는데, 이러한 사실은 후대의 사람들이 공자의 '인'을 인성론적 측면에서 이해한 귀결이라고 할 수 있을 것이다.

『논어』에서 자주 언급되었던 '인' 이외에 맹자가 언급했던 "인이라는 것은 사람다움이다"와 "인은 사람의 마음이다"는 주장 역시 매우 중요한 관건이 된다. 맹자는 공자의 계승자로 간주되어지는데, 그의 학설의 이론체계는 공자의 학설체계 위에 자신의 관점을 더하여 새로운 이론체계를 수립한 것으로 볼 수 있다. 그렇기 때문에 공자가 '인'으로써 본성을 설명했기 때문에 본성은 선하다고 하는 입장을 견지했으리라고 판단하는 것은 일견 설득력이 있다고 할 수 있는 것이다.

공자는 '인'이 구체적인 인물에 한정될 수 없는 것이라고 생각했다.

---

17) 徐復觀, 『中國人性論史』, 臺北, 臺灣商務印書館, 1990년, 98쪽 참조.

즉 공자는 '인'을 일개 덕목으로 보지 않았으며, 또한 그것에 대하여 특별한 정의도 내지 않았기 때문에 어떠한 특정 인물에게 국한될 수 있는 성질의 것이 아니라고 생각했던 것이다. 공자는 쉽게 사람들에게 '인'을 허락하지 않았으며 스스로가 '인'하다고 자처하지도 않았다. 다만 공자는 대하는 사람에 따라 '인'에 대하여 다양하게 설명했을 뿐이다. 또한 '인'의 보편적 무한성의 측면에서 언급한다면 공자가 말한 '인'은 실제적으로는 '성'(性)과 '천도'(天道)·'천명'(天命)과 융합되는 것이다.

> 공자는 사람에게 '인'을 허락하지 않았으며 '인'으로써 자처하지도 않았으며, 다만 그는 '인'의 무한성에 대하여 심도 있는 파악을 했을 뿐이다. 앞에서 언급한 것과 같이 공자는 실제로 '인'이 태어날 때부터 갖추어져 있는 것이며 선천적으로 인성에 존재하고 있는 것이라고 여겼다. 그리고 '인'의 특질은 부단하게 생리적인 한계를 돌파하여 무한하게 초월하는 것 즉 자신의 생리적인 욕망의 한계를 초월하는 것에 있다. 선천적으로 존재하면서 무한한 초월의 측면에서 말하자면 '인'의 내용이 되는 것은 인성인데, 실제로는 전통에서 말하는 '천도'·'천명'과 같은 것이다. 공자의 "오십에 천명을 알았다"는 말은 실제로 그가 오십 세가 되었을 때 '인'은 체현하기 시작하여 완전하게 드러낸 것인데, 이는 그가 '인'의 선천성과 무한한 초월성을 증험할 수 있게 되었다는 것이다.[18]

서복관의 관점에 의하면 공자는 '인'을 사용하여 '성'과 '천명'을 대체한 것이다. 공자 이후에 자사(子思)가 전한 『중용』에 "하늘이 명한 것

18) 徐復觀, 『中國人性論史』, 臺北, 臺灣商務印書館, 1990년, 98~99쪽 참조.

을 성(性)이라 하고, 성을 따르는 것을 도(道)라 하며, 도를 닦는 것을 교육이라 한다"[19]라고 하는 기록은 공자의 인성론 사상의 발전적인 서술이라고 할 수 있으며, 직접적으로 '성'과 '천명'의 긴밀한 관계를 나타낸 것이라고 할 수 있는 것이다. 그리고 '성'을 따르게 되면 그것이 직접적으로 '천명'에 투영된다는 것이다. 또한 '도'를 닦는 다고 하는 것은 '성'과 '천명'의 본래적인 의미를 파악하여 그것들이 다시금 발휘될 수 있게 한다는 것으로 '수양공부'의 문제에 속하게 되는 것이다. '성'과 '천도'·'천명'의 문제에 대한 해석은 맹자의 '진심·지성·지천'에 대한 관점과 호응을 이루게 될 때만이 비로소 분명하게 해석이 되어 질수 있는 것이다.

4. 맺는 말

이상과 같은 공자의 인성론 체계에 대하여 정리해보면 다음과 같은 사실들을 알 수 있을 것이다.

공자가 언급한 "본성은 서로 가까운 것이지만, 습성이 서로를 멀어지게 한다."로부터 '본성'과 '습성'의 대조에 주안점을 두고 공자의 인성론 문제를 파악해보면 다음과 같다. 즉 공자가 언급한 '습성'이 사람들의 본성을 서로 상이하게 만드는데, 이러한 상이한 차이는 약간 혹은 소량의 차이가 아니기 때문에 상이함이 매우 멀다(크다)고 말하는 것이다. 또한 '서로 다름'과 '서로 같음'을 상호 대칭적인 측면의 입장에서 본다면 다음과 같은 문제가 제기된다. 만일 '습성'의 "서로를 멀

19) 『中庸』, "天命之謂性, 率性之謂道, 修道之謂教."

어지게 한다"고 하는 것이 나타내는 점이 차이라고 한다면, '본성'과 '습성'은 대립적인 배열을 이루게 되어 대칭적으로 어떠한 의미를 전달할 수 있을 것인가? 또한 '본성'을 말하는 "서로 가까운 것"이라고 하는 것의 실제적인 의미는 과연 무엇인가? 이러한 것을 '서로 같음'을 사용하여 해석할 수 있는 것인가?

공자의 '본성'에 대해서는 "들을 수가 없었다"고 하였기 때문에 어떤 의미에서는 공자가 언급한 '본성'에 대한 정의나 그것의 정확한 의미를 설명하기에는 적지 않은 어려움이 수반된다. 그렇기 때문에 많은 사람들이 공자의 '본성'에 대한 의미를 비유나 추리를 통하여 쉽게 터득할 수 있었던 것은 바로 공자가 말한 "습성이 서로를 멀어지게 한다"는 언급과 대비하여 '본성'이 "서로 가까운 것"이 된다는 사실을 응용했기 때문이다. "본성은 서로 가까운 것"에 관하여 그것의 정확한 의미가 도대체 무엇을 지칭하는 것인가에 대하여 어떤 사람들은 공자는 인간의 본성은 평등한 것으로 생각해서 극소수의 위로는 뛰어난 품성을 가진 사람들과 아래로는 우매한 품성을 가진 사람들을 제외한 일반적인 사람들의 품성은 선천적으로 평등하기 때문에 공자가 "서로 가까운 것"이라고 언급했다는 주장을 한다.

공자가 '인'으로써 '성'을 언급한 사항의 핵심적인 요소는 과연 무엇일까? 공자는 '인'이라고 하는 것은 인간에게 없어서는 절대로 안 되는 것이라고 생각했다. 그래서 공자는 일찍이 '인'이 인간에 대하여 얼마나 중요한 존재인지를 "백성들에게 인의 필요성에 대한 문제의 정도는 물이나 불보다도 더 심각한 문제이다."라고 설명하였다. 이것 외에도 '인'에는 또 다른 차원의 의미가 담겨져 있고 할 수 있다. 즉 가치에 관한 문제가 담겨져 있는데, 이러한 문제에 대하여 공자는 군자가 '인'에서 한시라도 떨어질 수 없는 것이며 그것을 상실해서는 안 된다고 하는 사례를 들어 주장했다.

우리가 만일 역으로 거슬러 올라가는 추론 방식을 통하여 분석해 본다면 맹자가 언급한 '성선'은 공자를 계승하여 만들어진 학설체계로서 공자의 '인'은 자연히 인성론으로 전개되게 되는 것이다. 또한 만일 공자의 '인'으로써 인성론의 논점을 삼는다고 한다면 반드시 인간의 본성은 '선'한 것이라고 주장하게 되는 것이다. 그렇기 때문에 '인'은 공자의 인성론 체계에 있어서 가장 핵심적인 요소라고 말할 수 있는데, 이러한 사실은 공자의 '인'을 인성론적 측면에서 이해한 귀결이라고 할 수 있을 것이다. 또한 『논어』에서 자주 언급되었던 '인' 이외에 맹자가 언급했던 "인이라는 것은 사람다움이다"와 "인은 사람의 마음이다"는 주장 역시 매우 중요한 관건이 된다. 맹자는 공자의 계승자로 간주되어지는데, 그의 학설이론체계는 공자의 학설체계 위에 자신의 관점을 더하여 새로운 이론체계를 수립한 것으로 볼 수 있다. 그러므로 공자가 '인'으로써 본성을 설명했기 때문에 본성은 선하다고 하는 입장을 견지했으리라는 판단은 설득력을 가지게 되는 것이다.

參考文獻

黃侃, 『論語義疏』, 『皇淸經解』 本.

朱熹, 『論語集注』, 『海淵閣』 明刻本.

劉寶楠, 『論語正義』, 『續皇淸經解』 本.

朱熹, 『中庸章句』, 『海淵閣』 明刻本.

朱熹, 『孟子章句集註』, 『海淵閣』 明刻本.

焦循, 『孟子正義』, 『焦氏遺書』 本.

王陽明, 『王陽明全集』上冊, 上海, 上海人民出版社, 1992년.

李澤厚, 『中國古代思想史論』, 北京, 人民出版社, 1986년.

徐復觀, 『中國人性論史』, 臺北, 臺灣商務印書館, 1990년.

蔡仁厚, 『孔孟荀哲學』, 臺北, 學生書局, 1991년.

宋淑萍, 「淵源有自一先秦學術的萌芽」, 『浩瀚的學海』, 北京, 三聯書店, 1991년.

林義正, 「論語 '夫子之文章之硏究'」, 『文史哲學報』, 第四十二期, 臺北, 1995년.

제4장 공자의 정치론

1. 시작하는 말

유가의 예학(禮學)은 그 범주가 매우 광범위하다고 할 수 있다. 사마천 같은 경우 일찍이 "여러 세대에 걸쳐 배워도 그 학문에 통달할 수 없으며, 평생을 바쳐 예학 한 가지에만 매달린다 할지라도 다 연구할 수 없다."[1]고 한탄한 바 있다. 『논어』에 기록되어 있는 공자의 "예의 근본", "예의 실천", "예에 부합 한다", "예로 돌아간다" 등등의 언급들은 예법제도에 대한 주장이라고 할 수 있으며, 『순자』, 『주관』, 『의례』, 『예기』 등의 예학 경전을 거쳐 예교(禮教)가 유가의 교화학설의 중심축으로 정착하게 된다. 전통적으로 인의충신(仁義忠信) 등의 윤리적 가치의 주장에 대해서는 '내성'(內聖)의 방법론으로 예학은 '외왕'(外王)의 학문으로 귀결시켜왔다. 또한 예교 활동은 반드시 인의(仁義)의 도(道)로 되돌아가게 되어, 마치 예교는 '내성'을 완성한 후에 '외왕'

1) 『史記』, 「太史公自序」, "累世不能通其學, 當年不能究其禮"

을 이해하는 과정 속에 그 일정한 지위가 있는 것처럼 보여 지기도 한다.

이미 누적되어 있는 많은 문헌자료들과 학자들의 공자의 예학사상에 대한 연구는 대부분 공자의 예학이 당시의 예법제도의 학설과 차이가 있었으면서 그것들과 대립했던 것으로 파악하고 있다. 이렇듯 기존의 연구를 통하여 분명하게 드러난 공자의 예학사상을 다시 한 번 검토한 후에 그러한 것에 대하여 다른 각도에서 체계적으로 해석을 해보고자 한다.

공자의 예학사상에 대한 연구 성과는 이미 그 수를 헤아리기 어려울 정도로 막대한 분량이 축적되어 있다고 할 수 있다. 이러한 상황 속에서 논자가 다시 공자의 예학에 대하여 논의를 진행하는 것이 무의미하게 생각될 수도 있을 것이다. 그러나 본문에서 논의하고자 하는 문제는 그동안 학계에서 비교적 연구를 소홀히 했던 측면인 예치(禮治)에 관한 재해석의 문제이다. 본문에서 논의하게 될 예치의 재해석 문제는 예의를 통해서 자기수양을 한 뒤에 나라를 통치한다고 하는 정형화 된 모습의 예치가 아닌 '외왕' 활동 가운데 찾아볼 수 있는 그 자체에 내재되어 있는 윤리적 개념으로서의 예치의 재해석에 관한 것이다.

2. 덕치와 법치의 대립

법치제도에 관하여 언급을 할 때 일반적으로 유가는 예교를 중시하여 덕치(德治)를 주장하고, 상대적으로 법가는 포상과 처벌을 중시하여 법치를 주장한다고 하는 인상이 있다. 이러한 인상은 먼저 『논어』에서 언급한 도덕과 형벌의 관계를 통하여 증명해볼 수 있다.

> 공자가 백성들을 정령으로 인도하고 형벌로써 다스리면, 백성들은 형벌을 면하려만 할 뿐이요 부끄러움을 모르게 된다. 백성들을 덕으로 인도하고 예로써 다스리면, 백성들은 부끄러움이 있게 될 뿐만 아니라 바르게 된다고 말했다.[2)]

이러한 인상과 구분은 언어표현과 과도한 견강부회의 문제에 기인한 것이라고 생각한다. '덕/법'의 대비적인 서술방식은 그동안 광범위하게 응용되어져 왔다고 할 수 있는데, 유가의 전적 및 그 외의 대부분의 고금의 문헌들 속에서 어렵지 않게 찾아볼 수 있다. 본문에서 지적 하고자는 하는 것은, 바로 이러한 대비적인 서술방식이 원래는 설명을 쉽게 이해할 수 있게 만들기 위한 방법으로 사용되었으나, 수 차례의 변화를 거친 후에 형식적인 작용이 오히려 실적인 의미보다 과도해진 경향이 발생했다고 하는 점이다. 이러한 해석 속에서 '예'와 '법'을 대립하는 두 개념으로 보아서 '예'와 '덕'의 개념을 연결한 후에 유가는 '민주 지향적, 내재적, 백성 지향적'으로 묘사되었으며, 법가는 '권위 지향적, 외재적, 통치자 지향적'으로 묘사되어 두 학파는 극단적으로 대립하는 모습으로 비춰지는데,[3)] 유가는 거의 현대의 개인 자유주의에 가깝다고 할 수 있다.[4)]

---

2) 『論語』, 「爲政」, "子曰: 道之以政, 齊之以刑, 民免以無恥; 道之以德, 齊之以禮, 有恥且格."

3) 成中英, 『知識與價値』, 臺北, 聯經出版事業公司, 1986년, 449쪽 참조.

춘추시대의 사회계층의 이동은 기득권계층인 귀족들이 평민으로 전락하고 하층의 서민들이 지식을 구비하여 신분상승을 하게 되어, 기득권계층의 최하계급인 사인(士)계층이 인구수에 있어서 대량으로 증가하게 되는 결과를 낳는다. 이렇게 지식을 구비한 사인(士)계층은 기존에 정착된 봉건제도의 신분제도 관계망에서 떨어져 나와 당시 계층사회에 변화를 유발시킨다. 이러한 것 외에 예악제도가 붕괴되는 한편 지배계층에 의해서 독점되었던 학문이 민간에게까지 전파되기에 이른다. 이러한 시대적 상황은 사인(士)계층이 문화사업의 전문가 집단으로 대두되게 하는 양질의 토양을 조성한다. 이렇게 새로운 집단을 형성하게 된 사인계층은 각기 다른 이념과 시대정신을 만들어서, 서로가 천하의 질서유지를 위해서는 자신들의 학설이 가장 필요한 것이라고 경쟁적으로 유세를 한다.

유가학파 속에서의 사인계층이 견지하고 있던 핵심적인 정신은 인(仁)·예(禮) 등의 윤리개념이었다. 유가와 법가는 모두 공통적으로 사회와 정치질서의 회복과 유지를 정치철학의 최종적인 목표로 삼았으나, 사회질서를 회복시키는 방법론상에 있어서는 근본적으로 입장을 달리했다. 즉 법가는 유가처럼 심성론에 기초한 도덕의 학문체계를 건립할 수 없었다.[5] 아울러 유가에도 법치사상이 있다는 사실을 우리는 직시할 필요가 있다고 보는데, 향후 유가의 정치론에 대하여 논의를 전개해나갈 때 이점을 간과해서는 안될 것이다. 개인의 인성 문제에 있어서 그것을 바라보는 관점의 차이가 유가와 법가의 학설체계를

4) 黃維幸, 『法律與社會理論的批判』, 臺北, 時報文化事業公司, 1991년, 267쪽 참조.

5) 瞿同祖, 『中國法律與中國社會』, 臺北, 里仁, 1987년, 361쪽 참조.

근본적으로 대립하게 만드는 것이다.

이러한 '덕치'와 '법치'에 대한 뒤섞임과 오판은 방법론상의 소홀함에 기인한다고 말할 수 있다. '법치'와 법규범에 대하여 분석을 할 때 우리는 '유효함'(validity)과 '효능'(efficacy)이라고 하는 관찰방법의 시각적 차이를 소홀히 해서는 안 된다. '유효함'은 실증법에 대하여 분석과 평가를 할 때, 논리적 분석과 법규범의 기본개념에 치중하면서 법규범이 이미 외부의 권위자가 설립한 사실을 거쳤다는 것을 승인하여, 법률은 반드시 사회윤리와 서로 관련될 필요가 없다는 것이다. 그리고 '효능'은 법을 집행하는 사람과 일반인들에게 착안하여 법규범의 실제적인 응용부분의 승인이나 응용과 준수에 대한 것으로, 법규범의 사회적인 측면과 심리적인 측면을 반드시 고려해야한다는 것이다.[6)]

선진유가의 법규범 준수에 대한 정도 및 법치정신의 태도를 정하는 문제를 처리하는 부분에 관하여, 만일 '유효함'이란 측면만을 검토한다면 실제행위와 윤리적인 사안의 합법성은 절차상의 정당성에 부합할 수 있는 것인가? 라고 하는 문제에 직면하게 된다. 법규범의 유효성에만 국한되면 장래에 발생할 수 있는 '법대로만 하면 유효하다'는 사실에 매몰되어 결국은 실제행위의 윤리적인 사안에 대하여 절차상의 정당성에 부합할 수 없는 결과를 초래 할 수 있다는 것이다.

서복관(徐復觀)은 "법가에서는 봉건제도의 '존존'(尊尊)의 요구는 보이지만, 제도를 유지하기 위한 기초가 되는 '친친'(親親)의 요구는 보이지 않는다."[7)]라고 했다. 법가에서의 이상적인 군주는 법과 권세와

---

6) 顔厥安, 「論法哲學的範圍及主要問題」, 『哲學雜誌』, 第四期, 1993년, 159~161쪽 참조.

7) 徐復觀, 『中國思想史論集』, 臺北, 學生書局, 1990년, 237쪽 참조.

통치술을 잘 활용하여 명령의 유효성을 관철시키는 사람이다. 법의 유효성은 이미 이루어진 사안들을 군주가 보증하는 것에 있는 것이다. 그렇다면 법가의 통치방법론 속에서 군주는 정말로 자신의 마음이 내키는 대로 법을 제정할 수 있는 것인가? 물론 엄격한 법률의 적용 및 집행 여부에 관계없이 법규범은 스스로를 증명해낼 수 없기 때문에 법의 유효성은 실제생활을 벗어나서는 예측이 불가능한 것이다. 그러므로 실제적이면서 정밀하게 한 관찰에 부합하는 관점을 가지고 법규범의 '효능'에 대하여 논의를 진행해야만 하는 것이다. 즉 어떤 것이 예법규범의 유효한 기초가 될 수 있겠는가? 또 어떠한 조건의 기초 위에서 제도규범이 비로소 백성들의 일상생활 속에서 절실하게 인정되고 응용되며 준수되어 그 효능을 제대로 발휘할 수 있을까?

하나의 완전한 형태의 정치적 주장도 내용의 실질적인 문제에 대해서는 언급을 하지 않을 수는 없는데, 유가에 비하여 법가는 더욱 진일보해서 법치제도의 합리적 측면에 대하여 많은 논의를 내놓았다. 유가의 법치제도에 대한 사고의 틀 속에는 비록 법률체계에 대해서 전면적인 부정은 하지 않고는 있으나, 그들은 사회질서 유지에 진정한 효력을 발생시킬 수 있는 작용은 사회적 윤리 도덕에 있다고 생각했다. 유가에서는 도덕이나 '예의' 등의 윤리개념이 효능의 측면과 가치에 있어서는 형벌이나 법률보다 우위에 선다고 생각하였으며, 또한 이러한 것들이 법치의 실질적인 효능의 근원이자 판단근거가 될 수 있다고 생각했다. 공자는 이러한 부분에 주목하여 윤리관계를 구체적인 사건 가운데에 드러냈다. 심지어는 고의적으로 좁은 의미의 합법성까지도 간과하기도 했다.

> 섭공이 공자에게 말했다. "우리 마을에는 몸가짐이 정직한 사람이 있는데, 그의 아버지가 양을 훔치자, 자식이면서도 그것을 증언했습니다." 공자가 대답하여 말했다. "우리 마을의 정직한 사람은 그와 다릅니다. 아버지는 자식을 위해 그런 일을 숨기고, 자식은 아버지를 위해 그런 일을 숨기지만, 정직함이 그 가운데 있습니다."[8]

위의 인용문에는 덕의 작용이 우선이며 심지어는 법이 가지고 있는 보편성의 원칙에 대한 배척을 통하여 법률관계가 윤리관계에 전혀 적용되지 않는다는 사실뿐만 아니라 동시에 이러한 사건 속에서 내려야 하는 상황판단이 정직에 대해서 인가? 또 그것이 예(禮)에 부합하는 것인가? 하는 문제들을 기초로 하여 공자가 강조한 윤리의 근원적 요구에 대한 언급이 담겨져 있다고 할 수 있다. 그렇다면 "자식은 아버지를 위해 그런 일을 숨겨준다"고 하는 말은 '효'(孝)라고 하는 단순한 개념으로 해석할 수 있는 성질의 문제가 아니다. 그러므로 우리는 진일보하여 '효'는 어떻게 법률이 요구하는 보편성의 문제를 상실하게 만들었는가?와 윤리원칙은 어떻게 법률형식의 가장 근본적인 요구보다 우위에 설 수 있는가?의 문제들에 대하여 논의가 필요하다고 생각된다. 이러한 문제들은 법률제도의 근원이 윤리관계에 확실하게 있다는 것과 구체적인 개별사안의 판결 역시 윤리적 판단이 필요하다는 것을 설명하고 있는 것이다. 위에서 인용한 문장 가운데 자식이 만일 아버지를 관가에 고발하여 처벌받게 한다면 이는 예법의 원칙에 위배되는 것이다. 또한 이는 공자가 찬양한 "자식은 아버지를 위해 그런

---

8) 『論語』, 「子路」, "葉公語孔子曰: 吾黨有直躬者, 其父攘羊而子證之. 孔子曰: 吾黨之直者, 異於是. 父爲子隱, 子爲父隱, 直在其中矣."

일을 숨겨준다"는 행위와는 반대로 정확하게 법률의 적용을 받게 되기 때문에 법의 보편성을 온전하게 유지할 수 있게 되는 것이다.

형벌과 의전 및 제도 등을 포함한 국가의 모든 실증법체계는 법률질서의 외연적인 요인에 불과하고, 진정한 질서의 유지에 결정적인 작용을 하는 것은 한 사회에서 지속적으로 존재해오고 상호적이고 비정규적인 행위의 준칙이라고 할 수 있는 것이다. 이러한 것들은 또한 법률제도와 질서의 근원이 되는 것이다. 공자는 '예의 정신'을 확실하게 질서유지에 착안하여 추구했지만, 질서유지의 측면에만 머물지 않고 진일보하여 사회운영의 전제로서 '인'(仁)의 실현을 추구하려고 했다. '인'(仁)이라고 하는 윤리개념은 비록 명문화되고 정식적인 법률조항은 아니지만, 『논어』에서 언급하는 통치방법론 가운데 이것은 완전한 선(善)을 요구하는 상호대응관계인 개념으로서 실증법제도의 자연법개념을 보증하는 역할을 한다고 할 수 있는 것이다. 유가는 법치원칙을 가지고 있는데, 이러한 법치원칙이 요구하는 '법률적 보편성의 요구'는 윤리원칙의 보편적 요구의 기초 위에 건립되어야 한다는 것이다. 그러므로 윤리적 관계를 기본으로 하는 정치교화가 유가의 "정치를 하되 덕으로서 한다"는 '예치'(禮治)의 근본 함의가 되는 것이다.

또한 유가는 실체법의 영역 내에서 윤리적 성질의 법률기초만을 추구하는 것에 그치지 않고 법적 절차의 시행에 있어서도 마찬가지로 윤리관계에 기본을 둔 차별적 구분을 요구한다. 이러한 주장에 대한 실례는 『예기』에 잘 나타나 있다.

무릇 다섯 가지의 형벌을 제정할 때는 반드시 천륜을 고려해야 한다. 책벌은 마땅히 그 사안에 따라 시행되어야 한다. 다섯 가지 형벌에 관한 송사를 처리할 때는 반드시 부자유친의 윤리에 근본을 두고 군신유의의 도리에 입각하여 그것을 저울질하여 알맞게 처리한다.9)

유가는 한 걸음 더나가 마음에 의한 세상 통치를 심화시키는 경지에 도달할 것을 요구함으로써 소송절차가 사실상 인간의 사회성 및 군집성에의 추구를 확보해주는 좋은 예라고 보았다. 그래서 공자는 다음과 같이 언급한 것이다.

공자가 "송사를 듣고 재판을 함에 있어서 나도 남과 같으나, 반드시 송사가 발생하지 않도록 할 것이다."라고 말했는데, 이것은 실상이 없는 자가 거짓말을 다하지 못하는 것은 백성들의 마음을 크게 두렵게 하였기 때문이니, 이를 일러 '근본을 안다'는 것이다.10)

공자는 형벌과 소송에 대한 가장 최선의 처리단계는 형벌과 소송이 없게 되는 상황이라고 생각했다. 또한 그는 사회적 여론의 압박과 대중들의 좋아함과 싫어함이 공동체를 안정시킬 수 있는 힘이라고 생각했다. 이렇게 의식적으로 최고선을 추구하는 나라에서는 정치생활이 국민들의 덕성함양을 촉진시킬 수 있을 것이다.11) 이러한 것이 바로 '예치'(禮治)의 목표이면서 '예치'가 완성된 후의 이상적인 세계의 모습

---

9) 『禮記』, 「王制」, "凡制五刑, 必卽天倫, 郵罰麗於事. 凡聽五刑之訟必原父子之親, 立君臣之義以權之."

10) 『大學章句』, 傳四章, "子曰: 聽訟, 吾猶人也, 必也使無訟乎! 無情者, 不得盡其辭; 大畏民志, 此謂知本."

11) 蕭高彦, 「共同體的理念」, 『臺灣政治學刊』, 第一期, 臺灣政治學會, 1996년, 262쪽 참조.

인 것이다.

3. 자기수양과 정치참여에 대한 구분

‘덕치’(德治)개념은 바로 윤리적 관계로써 법치제도의 기본토대를 만들었다고 하는 개념으로서 이러한 개념에 대하여 정리를 끝내고 나서 다시 진일보하여 ‘예치’ 혹은 ‘덕치’의 시행대상과 절차에 대하여 분석을 해보면 다음과 같다고 할 수 있다. 비록 “정치를 하되 덕으로써 한다”라는 언급이 정치활동의 기초적인 작용에 대한 설명이기는 하지만, 이것은 도덕수양이 정치활동의 표현적인 측면과 수단적인 측면이 된다는 사실을 부정하지는 않는다. 개인의 자기수양 문제는 『논어』에서 역점을 두고 주시하고 있는 과제이다. 그리고 이것은 자신을 덕으로써 수양한다는 명제로부터 덕이 있기 때문에 통치한다고 하는 명제로의 전환은 사상사 상의 일대 전환이라고 볼 수 있을 것이다.

이러한 과제에 대하여 본문에서는 하나의 분기점을 설정했는데 다음과 같다. 즉 도덕수양의 요구는 위정자에게 요청되는 것인가? 아니면 백성들에게 요청되는 것인가?의 문제이다. 이러한 문제는 “백성들의 신뢰가 없으면 나라는 설 수가 없다”의 해석에 대해서까지 연관 되어져 있다.

> 자공이 정치에 대하여 묻자, 공자가 “먹을 것이 풍족케 하고, 군비를 충분히 하고, 백성들이 신뢰하도록 하는 것이다.”라고 말했다. 자공이 “부득이하게 꼭 한 가지를 버려야만 한다면, 이 세 가지 가운데 어느 것을 먼저 버리겠습니까?”라고 묻자, 공자가 “군비를 버려야지”라

고 했다. 자공이 "부득이하게 꼭 한 가지를 버려야만 한다면, 이 두 가지 가운데 어느 것을 먼저 버리겠습니까?"라고 묻자, 공자가 "먹을 것을 버려야지. 옛날부터 누구에게나 모두 죽음은 있었던 것이나, 백성들의 신뢰가 없다면 나라는 설 수가 없다."라고 했다.12)

정현(鄭玄)은 "백성들의 신뢰가 없으면 나라는 설 수가 없다"는 문장을 "백성들의 문제가 가장 시급한 것을 말한 것이다"라고 해석했는데, 이를 통하여 "백성들의 신뢰"가 세 가지 가운데 가장 중요한 것이며 백성들이 위정자에 대하여 가장 긴박한 존재라는 사실을 인식할 수 있는 것이다. "백성들의 신뢰"는 곧 "백성들로부터 신뢰를 받음"을 의미하는데, 이것은 유가에서 위정자들에게 대하여 이렇게 해야 할 것을 요구하는 것이다. 하안(何晏) 같은 경우는 공안국(孔安國)의 주석을 인용하여 "나라를 다스리는 데에 있어서는 백성들의 신뢰를 잃어서는 안 된다"라고 하여 역시 위정자들에게 대하여 백성들의 신임을 얻는 것의 중요성을 다시 한 번 일깨워주고 있다. 반면 주자는 "신뢰"를 백성들과 통치자에 대한 공동적인 요구라고 해석했다. 그래서 그는 다음과 같이 말한 것이다.

신뢰가 없으면 비록 살아도 스스로 섬이 없으니, 죽음이 편안함이 되는 것만 같지 못하니라. 그러므로 차라리 죽을지언정 백성들에게 신뢰를 잃지 않아야, 백성들로 하여금 또한 차라리 죽을지언정 나에 대한 신뢰를 잃지 않게 하는 것이다.13)

---

12) 『論語』, 「顔淵」, "子貢問政, 子曰: '足食, 足兵, 民信之矣.' 子貢曰: '必不得已而去, 於斯三者何先?' 曰: '去兵' 子貢曰: '必不得已而去, 於斯二者何先?' 曰: '去食. 自古皆有死, 民無信不立.'"

이러한 개념에 대하여 다른 입장의 해석을 하는 것은 공자의 정치 교화사상이 도대체 어떠한 것이 되는가?의 문제와 관련되어 있다고 할 수 있다. 서복관은 선진유가가 정치상에 있어서 제시한 요구는 모두 통치자에게 한 것이지 백성들에게 한 것은 아니라고 했다. 이러한 것은 '의'(義)와 통하며 '덕치'(德治)의 본질이 되는 것이다. 만일 백성들을 굶어죽지 않게 만들고 그들을 지켜 잃지 않는다면 이것은 유가의 자신을 수양하는 방법론으로써 그것이 백성들에게 있는 것이다 라는 주장을 했다.[14] 그러나 이러한 생각은 매우 부적절한 견해라고 판단된다.

다시 말하면 '자신을 수양함'과 '백성을 통치함'의 기준은 다르기 때문에, 전자는 자연적 생명존재로서의 인간이 필요상 만들어 둔 가치가 아니며, 후자는 백성들의 자연적인 요구를 가장 우선적인 가치로 둔다는데 있다. 그렇지만 이러한 것들 가운데의 관건성의 문제는 고대인들의 문헌에 대한 해석이 분명하지 않아서 시간이 흘러 갈수록 그 뜻이 모호해져서 점차 자신을 수양한다고 하는 덕성이 점진적으로 통치방법론상에 있어서 백성들의 요구에 대한 조치와 혼재되어져, 결국에는 주자와 같이 "신뢰"를 '백성들이 갖추어야 할 덕목'으로 해석하여 그것이 인간이 본래부터 가지고 있어야 할 도덕수양이라고 하는 논조가 자연스럽게 만들어지게 되고, 심지어는 "백성들로 하여금 또한 차라리 죽을지언정 나에 대한 신뢰를 잃지 않게 하는 것이다"라고 하는 관점 가운데 공리주의적인 색채가 덧칠해져 있는 것을 지울 수 없게 만드

13) 『論語集注』, 卷六, "無信, 則雖生而無以自立, 不若死之爲安. 故寧死而不失信於民, 使民亦寧死而不失信於我也."

14) 徐復觀, 『中國思想史論集續篇』, 臺北, 學生書局, 1989년, 404~408쪽 참조.

는데 있다는 것이다.

이상과 같이 볼 때 『논어』 속에서의 인격수양에 대한 요구는 주로 위정자에게 요청되는 것으로, 이는 곧 위정자 자신의 양호한 인품과 덕성을 요구하는 한편 도덕규범을 직접적으로 실행하여 백성들에게 그것을 확실하게 준수하도록 요구하지 말라는 것이다. 그러므로 이러한 요구는 바로 "군자의 덕이 바람과 같다면 소인의 덕은 풀과 같은 것이라, 풀 위에 바람이 불면 반드시 쓸리게 마련이다."[15]라는 것처럼 먼저 위정자의 간접적인 작용에 의해서 백성들을 교화할 것을 요구하는 것이다.

4. 예치의 실천

일반적으로는 '예치'(禮治) 가운데 가장 중요한 방법론은 '정명'(正名)이라고들 한다. 이러한 '정명'에 관해서는 자로와 공자의 다음과 같은 문답 속에서 찾아볼 수 있다.

> 자로가 공자에게 물었다. "위나라의 임금이 선생님을 모셔다가 정치를 부탁드린다면 선생님께선 무엇부터 먼저 하시겠습니까." 공자가 "반드시 명분을 바로 잡겠다"고 했다. 그러자 자로가 반문했다. "그런게 어디 있습니까. 선생님은 현실과 너무 거리가 있습니다. 어떻게 그것을 바로 잡겠다 하시는 것입니까." 그러자 공자가 "어리석구나, 유야! 군자는 자기가 알지 못하는 일에는 참견하지 않는 것이다. 명분이 바르지 않으면 일이 이루어지지 않고, 일이 이루어지지 않으면

15) 『論語』, 「顔淵」, "君子之德風, 小人之德草, 草上之風必偃."

> 예악이 일어나지 못하고, 예악이 일어나지 않으면 형벌이 적중하지 못하고 형벌이 알맞게 적용되지 못하면 백성들은 어떻게 행동해야 할지 모른다. 그러므로 사물의 이름을 군자가 붙일 때에는 반드시 말로써 설명할 수 있어야만 하며, 말로써 설명되면 반드시 이는 실행되어야 한다. 군자는 말에 있어 구차스러운 것이 없어야 한다."라고 했다.[16)]

역대로 '정명'에 관해서는 여러 가지의 해석이 분분했다. 가장 오래된 시기의 해석은 마융(馬融)의 주석이라고 할 수 있는데, 그는 '정명'을 "모든 일의 이름을 바로잡는 것"이라고 하였으며, 이때의 "일"은 마땅히 예악제도를 포괄하고 있으며 그것들의 명분이 사실에 부합되어야 만이 혼란이 발생하지 않는다고 하였다. 그러나 정현(鄭玄)은 "정명은 문자를 바르게 쓰는 것이다. 공자는 가르침이 때에 맞춰 실행되지 못함을 보고 그 문자의 잘못된 점을 바로잡고자 했다."[17)]라고 해석하여 단순히 문장의 의미를 명확하게 정리하는 작업에 그쳤다. 정이(程頤)는 "명분과 실제가 서로 부합해야 하는 것"이라고 해석하여 군자는 일을 실천하는데 있어서 구차 하게 하지 않는다고 하는 것을 의미한다고 했다. 그리고 근대의 많은 학자들은 정치적인 함의에 집중하

---

16) 『論語』, 「子路」, "子路曰: 衛君待子而爲政, 子將奚先? 子曰: 必也正名乎! 子路曰: 有是哉? 子之迂也! 奚其正? 子曰: 野哉! 由也. 君子於其所不知, 蓋闕如也. 名不正則言不順, 言不順則事不成, 事不成則禮樂不興, 禮樂不興則刑罰不中, 刑罰不中則民無所錯手足. 故君子名之必可言也, 言之必可行也; 君子於其言無所苟而已矣."

17) 金谷治는 이러한 해석에 대하여 鄭玄 자신이 예학자(禮學者)였던 입장과 관련이 있다고 판단하고 있다. 金谷治, 「鄭玄與『論語』」, 『唐寫本論語鄭氏注及其硏究』, 北京, 文物出版社, 1991년, 130~131쪽 참조.

여 "군주와 신하 상하간의 권리와 의무를 조정하는 것"[18]이라고 해석하기도 했다.

'정명'에 대한 수많은 해석들 가운데 정현 이외의 기타 학자들의 견해는 '정명'을 윤리학의 범주에 기초하여 이해하고자 했다. 그러나 필자는 '그것들(명분과 실제)이 서로 부합될 수 있도록 조정 한다'하는 명제를 단지 윤리적 관계의 문제에만 국한시켜서는 안 된다고 생각한다. 즉 공자는 기존에 존재하던 신분질서에 의거하여 간단하게 신분상의 차이를 인정하지는 않았는데, 예를 들면 군신, 부자, 부부, 형제, 친구 사이의 관계가 '예'(禮)에 의해서 유지되고 있는 것이 바로 그러한 것이다. 윤리관계에 있어서는 반드시 윤리대상이 사전에 전제되어야만 하는데, 이는 관계를 바로 잡는데 있어서 사전에 반드시 명분과 실제가 서로 부합되어야 하는 것이다. 즉 윤리대상이 진정한 대상으로서 성립 될 수 있는가에 대한 질문이 선결되어야 한다는 것이다.

> 제나라 경공이 공자에게 정치에 대하여 묻자, 공자가 "군주는 군주답고, 신하는 신하다우며, 아버지는 아버지답고, 자식은 자식다워야 합니다."라고 대답했다.[19]

공자의 대답에는 현실적인 고려가 담겨져 있는데, 특히 제(齊)경공 당시의 군주와 신하 및 부모와 자식 간의 무도한 시해와 살해 사건들이 빈번하게 발생하여 천하가 혼란의 상황에 빠지게 된 점에 초점을 맞췄지만, 또한 보편적인 의미가 담겨져 있음을 부정할 수는 없다. 즉

18) 蕭公權, 『中國政治思想史』(上), 臺北, 聯經出版事業公司, 1990년, 57쪽 참조.
19) 『論語』, 「顔淵」, "齊景公問政於孔子, 孔子對曰: 君君, 臣臣, 父父, 子子."

인간이 반드시 그 윤리관계 위에서 각자 본분에 맞는 행동을 해야 할 것을 요구하고 있는 것이다. 명분과 실제를 바로잡는다고 하는 요구는 동시에 윤리관계의 강화를 방지하여, 현실사회의 요구와 다른 그러나 상응하는 윤리관계로부터 맹자가 언급한 정의롭지 못한 군주는 폐위시켜 죽일 수 있다는 실천의 판단원칙에까지 전개될 수 있다는 것이다.

정현의 해석에 대해서는 특별히 주의할 만한 점이 없는 것으로 볼 수 있는데, 이는 오히려 우리에게 재해석의 공간을 열어주는 역할을 한 것이라고 할 수 있는 것이다. 무슨 이유에서 "가르침이 실행되지 못하는" 때에 공자는 오히려 고대의 전적으로 돌아가 "문자의 잘못된 점을 바로 잡는다"는 것을 통하여 전적의 본래적인 의미를 찾고자 했을까? 정현의 이러한 부분에 대한 해석은 「위정」의 "빼버리거나 더하여 알 수 있다"는 것과 관련한 이해와 부합한다고 할 수 있다.

> 자장이 "열 세대 후의 일을 알 수가 있습니까?"라고 묻자, 공자가 "은나라는 하나라의 예에 따랐으니 거기에서 빼버리거나 더한 것을 알 수 있었다. 주나라는 은나라의 예를 따랐으니 거기에서 빼버리거나 더한 것을 알 수 있었다. 그 누구든 주나라를 계승한다면 비록 백 세대 후의 일이라도 알 수 있을 것이다."라고 말했다.[20)]

위의 인용문에 대한 정현의 해석은 "빼버리거나 더한 것을 알 수 있다고 하는 것은, 시간의 차례에 근거하여 모든 정세를 추측해볼 수

20) 『論語』, 「爲政」, "子張問: 十世可知也? 子曰: 殷因於夏禮, 所損益可知也. 周因於殷禮, 所損益可知也. 其或繼周者, 雖百世可知也."

있다는데 있는 것이다."[21]와 같은데, 이러한 해석은 하안(何晏)과 주자가 한 "변화와 불변화의 도리는 이해할 수 있는 것이다."는 해석과 의미상에 있어서 커다란 차이를 보인다. 이러한 차이는 사실 주석 작업을 하는 학자들 자신의 고적에 대한 이해정도와 관련이 있다고 보여 진다. 그렇다고 해서 우리가 자로가 공자의 생각이 현실과 괴리되었다고 조소한 것과 같은 노선을 걸을 수는 없는 것이다. 반대로 공자나 정현 및 역대의 경학자들이 정치제도를 설정했을 때에 있어서 모두가 부단히 고전 경전으로 돌아가 그것의 입론 근거를 재차 그 속에서 중복적으로 찾는다면 전통의 대체성은 불가능한 것임을 발견할 수 있게 된다.

'정명'에서의 '정'은 바로잡고 조정한다는 의미인데, 이것을 현실행위 속에 응용시킨다면 이러한 바로잡음과 조정 자체는 일종의 '다시 바로잡음'과 '재조정'이 되어버린다. 원래 존재하는 사물의 이름과 실체는 이미 존재하고 있는 것인데, 시대적인 요인이나 인위적인 요인에 의하여 본래부터 가지고 있었던 형태가 점진적으로 모호해지거나 본래의 형태에 상응하지 않는 관계가 발생할 수 있는 것이다. 그러므로 공자가 진행했던 '정명' 작업은 곧 그러한 것들이 자신의 표준에 맞게 회복될 수 있도록 하는 것이다.

'정명'의 작업 이전에 이미 존재하고 있는 사물들에 대한 강조는, 곧 '정명' 개념 위에 전통과 권위의 개념이 더해진 것을 의미한다고 할 수 있다. 그렇지만 본문에서 강조하고자 하는 것은 '정명'이라고 하는 개념에 대하여 재해석과 새로운 이해를 시도하는 과정 속에서 전통과

---

21) 黃侃, 『論語義疏』, "所損益可知者, 據時篇目, 皆在可校數也"

권위는 결코 부정적이거나 비이성적인 이면의 개념으로 사용된 것은 아니라는 사실이다. 가다머(H.G.Gadamer)는 권위는 결코 위압적인 권력이 아니고 복종과 관계가 있는 것이 아니고, 인식과 관계가 있는 것이라고 생각했다. 그래서 그는 "우리들이 말하는 전통적인 것들은 증명되지 않았거나 유효성의 검증을 거치지 않은 것이다.……이성적 근거 이외에 전통 역시 권리를 보유하고 있으며 또한 상당히 큰 범위 내에서 우리들의 제도와 행위를 규정하고 있다."[22]라고 언급한 것이다. 이렇기 때문에 본문에서는 권위에 대한 승인을 이성에 대한 복종을 버린다는 의미로서가 아닌 전통 속에서 진행되어 온 재검증으로부터 오는 것이라고 판단하겠다. 그러므로 권위는 비이성적인 것이 아니고 시간의 경과를 거친 후에 나타나게 되는 진실 즉 우리들에게 대하여 이미 실효작용을 한 진실인 것이다.

진일보하여 본문에서 '정명' 개념에 있어서 드러내고자 하는 것은 그 이론이 의심의 여지 없이 유가의 통치방법론의 근본적인 권위를 끌어들이기 때문에 차라리 전통이라고 말하는 편이 훨씬 적합하다고 생각한다. 즉 가장 도전적인 인상을 가진 맹자 자신 역시 기본적으로는 "선왕의 도를 생각하고 흠모한다"는 입장에 서서 권위의 재검증을 진행하기 때문에, 검증과 비판의 과정 속에서 이성의 작용이 표현되는 것이다. 그러나 이러한 이성의 작용은 '왕도'와 '패도'의 논변 속에서만 존재하고 있는 것이 아니고 동시에 문화의 보존 속에도 존재한다고 할 수 있는 것이다.

---

22) Hans-Georg Gadamer, 洪漢鼎 譯, 『眞理與方法』, 上海, 上海譯文出版社, 2004년, 370쪽 참조.

공자가 말했다. "주나라의 문화와 제도는 하나라 은나라 두 왕조에 걸친 문화와 제도를 거울로 삼았으니, 찬란하게 꽃 피었구나 그 문화와 제도가! 나는 주나라의 문화와 제도를 따르겠다."[23]

위의 인용문 가운데 "주나라의 문화와 제도는 하나라 은나라 두 왕조에 걸친 문화와 제도를 거울로 삼았으니, 찬란하게 꽃 피었구나 그 문화와 제도가!"라는 언급은 이성적인 판단의 기준을 여실하게 보여주고 있다고 할 수 있다. 또한 "주나라의 문화와 제도를 따르겠다"는 것의 여부는 찬란하게 꽃피운 문화에 대한 판단을 거친 후의 자유로운 선택인 것이라고 할 수 있는 것이다.

사실상 권위는 "주나라의 문화와 제도를 따르겠다"라고 하는 의식 아래에서의 전통의 도리, 아니면 명분과 실제를 바로잡는다고 하는 의식 아래에서의 군주를 막론하고 모두 반드시 경험 속에서 재차 검증되어져야 하며 또한 윤리대상 그 자체 역시 결단코 재차 존재하는 것이 아닌 것이다. 이러한 측면이 비로소 앞서 언급했던 맹자의 폭군 방벌론의 사상과 그 맥락을 같이 한다고 할 수 있는 것이다.

이상과 같이 해석대상이 해석자의 의식과 시대적 상황에 종속한다는 입장 아래서 정현이 언급한 "문자의 잘못된 점을 바로 잡는다"라고 한 해석을 이해해야만 할 것이다. 우리들이 이러한 각도에서 정현의 주장을 이해하게 된다면 동시에 공자의 주장 역시 정확하게 이해할 수 있게 될 것이라고 판단한다.

---

23) 『論語』, 「爲政」, "子曰: 周監於二代, 郁郁乎文哉! 吾從周."

5. 맺는 말

이상에서와 같이 공자의 예치사상에 대하여, 덕치와 법치의 대립 및 자기수양과 정치에의 참여에 대한 구분 그리고 예치의 실현이라는 테마를 중심으로 재해석을 해보았다.

먼저 덕치와 법치의 대립에서는 '예'와 '법'을 대립하는 두 개념으로 보아서 '예'와 '덕'의 개념을 연결한 후에 유가는 '민주 지향적, 내재적, 백성 지향적'으로 묘사되었으며, 법가는 '권위 지향적, 외재적, 통치자 지향적'으로 묘사되어 두 학파는 극단적으로 대립하는 모습으로 비춰진다고 보았으며, 또한 유가는 현대의 개인적 자유주의와 흡사한 모습을 띄우고 있다고 보았다. 또한 유가 역시 법치원칙을 가지고 있다고 볼 수 있는데, 이러한 법치원칙이 요구하는 '법률적 보편성의 요구'는 윤리원칙의 보편적 요구의 기초 위에 건립되어야 한다고 유가는 주장하고 있다. 그렇기 때문에 윤리적 관계를 기본으로 하는 정치상의 교화가 유가의 "정치를 하되 덕으로서 한다"는 '예치'의 근본적인 함의가 되는 것으로 보았던 것이다.

자기수양과 정치에의 참여에 대한 구분에서는 '자신을 수양함'과 '백성을 통치함'의 기준은 다르기 때문에, 전자는 자연적 생명존재로서의 인간이 필요에 의해서 만들어 둔 가치가 아니라는 것과 후자는 백성들의 자연 발생적인 요구를 가장 우선순위의 가치로 둔다는데 그 차이가 있다고 했다. 또한 『논어』 속에서의 인격수양에 대한 요구는 주로 위정자에게 요청되는 것으로, 이는 곧 위정자 자신에게 양호한 인품과 덕성을 요구하는 것을 의미하면서 한편으로는 위정자 자신이 도덕규범을 직접적으로 실행한다고 해서 이것을 백성들에게 똑같이 준수하도록 강요해서는 안 된다는 것이다. 그렇기 때문에 공자는 위정자 자신의 간접적인 영향력에 의해서 백성들을 교화시킬 것을 주장했다고 한 것이다.

끝으로 예의 실천에서는 '예치' 가운데 가장 중요한 방법론이 '정명'이라는 사실을 상기시키는 한편 '정명'의 의미에 대하여 공자의 주된 입장은 인간이 반드시 그 윤리관계 위에서 각자 본분에 맞는 행동을 해야 할 것을 요구하는 것에 있다고 보아 명분과 실제를 바로잡아야 한다는 것을 주장한데 있다고 보았다. 또한 '정명'에서의 '정'은 바로잡고 조정한다는 의미이며, 이러한 '정명'을 현실생활 속에 적용한다면 바로잡음과 조정 자체는 일종의 '다시 바로잡음'과 '재조정'이 된다고 할 수 있는 것이다. 다시 말하면 본래 존재하는 사물의 이름과 실체는 이미 존재하고 있는 것인데, 시대적인 요인이나 인위적인 요인에 의하여 원래부터 가지고 있었던 형태가 점진적으로 모호해지거나 본래의 형태에 상응하지 않는 관계가 발생할 수 있는 것이기 때문에 공자는 그러한 것들이 자신의 기준에 맞게 회복될 수 있도록 했는데 이러한 작업이 바로 '정명'이라는 것이다.

參考文獻

朱彬,『禮記訓纂』,『宜祿堂』 淸刻本.

朱熹,『大學章句』,『海淵閣』 明刻本.

朱熹,『論語集注』,『海淵閣』 明刻本.

黃侃,『論語義疏』,『皇淸經解』 本.

劉寶楠,『論語正義』,『續皇淸經解』 本.

司馬遷, 瀧川資言會注考證,『史記會注考證』, 太原, 北岳文藝出版社, 1999년.

成中英,『知識與價値』, 臺北, 聯經出版事業公司, 1986년.

黃維幸,『法律與社會理論的批判』, 臺北, 時報文化事業公司, 1991년.

瞿同祖,『中國法律與中國社會』, 臺北, 里仁, 1987년.

徐復觀,『中國思想史論集』, 臺北, 學生書局, 1983년.

徐復觀,『中國思想史論集續篇』, 臺北, 時報文化事業公司, 1985년.

蕭公權,『中國政治思想史』(上), 臺北, 聯經出版事業公司, 1990년.

Hans-Georg Gadamer, 洪漢鼎 譯,『眞理與方法』, 上海, 上海譯文出版社, 2004년.

金谷治,「鄭玄與『論語』」,『唐寫本論語鄭氏注及其硏究』, 北京, 文物出版社, 1991년.

顔厥安,「論法哲學的範圍及主要問題」,『哲學雜誌』, 第四期, 1993년.

蕭高彦,「共同體的理念」,『臺灣政治學刊』, 第一期, 1996년.

제5장 맹자의 천인론

1. 시작하는 말

천인관계의 문제는 선진유학에서 뿐만 아니라 중국의 철학사 전반에 걸쳐서 대부분의 학자들에게 의해 다루어진 중요한 문제의 하나로 인간과 우주의 관계에 대한 궁극적인 물음이라고 할 수 있다. 또한 천인관계의 탐구를 통하여 고대 중국인들은 자신들의 도덕행위의 근거를 하늘에서 찾았다. 이러한 도덕가치의 근원으로서의 하늘에 대한 인식은 도덕관념 상실의 시대를 살아가고 있는 현대인들에게도 시사 하는바가 결코 적지 않을 것이라는 생각이 든다.

고대 중국에 있어서의 '천'(天)의 모습은 처음에는 주재자적 인격신의 모습으로부터 시작하여 비인격적이고 형이상학적인 도덕의 모습으로 변화되어 갔다. 다시 말하면 종래에 '천'이 가지고 있던 주재자적 인격신의 절대적인 권위는 점차 퇴색되고 인간자신의 주체적 자각을 통한 새로운 가치 형태로서 즉 도덕가치의 근원으로 자리 매김을 하게 된다. 이러한 변화를 따라 '천'과 인간의 관계 역시 새롭게 정립되는데 특히 유가의 천인관계는 공자를 그 시발점으로 볼 수 있다.

공자는 '인'(仁)을 통하여 천인관계에 새로운 생명력을 부여한다. 그는 '인'(仁)으로 '천'을 해석하는데, 이것은 '천명'이 인간에게 내려와 인간의 본성이 되었다고 하는 전통사상의 변화 발전으로부터 비롯된 것으로 그가 언급한 "인을 실천함으로써 천을 안다."는 명제와 유기적인 관계를 이루고 있다.

공자의 "인을 실천함으로써 천을 안다."는 명제는 한편으로는 외재적인 객관성의 발현을 통하여 아래로부터의 수양공부를 거쳐 '천덕'(天德)에 도달한다는 것이며, 다른 한편으로는 내재적인 주관성의 발현을 통하여 '천도'(天道)와 '천명'(天命)을 인식한다는 것이다. 여기에서 전자는 맹자의 "자신의 마음을 보존하여 본성을 키우는 것은 하늘을 섬기는 도리이다."[1]와 상통하며, 후자의 경우 "자신의 마음을 극진히 하는 사람은 본성을 알 수 있으니, 자기의 본성을 알 수 있으면 천명을 알 수 있다."[2]와 상통한다고 할 수 있다. 그러므로 '성'(性)은 '천'에서 비롯된 것으로 맹자의 "마음을 보존하여 본성을 키우는 것"과 "마음을 극진히 하여 본성을 아는 것"을 통하여 결국에는 '천도'와 서로 교통되고 합치될 수 있는 것이다. 즉 위로부터 아래로, 아래로부터 위로 다시 말하면 초월해 있으면서 내재되어 있고, 내재되어 있으면서 초월해 있는 맹자의 '천'관념은 그에게 있어서 궁극적인 목표인 '천인합일'(天人合一)의 경지에 연결되어 있다고 할 수 있다.

---

1) 『孟子』, 「盡心上」, "存其心, 養其性, 所以事天也."

2) 『孟子』, 「盡心上」, "盡其心者, 知其性也. 知其性, 則知天矣."

본문에서는 맹자의 천인론의 문제에 대하여 현대적인 시각으로 다음과 같이 즉 내재되어 있으면서 초월해 있다는 관점과 '지천'(知天), '사천'(事天), '입명'(立命)의 관계를 중심으로 분석해 보도록 하겠다.

2. 내재되어 있으면서 초월해 있음

"천명을 성이라고 한다."[3]는 명제는 『중용』에서 나온 것이 분명하지만, '천명'이 인간에게 내려와 인간의 '성'(도덕가치의 근원)이 되었다고 하는 관념은 오랜 전통을 가지고 있다. '천명'은 공자 이전에 이미 형성되어 있었던 유구한 역사를 가진 관념이라고 할 수 있는데, 즉 공자 이전의 '천'은 주재자적인 인격신의 의미를 가지고 있었기 때문에 당시의 '천명'은 '하늘이 내린 명령'이라는 의미로 통용되었다. 이러한 '하늘이 내린 명령'은 인간의 도덕성에 의해 그것을 받는 주체가 결정되는 것이기 때문에 군주는 자신의 '덕'에 의해 '천명'을 받을 수 있는 여부가 결정되었다. 그러므로 군주는 항상 삼가 하여 '덕'을 닦아야 했다. 이러한 과정 속에서 '천명'은 인간에게 내려와 인간의 주체성으로 자리 매김을 하게 되는 것이다. 군주가 '천명'을 받는 경로 또한 이와 같았다. 그래서 『상서』에서는 "하늘도 사방 천하의 백성들을 가엾게 여기셨으니, 왕께서는 천명을 보살피시고 힘써 일하도록 하며 삼가 덕행을 빨리 시행하도록 하십시오."[4]라고 말하고 있는 것이다.

군주가 덕이 있는지 여부는 백성들의 정서에 의해서 파악될 수 있

3) 『中庸』, "天命之謂性."

4) 『尙書』, 「召誥」, "天亦哀於四方民, 其眷命用懋, 王其疾敬德."

었다. 『상서』에는 "하늘이 백성을 긍휼히 여기셔서 백성이 하고자 하는 것을 하늘이 반드시 따라서 행했다."[5], "하늘이 보실 때에는 우리 백성들을 통하여 보시고, 하늘이 들으실 때에 우리 백성들을 통하여 들으신다."[6]와 같은 기록들이 있는데, 이것은 민심이 곧 하늘의 뜻이기 때문에 백성들이 좋아하는 것을 군주가 따라야 하며, 백성들이 염원하는 것을 하늘이 반드시 따르는 것이라는 의미이다. 다시 말하면 이것은 백성을 섬기는 것이 곧 하늘을 섬기는 것과 같다는 것이다.

백성들은 '천명'이 덕이 있는 군주에게 내려와 있다고 믿었기 때문에 그들은 '덕'이 있는 군주를 존경했다. 이러한 논리로 본다면 '덕'을 공경하는 것은 곧 '천'을 공경하는 것이라는 공식이 성립된다. 또한 '덕'은 하늘이 내린 명령의 관건적 요소가 되는 것이다. 그러므로 군주는 하늘과 인간을 매개하는 역할을 담당하는 중개자로서 자리 매김을 한다.

『시경』에 있는 "천명이 아아! 아름답고 그지없다! 아아! 뚜렷하게 나타나지 않았을까 문왕의 덕이 깨끗함이여."[7]라는 언급에 대하여 주자(朱子)는 '천명'을 '천도'라고 해석한다. 그러므로 "천명이 아아! 아름답고 그지없다!"가 의미하는 것은 바로 '천도'(天道)의 운행은 멈춤이 없다는 것을 말하는 것이다. 『중용』에서는 "이것이 바로 '천'이 '천' 되는 까닭이다."라고 하고 있는데, 이것은 곧 '천'이 '천' 되는 본질임과 동시에 하늘의 '덕'인 것으로 끊임없이 생성 변화하는 '덕'인 것이다.

---

5) 『尙書』, 「泰誓」, "天矜于民, 民之所欲, 天必從之."

6) 『尙書』, 「泰誓」, "天視自我民視, 天聽自我民聽."

7) 『詩經』, 「周頌」, "維天之命, 於穆不已. 於乎不顯, 文王之德之純."

또한 "아아! 밝기도 해라 문왕의 크신 덕이여."에서는 문왕의 '덕'과 하늘의 '덕'이 다 같이 순수하고 그침이 없음을 묘사하고 있다. 이것에 대하여 『중용』에서는 "이것은 문왕의 덕이 문아한 까닭을 말하는 것으로, 그의 덕이 순수하고 그침이 없다는 것이다."라고 말하고 있다. 이것은 인간의 '덕'을 하늘의 '덕'에 맞추는 것으로 결국은 문왕의 '덕'은 '천도' · '천명'의 구체적인 표현이라는 것이다. 다시 말하면 '천도' · '천명'이 내려와 문왕에게 있을 때 문왕은 자신의 '덕'을 통하여 '천명'을 유지 보존하는 것이며, 이러한 '천도' · '천명'을 통하여 문왕의 '덕'을 구체적으로 드러낸다는 것이다.

또한 인간의 '덕'을 하늘의 '덕'에 맞춘다고 하는 것은 하늘과 인간이 이것을 통해 서로 소통할 수 있음을 의미한다. '천도' · '천명'이 내려와 인간에게 있을 때 인간의 주체성은 비로소 발현되는 것이니 이것을 '초월해 있으면서 내재되어 있다'라고 하는 것이다. 삼가 하여 '덕'을 수양하고 '덕'을 공경(敬德)하고 '덕'을 밝히는 것(明德) 등은 모두 인간의 주체성의 표현이 된다. 이러한 주체성은 인간이 인간 되는 까닭으로 '성체'(性體)인 것이며, 이것을 통하여 인간은 비로소 진실적인 존재로 거듭나는 것이다.

『시경』에 "하늘이 여러 백성들을 낳으셨으니, 사물이 있으면 법칙이 있다. 백성들은 불변하는 마음을 가져, 이 아름다운 덕을 좋아한다"[8] 라는 언급이 있는데, 여기에서의 '사물'은 모든 사건 사항 사물 등을 지칭하는 것으로 보고 듣고 말하고 행동하는 모든 것, 즉 인간이 모든 사물을 대할 때 발생하는 모든 행위를 의미한다. 또한 '법칙'은 일을

8) 『詩經』, 「大雅」, "天生蒸民, 有物有則, 民之秉彛, 好是懿德"

행하는 도리 혹은 원칙을 의미하는 것이다. 그래서 "사물이 있으면 법칙이 있다"는 말은 모든 사물에는 모두 일종의 행위의 법칙이 존재한다는 것을 의미한다. 그리고 "백성들은 불변하는 마음을 갖는다"라는 말은 백성들이 하늘이 부여한 항상성(美德)을 지킨다는 것을 의미한다. 여기에서의 "불변하는 마음"은 사실상 '성'(性)의 관념에 상당히 접근해 있다고 볼 수 있다. 그러므로 "이 아름다운 덕을 좋아한다"는 말은 백성들이 이러한 하늘이 부여한 항상성을 좋아한다는 것을 의미한다고 볼 수 있는 것이다.

다시 말하면 하늘이 낳은 인간이 모든 일을 처리하는 것에는 일정한 도리나 원칙이 있다는 것이다. 이러한 일을 처리하는 주체는 바로 인간 자신이며, 도리나 원칙은 이러한 주체로서의 인간 자신에게 내재되어 있어 인간의 항상성이 되는 것이며, 백성들은 그러한 항상성을 좋아한다는 것이다. 인간은 하늘로부터 비롯된 존재이기 때문에 이러한 도리와 항상성을 하늘로부터 부여받아서 자신을 통하여 주체성을 드러낸다고 하는 것이다. 그러므로 여기에서는 "천명을 성이라고 한다"는 명제에서와 같이 '성'에 대한 직접적인 언급은 없지만, 그것의 내용은 충분히 담겨져 있다고 볼 수 있는 것이다. 그래서 공자는 일찍이 "이 시를 지은 사람은 도를 아는구나!"라고 말한 것이다.

또한 『춘추좌전春秋左傳』에는 "유강공이 말하기를 내가 듣기로는 백성들은 천지의 가운데를 받음으로써 살아가는데, 이것을 명이라고 한다."[9]라는 기록이 있는데, 여기에서의 "천지의 가운데"는 천지의 '도'(道)를 의미하는 것이며, "백성들이 천지의 가운데를 받음으로써 살

9) 『春秋左傳』, 「成公十三年」, "劉康公曰: 吾聞之, 民受天地之中以生, 所謂命也."

아간다"라는 말은 백성들이 이러한 천지의 '도'를 받았기 때문에 존재할 수 있다는 의미이다. 또한 '명'(命)은 '천명'을 의미한다. 이러한 천지의 '도'는 인간이 그것을 받아들이는 것을 통하여 자신의 '성체'(性體)를 이룩한다. 또한 인간은 이런 것을 체득함으로써 생존을 하게 되는데 그것이 바로 '천명'이라는 것이다. 그러므로 여기에는 "천명을 성이라고 한다"는 관념이 함축되어 있다고 할 수 있는 것이다. 또한 후대의 『중용』에서 언급한 "천명을 성이라고 한다"는 명제는 실재로 이러한 관념의 발전된 형태라고 말할 수 있다. '천명'이 내려와 인간의 '성'이 되거나 인간의 본체가 된 뒤에 인간은 어떻게 이러한 '천명'을 지속적으로 자기 안에 유지시킬 수 있었을까? 그것은 바로 후천적인 자기 수양공부를 통해서 유지될 수 있었으며, 이러한 수양공부를 통해서 백성들도 '천명'을 자기 안에 지속적으로 유지시킬 수 있었던 것이다.

공자는 일찍이 "군자는 두려워해야 할 일이 세 가지 있다. 천명을 두려워해야 하고, 위대한 사람을 두려워해야 하고, 성인의 말씀을 두려워해야 한다."[10]라고 했는데, 이것은 공자의 '천'에 대한 경외와 동경의 심리를 잘 표현하고 있는 부분이다. 공자는 위대한 인격을 갖춘 사람이 되기 위해서는 반드시 초월자에 대한 경외의 마음을 가져야만 한다고 했다. 그래서 공자의 생명에 있어서 '천'은 일종의 경외이자 소통의 대상이었던 것이다.

하늘을 원망하지도 않고, 사람들을 탓하지도 않는다. 낮은 것을 배워

10) 『論語』, 「季氏」, "君子有三畏. 畏天命, 畏大人, 畏聖人之言."

서 높은 것에까지 통달했으니, 나를 알아주는 이는 하늘일 것이다.[11)]

하늘이 무슨 말씀 있으시더냐? 사계절이 돌아가고 있고 만물이 자라고 있지만, 하늘이 무슨 말씀을 하시더냐?[12)]

하늘이 나에게 덕을 부여해 주셨거늘, 환퇴가 나를 어찌 하겠는가?[13)]

하늘이 이 문화를 없애려 하셨다면, 후세에 나온 내가 이 문화에 참여할 수가 없었을 것이다. 하늘이 이 문화를 없애려 하지 않고 계신데, 광 사람들이 나를 어찌할 수 있겠느냐?[14)]

『논어』 속에서 공자가 언급한 '성'과 '천도'에 관한 부분은 매우 드물게 보이나, 위의 인용문들 분석해보면 공자의 '천'에 대한 염원을 파악할 수 있을 것이다. 공자의 시대는 사회 전반에 걸쳐 만연되어 있던 가치관의 혼란으로 인하여 공자는 당시의 지식인들과의 같은 공감대를 형성할 수 없었다. 그러나 이러한 상황들이 결코 공자가 추구했던 새로운 가치체계의 정립에 대한 염원과 자기 확신을 막을 수는 없었기 때문에 공자는 자신의 모든 열정을 '천'과의 상호소통과 합일하는 경지에 쏟았을 것이다. "오십 세가 되어 천명을 알았다."로 대표되는 공자의 도덕생명 여정은 매 순간 순간 모두가 배움의 과정이요 '인'(仁)을 실천하는 과정의 연속이었으며, 이러한 과정들 속에서 공자는

11) 『論語』, 「憲問」, "不怨天, 不尤人. 下學而上達, 知我者其天乎!"

12) 『論語』, 「陽貨」, "天何言哉? 四時行焉, 百物生焉, 天何言哉?"

13) 『論語』, 「述而」, "天生德於予, 桓魋其如予何?"

14) 『論語』, 「子罕」, "天之將喪斯文也, 後死者, 不得與於斯文也. 天之未喪斯文也, 匡人其如予何?"

도덕생명의 진실한 가치를 체득해 나갔다. 다시 말하면 공자가 자신의 생애 전반에 걸쳐 가장 심혈을 기울인 부분은 바로 '천'과의 상호 소통과 합일의 경지에 도달하는 것이었다.

공자에 있어서의 '인'(仁)은 '천도'이자 '천명' 그 자체였다. 모종삼(牟宗三)은 "인체(仁體), 인리(仁理), 인도(仁道), 인심(仁心)은 모두 서로 통용될 수 있다."[15]라고 했다. 또한 그는 '인'(仁)의 실천을 통하여 '천명'을 인식할 수 있다고 했는데, 여기에서의 인식은 과학적이고 경험적인 인식이 아닌 도덕생명의 실천을 통해서 체득된 인식이라고 보았다. 이것은 곧 초월해 있으면서 내재되어 있는 것이며 또한 초월자에 대한 경외와 염원인 것이다. 이와 동시에 '인심'(仁心)의 감응과정을 거쳐 최종적으로는 천지와 '덕'을 합하여 만물과 일체가 되는 경지에 도달하게 된다는 것이다.

공자의 사상을 계승 발전한 맹자의 심성론(心性論)은 공자의 '인'(仁)사상의 체계적인 전개라고 할 수 있다. 맹자는 "자신의 마음을 극진히 하는 사람은 본성을 알 수 있으니, 자기의 본성을 알 수 있으면 천명을 알 수 있다."라고 하여 '인'(仁)의 실천을 통해서 '천도'를 인식한다는 것은 인간의 도덕생명을 통해서만이 체득 가능한 것이라고 하였다. 맹자는 그것은 인간의 언어를 통해서는 전달 될 수 없는 것이라고 보았다. 또한 그것의 체득 여부는 개인의 수양공부에 의해서 결정되는 것이다. 그러나 "진심, 지성, 지천"은 그것의 실천적인 측면에 있어서 선명하게 드러난다는 것 이외에 그것의 이론 체계에 있어서도 분명하게 인식할 수 있다는 것이다. 그러므로 바로 이점에서 맹자의

15) 牟宗三, 『圓善論』, 臺北, 學生書局, 1985년, 256쪽 참조.

창의성을 찾아볼 수도 있지만, 그렇다고 이것이 공자의 '인도'(仁道)사상의 맥락에서 완전히 벗어났다는 것을 의미하는 것은 아니다. 한편으로는 바로 이러한 점 때문에 맹자의 사상이 공자의 사상 보다 한 걸음 더 진보한 것이라고 볼 수 있는 것이다.

'인'(仁)의 실천을 통해서 '천도'를 인식한다고 할 때의 '인식'은 체험적인 직관으로서 초월해 있으면서 내재되어 있는 것이다. 그러므로 맹자의 "진심, 지성, 지천"의 '지'(知) 역시 체험적인 직관이며 초월해있으면서 내재되어 있는 것이다. 공자는 초월자로서의 '천'에 대하여 일종의 경외와 염원을 가지고 있었는데, 맹자 역시 그러했다. 이러한 사실에 관하여는 "하늘의 이치를 따르는 자는 생존하고, 하늘의 이치를 거스르는 자는 멸망한다."[16)]와 "그렇다면 순임금이 소유한 천하는 누가 준 것입니까? 하늘이 준 것이다."[17)]라는 맹자의 언급 속에서 잘 나타나 있다. 또한 공자는 '천'에 대해 경외와 염원 외에 절규와 교감의 심정을 드러냈는데, 맹자 역시 '천'에 대하여 호소와 교감의 심정을 "내가 노나라 제후를 만나지 못하는 것은 하늘의 뜻이지, 장씨 집안의 자식이 어떻게 내가 그를 만나지 못하게 할 수 있겠는가?"[18)]와 "군자는 하늘을 원망하지 아니하며, 사람을 허물하지 아니한다는 말씀을 들은 적이 있습니다. …… 하늘이 천하를 태평하게 다스리려고 하지 않는 것이지, 만일 천하를 태평하게 하고자 한다면 지금 이 세상에서 나 말고 그 누구이랴?"[19)]에서와 같이 드러내고 있다.

---

16) 『孟子』, 「離婁上」, "順天者存, 逆天者亡."

17) 『孟子』, 「萬章上」, "然則舜有天下也, 孰與之? 曰: 天與之."

18) 『孟子』, 「梁惠王下」, "吾之不遇魯侯, 天也. 臧氏之子焉能使予不遇哉? "

19) 『孟子』, 「公孫丑下」, "君子不怨天, 不尤人. …… 夫天, 未欲平治天下也. 如欲

맹자 역시 '천명'이 내려와 인간의 '성'이 된다고 생각했다. 맹자는 『시경』의 "하늘이 여러 백성들을 낳으셨으니, 사물이 있으면 법칙이 있다. 백성들은 불변하는 마음을 가져, 이 아름다운 덕을 좋아한다"라고 하는 문장을 통해서 자신의 '성선설'을 논증하고 있는데, 이것은 맹자에 있어서의 '성'이라는 관념이 유구한 전통을 계승하여 형성된 것임을 의미한다고 할 수 있을 것이다. 그러므로 맹자가 언급한 '성' 역시 하늘에서 내려온 것, 인간에게 내재된 것이기 때문에 역시 초월해 있으면서 내재되어 있다는 것이다. 그렇다면 공자와 마찬가지로 이러한 '천명'으로서의 '성'은 그 내용에 있어서 실질적인 규정성을 부여할 수는 없지만, '인'(仁)과 그것의 실천을 통해서만 이러한 '성'에 실질적인 도덕성을 부여할 수 있는 것이다. 그렇기 때문에 '인'(仁)의 실천은 맹자에게 있어서는 '진심, 지성, 지천'이 되는 것이다. '성'은 '천'에서 온 것이기 때문에 '성'은 곧 '천도'·'천명' 자체가 되는 것이다. 그렇기 때문에 '인'(仁)의 실천을 통해서 '천도'를 인식할 수 있다는 것이다. 그러므로 '천도'는 내재되어 있으면서 초월해 있다는 것이다.

이와 같이 볼 때 맹자에 있어서의 '성'은 '천'에서 온 것이기 때문에 '진심'(盡心)의 과정을 통하여 인식할 수 있으며 발현시킬 수 있다는 것이다. 만일 '성'을 인식할 수 있게 된다면 '천명'·'천도'는 이러한 '진심', '지성'의 과정 속에서 인식되어지고 체득되는 것이다. 그러므로 맹자에서 '천도'를 인식한다는 것은 초월해 있으면서 내재되어 있는 것을 인식하는 것이라고 할 수 있는 것이다.

초월적인 측면에서 말하자면 '존심'(存心)의 과정을 통하여 '천도'·

平治天下, 當今之世, 舍我其誰也?"

'천명'과 상호 소통을 할 수 있다는 것이다. 그래서 맹자는 "자신의 마음을 보존하여 본성을 키우는 것은 하늘을 섬기는 도리이다."라고 말한 것이다. 또한 내재적인 측면에서 말하자면 '진심'의 과정을 통하여 인간에게 내재되어 있는 본성의 발현을 통해 천지와 합일되는 경지에 도달할 수 있다는 것이다. 이와 같이 '천도'·'천명'의 실질적인 내함은 '성체'를 통해서 드러나게 되는 것이다. 그렇기 때문에 맹자는 "진심, 지성, 지천"이라고 말하고 있는 것이다.

이상과 같이 볼 때 '성'은 '천명'이라고 할 수 있으며, 또한 인간의 '본심'(本心)을 통하여 '본성'(本性)을 말할 수 있기 때문에 곧 '심선'(心善)이라고 하는 사실을 통해서 '성'이란 '선'한 것이라고 하는 주장을 할 수 있는 것이다. 이처럼 '성'에 도덕의 실질적인 의미가 부여될 때 즉 '천'에서 내려와 인간에게로 내재하면서 혹은 초월해 있는 '심'(心)과 '성'(性)과 '천'(天)은 바로 이때 서로 상통하여 하나가 되는 것이다.

3. 知天, 事天, 立命

맹자에 있어서 '성'은 '천명'이라고 할 수 있으며, 또한 인간의 '본심'을 통하여 '본성'을 말할 수 있기 때문에 곧 '심선'(心善)이라고 하는 사실을 통해서 '성'이란 '선'한 것이라고 할 수 있는 것이다. 다시 말하면 '심'은 '리'(理)가 되며, '성' 역시 '리'가 되기 때문에 '심'과 '성' 그리고 '리'는 하나인 것이다. 존재론적 측면에서 말하자면 '리'라고 하는 것은 그 자체에 내재되어 있는 원리이며, 이러한 원리는 '심'에 내재되어 있으며, '성'에도 내재되어 있기 때문에 '심'과 '성'은 하나라고 하는 것이다. 또한 활동적 측면에서 말하자면 '심'은 자신에 대한 깨달음을 통하여 자기실현과 자기전개를 하는데, 이것은 곧 '리'의 자기실현과 자기전개인 것이다. 또한 여기에서 '성'은 잠재적인 존재이고 '심'은 활동적 존재이기 때문에 '심성'(心性)은 하나라고 하는 것이다.

이상과 같은 분석을 통하여 '성'을 인식하는 과정은 '진심'(盡心)을 인식하는 과정 속에 있다는 사실을 파악할 수 있었으며 또한 '심'은 '성'의 활동이며 자기전개와 드러남인 것을 알 수 있게 되었다. 그러므로 '진심'의 과정은 '심'의 전반적인 내용이 자기전개의 과정을 거쳐 자기실현으로 향해 가는 것이라고 할 수 있다. '심'은 곧 '성'이기 때문에 만일 '심'이 완전한 자기실현과 전개를 한다면 '성'의 전반적인 내용 역시 구체적으로 드러난다는 것이다. 그러므로 '진심'은 자연히 '진성'(盡性) '지성'한다는 것이다. 또한 이러한 '성'은 "하늘이 나에게 부여한 것"으로 이것은 다른 말로 '천명'이 내려와 인간에게 내재된 것이라고 할 수 있으며 곧 인간의 주체성이 되는 것이다. 그러므로 마음을 극진하게 할 수 있다면 결국은 '성'의 전반적인 내용을 인식할 수 있게 되는 것이며, 천명의 내함 역시 '진심'과 '지성'의 과정 중에 드러나게 되는 것이다. 결국 '진심'의 과정을 거치는 가운데 '지성'을 하게 되고 '지천'을 하게 되는 것이니 '심', '성', '천'은 서로 통하여 하나가 되는 것이다.

맹자는 "성실(誠)은 하늘의 도요, 성실(誠)해지기를 생각하는 것은 사람의 도이다. 지성(至誠)으로 하면 감동하지 않을 사람이 없다. 성실하지 못하면서 남을 감동하게 한 사람이 없다."[20]라고 했는데, 이

---

20) 『孟子』, 「離婁上」, "誠者, 天之道也. 思誠者, 人之道也. 至誠而不動者, 未之有

가운데 '성'(誠)은 공자가 언급한 '인'(仁)인 것이며, '사'(思)는 자각과 반성을 의미한다. 그러므로 "성실해지기를 생각하는 것"은 '인'의 자각, '인'하게 됨, '인'의 실천과 같은 것이며, 또한 '진심'인 것이다. 그러므로 '하늘의 도'는 '성체'(誠體) '인체'(仁體) 자체가 되는 것이며, "사람의 도"는 '인'하게 됨, '인'의 실천, '진심'이 되는 것이다. 만일 마음을 극진하게 한다면 스스로를 드러내고 밝아 지게하고 움직이고 변화시킬 수 있어 결국은 천지만물과 일체가 되는 경지에 도달할 수 있다는 것이다. 그래서 맹자는 "만물의 이치가 다 나에게 갖추어져 있다. 나 자신을 반성해보고, 성실하다고 생각될 것 같으면 즐거움이 더할 나위 없다."[21]라고 하는 한편 "군자가 지나가면 백성은 교화되고, 그가 머물러 있는 곳은 마음에 간직하는 바가 신묘하게 이루어져, 위와 아래가 천지와 움직임을 같이 한다."[22]라고 한 것이다.

모종삼은 "진심과 지성은 비록 천명·천도의 전반적인 오묘함을 파악할 수는 없지만, 적어도 그것의 도덕적 함의를 증명함과 동시에 정착시킬 수 있었다. 이러한 증명과 정착은 그러한 도덕 창조의 진정한 계기가 되는 것이다. 또한 그것의 최저한도는 천도로 통하는 길을 획득할 수 있는 것으로, 이러한 길을 통해서 최소한 천도와 더불어 서로 소통함을 얻을 수 있는 것이다. …… '지천'의 '지'는 과학적인 지식이 아닌 '진심'으로써 근거를 삼은 일종의 서로간의 소통인 것이다. …… 서로 소통함이 의미하는 것은 생명 전반에 걸쳐 침투해 있는 천도이

也. 不誠, 未有能動者也."

21) 『孟子』, 「盡心上」, "萬物皆備於我矣. 反身而誠, 樂莫大焉."

22) 『孟子』, 「盡心上」, "夫君子所過者化, 所存者神, 上下與天地同流."

며, 이것은 곧 그 오묘함을 다하는 것이지만 측정할 수 있는 지식이 아닌 것이다. 천도는 단지 마음으로만 통할 수 있는 것이지 측정할 수 있는 것이 아니다."[23]라고 말했다. 그러므로 '진심'을 통하여 '성'의 내함이 모두 드러나는 것이며, 이러한 '성'은 '천'으로부터 비롯된 것이기 때문에 '천도'·'천명'을 인식할 수 있다는 것이다. 바로 이때 '천도'·'천명'의 실질적인 내용이 펼쳐지게 된다는 것이다. 그래서 맹자는 "자신의 마음을 극진히 하는 사람은 본성을 알 수 있으니, 자기의 본성을 알 수 있으면 천명을 알 수 있다."[24]라고 말하는 것이다.

그렇다면 '존심'(存心), '양성'(養性), '사천'(事天)의 문제는 어떻게 보아야 할까? 맹자의 '천도관'(天道觀)에 있어서 "진심, 지성, 지천"은 적극적인 측면에서 '천'을 언급한 것이며, "존심, 양성, 사천"은 소극적인 측면에서 '천'을 언급한 것이라고 말할 수 있다. 이러한 소극적인 측면으로서의 "존심, 양성, 사천"은 본심을 잘 보존하여 그것을 잃지 않고 선한 본성을 키워 해치지 않는다는 것을 의미한다.[25]

"진심, 지성, 지천"을 통하여 인간이 비록 유한적인 존재이지만 도덕적 측면에서는 무한적인 존재임을 알 수 있었다. 인간은 '진심'의 과정을 통하여 이러한 유한성의 속박을 벗어나 끊임없이 생성하는 '천도'와 서로 합치될 수 있을 것이다. 그러나 인간은 유한한 존재이기 때문에 현실 생활 속에서 '본심'을 잃고 '본성'을 해치는 행위 즉 악행을 범하게 되는데, 이러한 행위가 심화될 경우 인간은 짐승만도 못한

23) 牟宗三, 『中國哲學的特質』, 臺北, 學生書局, 1986년, 73쪽 참조.

24) 『孟子』, 「盡心上」, "盡其心者, 知其性也. 知其性, 則知天矣."

25) 牟宗三, 『圓善論』, 臺北, 學生書局, 1985년, 135쪽 참조.

지경에까지 추락하게 되는 것이다. 그러므로 인간은 항상 자신의 '본심'을 잘 보존하고 선한 '본성'을 키워야만 한다는 것이다.

인간이 '덕'을 실천하면 할수록 '도'(道)를 수양하는 것이 쉽지 않다는 것을 느낄 수 있기 때문에 '천도'에 대한 존중과 경외감은 갈수록 커지는 것이다. '본심'을 보존하고 선한 '본성'을 키우고 경계하고 삼가하여 마치 얇은 얼음을 밟는 것처럼 조심하고 힘써 수양하는 과정 가운데 '심'과 '성'의 밝음은 펼쳐질 수 있는 것이니, 이것이 바로 진정으로 하늘을 섬기는 도리(事天의 道)인 것이다.

일반적으로 말하는 '명'(命)에는 하늘의 명령이라는 의미의 '천명'과 '본성'의 명령이라고 하는 '성명'(性命)의 의미가 있다고 할 수 있는데, 이러한 측면에서 말하는 '명'은 명령의 의미를 가진다. 이러한 명령의 의미로서의 '명'은 『시경』의 "천명이 아아! 아름답고 그지없다!"와 『중용』의 "천명을 성이라고 한다." 등에서 찾아볼 수 있다. 또한 이러한 '명'에 대해서는 경외와 복종의 입장을 견지해야 하는데 그 이유는 이러한 명령들이 모두 도덕의 명령이기 때문이다.

다른 하나는 운명이라는 의미로서의 '명'인데, 이것은 객관적인 한계를 나타낸다. 이러한 '명'에 대해서는 인식과 수용의 입장을 견지해야 하는데 그 이유는 이러한 객관적인 한계를 인식할 때 인간은 비로소 그러한 사실을 편안하게 받아들일 수 있기 때문에 자신의 분수에 맞지 않는 생각을 하지 않을 것이며 또한 자신의 분수에 맞지 않는 욕심을 부리지 않게 되어 결국은 "하늘을 원망하지 않고, 다른 사람을 탓하지 않는다."는 것이다.[26)]

---

26) 蔡仁厚, 『孔孟荀哲學』, 臺北, 學生書局, 1990년, 123~124쪽 참조.

그렇다면 이러한 두 가지 서로 다른 의미로서의 '명' 사이에는 과연 어떠한 관련성이 있을까? 모종삼 같은 경우 이들 둘 사이에는 상호관련성이 존재한다고 보았다. 즉 '리'(理)의 측면에서 말한다면 '천명'이 되는 것이고, '기'(氣)의 측면에서 말한다면 '기명'(氣命)이 되는 것이다. 또한 '신'(神)과 '리'(理)에 총괄되는 측면에서 본다면 '천명'이고, 구체화해서 '세'(勢)와 '우'(遇)의 측면에서 본다면 '기명'이 되는 것이다. 그러므로 이러한 것을 합하여 말하면 '신리'(神理)에 총괄되고 '기'(氣)에 치우치는 '명'(命)이라고 하는 것이다.[27]

맹자는 "사람 수명의 길고 짧은 것에 의문을 두지 않고, 다만 자신을 수양함으로써 목숨이 다하는 날을 흔들림 없이 기다리는 것은, 하늘이 자기에게 부여한 명(天命)을 온전히 하는 도리이다"[28]라고 말했는데, 여기에서의 '명'은 도대체 어떤 의미를 가진 '명'일까? 이러한 의문에 대하여 원보신(袁保新)은 "인성론에 대한 분석에 있어서 '심'에 대한 논의만 하고 '명'에 대해서는 다루지 않는 것은 확실히 주도면밀치 못한 처사라고 볼 수 있다. '심'은 도덕실천의 주체가 되어 각 생명존재의 제한적인 수용을 통하여 하나하나의 진실한 도덕행위를 구체화한다. 또한 '심'은 인간존재의 필연적인 한계와 객관적으로 정해진 운명으로 하나하나 전화되어 도덕자아의 실현 속에서 자신의 역량을 완전하게 장악할 수 있게 되는 것이다. 만일 그렇지 않으면 '심'의 자주성은 드러나지 않게 됨과 동시에 '진심'(盡心)에 대해서도 언급할 수 없게 되는 것이다. 그러므로 맹자는 '진심'의 가르침을 말할 때 반드시

27) 牟宗三, 『心體與性體』, 第一冊, 臺北, 正中書局, 1991년, 522쪽 참조.

28) 『孟子』, 「盡心上」, "殀壽不貳, 修身以俟之, 所以立命也."

'입명'(立命)을 함께 언급하는 것이다. 또한 '입명'에 대하여 언급할 때 종지는 반드시 '진심'에 근본을 둔다. 이와 같이 맹자의 인성론은 '심'의 자유와 자주성을 진정으로 펼쳐 보이는 한편 인간의 정해진 운명이 수시로 변화하는 세상 속에서 암흑의 심연으로 떨어지는 것을 막아준다."[29]라고 말하고 있다.

또한 채인후 같은 경우는 "'명'(命)은 일종의 추상적인 개념이 아닌 인생의 진실한 체득과 증험이다. 또한 이것은 생명의 유한성을 점진적으로 돌파해나가는 과정 속에서 체득되고 증험 되는 것이다. 이러한 진실 된 체득과 증험이 있은 후에야 진정으로 객관적인 한계의 범위를 알 수 있게 된다. 그렇기 때문에 경계해야 할 것을 인식할 수가 있게 되어 그러한 것의 조정이 내 삶의 영역에 있게 되는 것이다."[30]라고 했다.

이와 같이 볼 때 '지천'(知天)에서 '사천'(事天)을 거쳐 '입명'(立命)에 이르는 과정은 일관된 맥락으로 이어져 내려오는 것이라고 할 수 있다. '지천'은 적극적인 측면을 말하는 것이고, '사천'은 소극적인 측면을 말하는 것이며, '입명'은 적극적인 것과 소극적인 것을 합친 것을 말하는 것이다.

삶과 죽음, 장수와 요절, 길함과 흉함, 부유함과 빈천함, 복과 재앙 등은 모두 객관적인 한계로 이러한 것에 대하여 맹자는 "구하는 데는 도가 있고, 얻는 것에는 명이 있다. 여기서 구하는 것은 얻는데 무익한 것이니, 그것은 나의 밖에 있는 것을 구하기 때문이다."[31]라고 하

29) 袁保新, 『孟子三辨之學的歷史省察與現代詮釋』, 臺北, 文津出版社, 1992년, 90쪽 참조.

30) 蔡仁厚, 『孔孟荀哲學』, 臺北, 學生書局, 1990년, 128쪽 참조.

는 입장을 견지했으며, 공자 역시 "죽고 사는 것은 운명에 있고, 부유하게 되는 것과 귀하게 되는 것은 하늘에 있다."라는 입장을 견지했다. 이러한 객관적인 한계는 내 자신이 그것을 조정할 수 있는 것이 아니지만, 그러한 객관적인 한계인 운명에 직면했을 때 군자는 마땅히 그것을 인식하고 수용하고 편안하게 여긴다. 그래서 공자는 "군자가 경건하게 행동하여 실수가 없고, 남에게 공손하고 예를 지킨다."[32]라고 말한 것이다.

그러므로 "사람 수명의 길고 짧은 것에 의문을 두지 않음"이라는 말은 객관적인 한계로서의 '명'을 의미하는 것이기 때문에 우리는 마땅히 이것에 대하여 의심의 태도를 견지해서는 안 된다. 또한 맹자 역시 "아버지와 아들 사이의 사랑(仁), 임금과 신하 사이의 의로움(義), 주인과 손님 사이의 예의(禮), 현자(賢者)의 지혜(智), 천도(天道)를 따르는 성인(聖人) 이것들도 명(命)이기는 하나 거기에는 사람의 본성(本性)이 있다. 군자는 이를 (사람이 마음대로 충족할 수 없는) 천명(天命)이라고 하지 않는다."[33]라고 하였는데, 이는 곧 아버지와 아들 사이는 '인'(仁)의 표현이고, 임금과 신하 사이는 '의'(義)의 표현이고, 주인과 손님 사이는 '예'(禮)의 표현이며, 현자들 사이에는 '지'(智)의 표현이며, 성인(聖人)들 사이는 '천도'(天道)의 표현이라는 것이다. 그렇지만 설사 이러한 인륜의 일상적인 체현 위에 인간의 뜻이 극진하지 않은 부분이 있고, 또 객관적인 운명의 한계가 있을 지라도 성인의 마음속의 흔

31) 『孟子』, 「盡心上」, "求之有道, 得之有命, 是求無益於得也, 求在外者也."

32) 『論語』, 「顔淵」, "君子敬而無失, 與人恭而有禮."

33) 『孟子』, 「盡心下」, "仁之於父子也, 義之於君臣也, 禮之於賓主也, 智之於賢者也, 聖人之於天道也, 命也, 有性焉, 君子不謂命也."

들림 없는 선한 본성(善性)은 제지하지 못할 것이다.

공자는 "하늘을 원망하지도 않고, 사람들을 탓하지도 않는다. 낮은 것을 배워서 높은 것에까지 통달했으니, 나를 알아주는 이는 하늘일 것이다."[34]라고 했으며, "군자는 밥 먹는 동안이라도 인(仁)을 어기지 말아야 하며, 다급한 순간이라 할지라도 꼭 인(仁)을 지키고, 넘어지는 순간이라 할지라도 꼭 인(仁)을 지켜야 한다."[35]라고 하며, 또 "한 그릇의 밥을 먹고 한 쪽박 물을 마시며 누추한 거리에 산다면, 남들은 그 괴로움을 감당치 못할 터인데, 회는 그의 즐거움이 변하지 않는다."[36]라고 하였는데, 이것은 맹자가 언급한 "거기에는 사람의 본성이 있다. 군자는 이를 천명(天命)이라고 하지 않는다."는 것과 상호 호응을 이루고 있다고 할 수 있겠다. 그러므로 군자는 이러한 운명의 한계를 초월한 후에 "다만 자신을 수양함으로써 목숨이 다하는 날을 흔들림 없이 기다림"의 태도를 견지해야만 하는 것이다. 여기에서 "자신을 수양함"은 자신을 돌이켜 반성하여 성실하게 되는 것을 의미하며, "목숨이 다하는 날을 흔들림 없이 기다림"은 소극적으로 죽음을 기다린다는 뜻이 아니고 당면한 현실 속에서 적극적으로 그것을 인식하고 수용하고 편안하게 여긴다는 의미이다. 그렇기 때문에 자신을 돌이켜 반성하면 지극히 성실해지고 지극한 성실함은 하늘의 도(道)라고 하는 것이다. 이것은 또한 의로움을 극진하게 하는 것이다.

맹자는 "의(義)는 사람이 다니는 길이다."[37]라고 하고 또 "의(義)는

---

34) 『論語』, 「憲問」, "不怨天, 不尤人. 下學而上達, 知我者其天乎!"

35) 『論語』, 「里仁」, "君子無終食之間違仁, 造次必於是, 顚沛必於是."

36) 『論語』, 「雍也」, "一簞食, 一瓢飮, 在陋巷, 人不堪其憂, 回也不改其樂."

37) 『孟子』, 「告子上」, "義, 人路也."

사람의 바른 길이다."[38]라고 하였는데, 이것에 대해 채인후는 "모든 일의 마땅히 그러해야하는 도리이요, 모든 인간사의 마땅히 해야 할 바이다."[39]라고 하였다. 그러므로 '의'(義)를 극진하게 한다는 것은 "모든 만물은 제각기 그것의 이치를 얻어 제각기 그러한 것을 완성한다."는 말이라고 할 수 있는 것이다. 이것은 곧 '심'과 '성'을 극진하게 하는 것이 된다. 또한 '진심'은 곧 '지성, 지천'이 되는 것이다. 그러므로 '의'를 극진히 함으로써 '명'을 인식하여 최종적으로는 '의'와 '명'의 합일을 이룩할 수 있게 되는 것이다. 또한 여기에서의 '명'은 객관적인 한계로서의 운명의 아닌 '천명' 혹은 '성명'(性命)으로서의 '명'인 것이다. 이와 같이 '천도'와 '성명'이 바로 여기에서 소통되어 하나가 되는 것이 진정한 '입명'(立命)의 도리인 것이다.

이상과 같이 볼 때 '지천'에서 '사천'을 거쳐 '입명'에 이르는 과정은 상순관계를 유지하며 발전해나가는 것이다. 다시 말하면 "자신의 마음을 극진히 하는 사람은 본성을 알 수 있으니, 자기의 본성을 알 수 있으면 천명을 알 수 있다."는 말은 적극적이고 주동적으로 '천'이 '천도'가 되는 이유를 인식하고 그것을 증명하는 것이며, "자신의 마음을 보존하여 본성을 키우는 것은 하늘을 섬기는 도리이다."는 말은 소극적이고 피동적으로 '천'이 '천도'가 되는 이유를 앙모하고 그것을 숭상하는 것이다. 또한 "사람 수명의 길고 짧은 것에 의문을 두지 않고, 다만 자신을 수양함으로써 목숨이 다하는 날을 흔들림 없이 기다리는 것은, 하늘이 자기에게 부여한 '명'(天命)을 온전히 하는 도리이다"는

38) 『孟子』, 「離婁上」, "義, 人之正路也."

39) 蔡仁厚, 『孔孟荀哲學』, 臺北, 學生書局, 1990년, 121쪽 참조.

말은 적극적인 것과 소극적인 것을 합친 총체로서 "사람 수명의 길고 짧은 것에 의문을 두지 않음"은 소극적인 것을 의미하고, "다만 자신을 수양함으로써 목숨이 다하는 날을 흔들림 없이 기다림"은 적극적인 것을 의미하며, 최종적으로는 '천도'와 '성명'이 서로 관통되는 경지에 이르는 것 이것이 바로 '입명'인 것이다. 또한 바로 여기에 맹자의 '천인합일'(天人合一) 사상의 정수가 담겨져 있는 것이다.

4. 맺는 말

맹자는 "자신의 마음을 극진히 하는 사람은 본성을 알 수 있으니, 자기의 본성을 알 수 있으면 천명을 알 수 있다."라고 하여 '인'(仁)의 실천을 통해서 '천도'를 인식한다는 것은 인간의 도덕생명을 통해서만이 체득 가능한 것이라고 하였다. 또한 맹자에 있어서의 '성'은 '천'에서 온 것이기 때문에 '진심'의 과정을 통하여 인식할 수 있으며 발현시킬 수 있다는 것이다. 만일 '성'을 인식할 수 있게 된다면 '천명' · '천도'는 이러한 '진심', '지성'의 과정 속에서 인식되어지고 체득되는 것이다. 그러므로 맹자에서 '천도'를 인식한다는 것은 초월해 있으면서 내재되어 있는 것을 인식하는 것이라고 할 수 있는 것이다.

다시 말하면 '성'은 '천명'이라고 할 수 있으며, 또한 인간의 '본심'을 통하여 '본성'을 말할 수 있기 때문에 곧 '심선'(心善)이라고 하는 사실을 통해서 '성'이란 '선'한 것이라고 하는 주장을 할 수 있는 것이다. 이처럼 '성'에 도덕의 실질적인 의미가 부여될 때 즉 '천'에서 내려와 인간에게로 혹은 내재하면서 초월해 있는 '심'과 '성'과 '천'은 바로 이

때 서로 상통하여 하나가 되는 것이다.

또한 맹자의 '천도관'에 있어서 "진심, 지성, 지천"은 적극적인 측면에서 '천'을 언급한 것이며, "존심, 양성, 사천"은 소극적인 측면에서 '천'을 언급한 것이라고 말할 수 있다. 이러한 '천'의 소극적인 측면으로서의 "존심, 양성, 사천"은 본심을 잘 보존하여 그것을 잃지 않고 선한 본성을 키워 해치지 않는다는 것을 의미한다. 그리고 '천'의 적극적인 측면으로서의 "진심, 지성, 지천"의 과정을 통하여 인간이 비록 유한적인 존재이기는 하지만, 도덕적으로는 무한적인 존재임을 자각하는 여정 속에서 인간이 유한성의 속박을 벗어나 끊임없이 생성하는 천도와 서로 합치될 수 있다는 것이다.

다시 말하면 "진심, 지성, 지천"이라는 말은 적극적이고 주동적으로 '천'이 '천도'가 되는 이유를 인식하고 그것을 증명하는 것이며, "존심, 양성, 사천"이라는 말은 소극적이고 피동적으로 '천'이 '천도'가 되는 이유를 앙모하고 그것을 숭상하는 것이며, "요수, 수신, 입명"이라는 말은 적극적인 것과 소극적인 것을 합친 총체로서 최종적으로는 '천도'와 '성명'이 서로 관통되는 경지에 이르는 것 이것이 바로 '입명'인 것이다. 또한 바로 여기에 맹자의 천인관계론 즉 하늘과 인간은 합치될 수 있다고 하는 '천인합일론'의 대체가 담겨져 있는 것이라고 할 수 있다.

參考文獻

朱公遷, 『詩經義疏』, 『四庫全書』 本.

孫星衍, 『尙書今古文注疏』, 『平津館叢書』 本.

劉寶楠, 『論語正義』, 『續皇淸經解』 本.

朱熹, 『中庸章句集註』, 『海淵閣明刻』 本.

趙汸 『春秋左氏傳補注』, 『通志堂經解』 本.

趙岐, 『孟子章句』, 『四部叢刊』 本.

朱熹, 『孟子章句集註』, 『海淵閣明刻』 本.

焦循, 『孟子正義』, 『焦氏遺書』 本.

牟宗三, 『圓善論』, 臺北, 學生書局, 1985년.

牟宗三, 『中國哲學的特質』, 臺北, 學生書局, 1986년.

何淑靜, 『孟荀道德實踐理論之硏究』, 臺北, 文津出版社, 1988년.

許宗興, 『孟子的哲學』, 臺北, 臺灣商務印書館, 1989년.

蔡仁厚, 『孔孟荀哲學』, 臺北, 學生書局, 1990년.

牟宗三, 『心體與性體』, 第一冊, 臺北, 正中書局, 1991년.

袁保新, 『孟子三辨之學的歷史省察與現代詮釋』, 臺北, 文津出版社, 1992년.

劉鄂培, 『孟子大傳』, 北京, 淸華大學出版社, 1998년.

제6장 맹자의 인성론

1. 시작하는 말

중국의 전통 인성론 사상을 대표할 수 있는 사상체계는 전국시기(戰國時期)에 출현한 맹자의 인성론이라고 할 수 있다. 중국의 전통인성론 사상의 최고봉으로서의 맹자 인성론에 관해서는 고대로부터 현재에 이르기까지 수많은 학자들에 의해서 연구가 진행되어져 왔다. 하지만 그 연구의 대부분이 기존에 진행된 사상사적 방법론에 그친 경향이 매우 강하다고 할 수 있다. 본문에서는 도덕철학적 입장에 초점에 맞춰 중국의 전통인성론 사상의 선구로서의 맹자의 인성론을 재조명 해보도록 하겠다.

맹자가 인성론에 대하여 '성선설'의 입장을 수립한 것은 맹자가 당시 사회에서 보편적으로 유행하던 다른 학설들을 직시하여 내놓은 결과이며, 더나가 철학자 개인이 현실과 괴리된 오묘한 이치를 탐구하고 소모적인 언어적 유희를 통해 자기만족을 추구하기 위해서 내놓은 것은 결코 아니다. 즉 '성선설'은 맹자 자신의 도덕실천의 열망을 담고 있는 것이라고 할 수 있는 것이다. 이러한 맹자의 인성론에 대하여 주군진(周群振)과 같은 학자는 "인간의 본성은 선천적으로 선량하다"[1]라고 주장하고, 서복관(徐復觀)과 같은 학자는 "맹자는 인성은 선해야만 한다고 생각한 것이 아니고, 인성은 실제로 선한 것이라고 생각했다."[2]라고 주장하고 있다.

맹자가 성선설을 주장한 것은 적극적으로는 "이미 그러한 사실을 설명하기 위함"[3]으로 본성이 이미 드러난 바와 같이 선하다는 사실을 설명하기 위한 것이며, 소극적으로는 인성이 본래 선하다는 이론과 괴리된 모든 견해들에 대하여 설득력 있는 주장을 통하여 잘못된 이론들을 바로잡기 위해서라고 말할 수 있는 것이다.

맹자 '성선설'의 주요한 내용은 이러한 논쟁들을 통하여 시작되고 나타나는데 그 가운데 특히 「고자告子」 속에서 맹자와 고자 사이의 논쟁 가운데 가장 극명하게 드러나 있다. 그러므로 본문에서는 인성론에 있어서의 양대 축으로 인식되어지고 있는 맹자와 고자의 인성론을 중심으로 중국 전통인성론 사상의 최고봉이라고 할 수 있는 맹자 '성선

1) 주군진(周群振)은 이 구문에 대하여 "인간이 선량한 본성을 통하여 인의를 실천하고 도덕을 추구함은 인간의 선천적인 직분이며 그 생명의 여정 가운데 필연적으로 실천해야만 하는 자신의 임무다. 좀더 깊이 형이상학적 경지로 들어가서 본다면 단도직입적으로 인성은 곧 도덕이며 도덕은 곧 인성인 것으로 인성과 도덕은 근본적으로 같은 것이라고 말할 수 있다. 인간 세계가 당연히 인의도덕으로 이루어진 구체적인 상황은 실제로는 모두 형이상학적 경지의 지선무악(至善無惡)적인 초월적 본체의 자기표현인 것이다."라고 해석했다. 周群振, 『儒學探源』, 臺北, 鵝湖出版社, 1986년, 152쪽 참조.

2) 徐復觀, 『中國人性論史』, 臺北, 臺灣商務印書館, 1990년, 164쪽 참조.

3) 周群振, 『儒學探源』, 臺北, 鵝湖出版社, 1986년, 154쪽 참조.

설'의 기본 형태를 새로운 각도에서 분석해 보겠다.

2. 비유를 통해 본 인성론

> 고자가 인성은 버드나무와 같고 의는 나무로 만든 술잔과 같으니, 사람의 본성을 인의라고 하는 것은 버드나무로 술잔을 만드는 것과 같은 것이라고 말했다. 그러자 맹자가 자네는 버드나무의 성질에 따라서 나무 술잔을 만들 수 있는가? 장차 버드나무를 죽인 이후에야 술잔을 만들 것이니, 만일 버드나무를 죽여서 술잔을 만든다고 한다면 사람을 죽여서 인의를 만든다는 것인가? 온 세상 사람들이 이러한 것을 따라서 인의를 실천함에 해를 입히게 된다면, 그것은 반드시 그대의 말에서 비롯된 것일 것이다! 라고 말했다.[4)]

위의 인용문에서 의미하는 맹자와 고자 사이에서 벌어진 논쟁의 초점은, 어떤 방식에 의해서 인성과 인의가 연결되어 있는가?[5)]라는 문제로 귀결될 수 있다. 즉 인성과 '인의'(仁義)는 과연 선천적으로 내재적인 연관이 있는가, 아니면 후천적인 노력에 의해서 연결되는 것인

---

4) 『孟子』, 「告子上」, "告子曰: 性, 猶杞柳也; 義, 猶杯棬也. 以人性爲仁義, 猶以杞柳爲杯棬. 孟子曰: 子能順杞柳之性而以爲杯棬乎? 將戕賊杞柳而後以爲杯棬也? 如將戕賊杞柳而以爲杯棬, 則亦將戕賊人以爲仁義與? 率天下之人而禍仁義者, 必子之言夫!"

5) 혹자는 고자가 주장한 "인성은 선함도 없고 선하지 않음도 없다"것을 근거로 고자는 인의를 갖춘 사람이 존재하지 않는다고 단언하기도 하지만, 이러한 단언은 분명히 잘못된 것이다. 고자가 주장한 "인은 안에 있고 의는 밖에 있는 것이다"라는 언급에서 볼 수 있듯이 그는 이미 인의로 대표되는 도덕의 존재를 분명하게 표시했다. 그리고 고자의 인성론에 반대 입장을 표명하는 맹자 역시 이러한 논점을 근거로 고자의 인의가 인성에 외재한다고 하는 논리를 반박하는 것이다.

가? 이러한 문제들에 대하여 고자는 바로 후자의 입장을 취하여 버드나무와 나무로 만든 술잔의 비유를 들어서 자신의 논리를 펼치는 것이다. 그러나 맹자는 전자의 입장에서 고자가 설정한 비유들의 반박을 통하여 고자가 인식하고 있는 인성과 '인의'(仁義)의 관계가 잘못되었다는 논리를 펼친다.

이러한 논쟁 가운데 고자는 먼저 비유방법을 통하여 직접적으로 자신의 인성에 대한 견해를 "인성이 인의가 되는 것은 버드나무로 술잔을 만드는 것과 같다."[6]와 같이 피력한다. "인성은 버드나무와 같고 의는 나무로 만든 술잔과 같다."와 같이 고자는 버드나무와 술잔 사이의 관계를 비유로 들어서 인성과 '인의'(仁義) 사이의 관계를 설명하는데, 이것은 곧 버드나무와 술잔의 관련방식으로 인성과 '인의'(仁義)의 관계를 비교한 것으로, 즉 인성과 '인의'(仁義)는 버드나무와 술잔의 관계와 같다는 것이다.

이상과 같이 볼 때 버드나무가 술잔에 대하여 전자는 후자의 재질이나 재료가 되고, 술잔이 버드나무에 대하여서는 술잔은 곧 버드나무

---

6) 이러한 문제에 대하여 진대제(陳大齊)는 색다른 견해를 갖고 있는데, 그는 "'인성이 인의가 되는 것은 버드나무로 술잔을 만드는 것과 같다.'는 언급이 고자 본인의 주장을 대표한다고는 생각하지 않는다. 오히려 고자는 이러한 논거를 이용하여 맹자의 인성론을 비판한다."고 한다. 진대제의 견해에 근해서 보면 버드나무는 재료이고 나무로 만든 술잔은 곧 재료를 이용하여 만든 완제품으로 이러한 "재료와 완제품은 동일한 사물로 볼 수 없는 서로 다른 두 개의 사물이다. 고자는 이러한 논리에 의해 버드나무와 술잔 사이의 관계를 설정을 하고, 그것으로써 인성과 인의 사이의 관계를 비유한 것이다. '인성이 인의가 되는 것은 버드나무로 술잔을 만드는 것과 같다.'는 말은 맹자가 이러한 고자의 논리를 무시하고 혼동에 빠졌기 때문에 주장한 것이다." 陳大齊, 『孟子的名理思想及其辯說實況』, 臺北, 臺灣商務印書館, 1983년, 138쪽 참조.

를 재료로 하여 만들어진 완제품이 된다는 것을 알 수 있다. 그러나 재료는 재료이고 완제품은 완제품일 뿐으로, 재료가 되는 버드나무는 그 자체로서 완성된 형태의 술잔이 될 수 없으며 또한 그 자체능력에 의해 술잔이 될 수 없기 때문에 버드나무는 자연적으로 술잔이 될 수 없는 것이다. 이러한 재료로서의 버드나무가 완제품 형태의 술잔이 되기 위해서는 버드나무 자신의 능력으로는 절대로 불가능하며 반드시 외부적인 작용이 있어야만 가능한 것이다. 이것은 곧 버드나무 그 자체는 앞으로 어떤 형태의 그릇으로 만들어질 수 있는 결정을 내릴 수 없는, 즉 스스로 자주적인 결정을 내릴 수 없는 존재임을 의미하는 것이며, 그것이 완성된 형태의 술잔이 되기 위해서는 반드시 후천적인 가공을 통해야만 가능하다는 것이다.

이렇게 본다면, 버드나무와 술잔 사이에는 어떠한 자연적인 생성관계도 존재하지 않음을 발견할 수 있으며, 또한 버드나무가 술잔이라는 완성품이 되기 위해서는 외부로부터 실질적인 인위작용이 더하여 질 때에만이 비로소 그것이 가능하다는 사실을 알 수 있는 것이다. 그런데 고자는 버드나무를 인성에 비유하고 술잔을 '인의'(仁義)에 비유하여 인성에 대한 '인의'(仁義)의 관계를 버드나무에 대한 술잔의 관계로 비유하였다. 그래서 인성 가운데는 '인의'(仁義)로 대표되는 '선'(善)의 요소가 없는 것으로 파악하여 인성이 '인의'(仁義)의 '덕'을 펼치기 위해서는 인성 자체의 자연적인 능력으로는 불가능하고 반드시 후천적인 조치가 있어야만 가능하다는 것이다. 이처럼 고자는 '인의'(仁義)가 실재로는 인성의 외부에 존재하는 것으로 생각하여 인성과 '인의'(仁義) 사이가 관련되는 것에 대해서는 반대하지는 않았지만, 선천적이며 내재적으로 연결된 것이라고는 생각하지는 않고 후천적인 노력을 통해서만 그것들을 연결할 수 있다고 하였다.

맹자는 고자의 이러한 주장에 반대를 한다. 즉 맹자는 인성과 '인의'(仁義) 사이의 관계를 후천적이며 종합적인 관계로 보질 않고 선천적이며 내재적으로 연결된 관계로 보았다. 이러한 점에 대한 하숙정(何淑靜)의 견해는 눈여겨볼 만하다.

> 버드나무로 술잔을 만들기 위해서는 반드시 후천적인 인간에 의한 작업을 통하여야만 한다. 즉 버드나무와 술잔의 관계는 종합적인 것으로 이 둘의 관계는 후천적인 인위에 의해서 건립되는 것이다. 그러므로 버드나무와 술잔은 필연적인 연결 관계가 없는 것이기 때문에 이러한 것으로 인성과 인의를 비유하면 곧 이 둘의 관계는 종합적으로 되어 인성과 인의의 연결에는 필연성이 없게 되는 것이다. 이것은 곧 인성에는 필연적으로 인의가 될 만한 가능성이 없어 인의를 이루기 위해서는 후천적인 노력이 반드시 필요하다는 것을 의미하는 것이다. 인간이 버드나무처럼 재료가 되어 술잔과 같은 완성품을 만들 수 있다는 말은 역시 인간이 여타 다른 제품의 재료가 될 수 있다는 것을 의미하는 것이지 버드나무가 술잔을 만들 수 있는 것처럼 필연적인 것은 아니다. 즉 버드나무는 다만 인위적인 작업을 가해야할 재료에 불과하기 때문에 그 자체로는 자신이 장차 어떤 형태의 제품으로 변형될 것인지에 대해서는 어떠한 주체적인 작용을 할 수 없기 때문이다. 같은 맥락에서 보면 곧 버드나무로 인성을 비유하고 술잔으로 인의를 비유하게 되었을 때 인성과 인의의 관계는 이와 같이 된다는 것이다. 즉 인간의 인성을 재료로 삼아서 인의를 만들 수 있다는 것은 역시 인성으로 불인(不仁)하고 불의(不義)함의 재료를 삼을 수 있

다는 말과 같게 되어 인성과 인의 사이에는 필연적인 연결 관계가 없게 되는 것이다. 다시 말하면 인성에는 필연적으로 인의를 이룰 수 있는 가능성이 없기 때문에 인의는 후천적인 인위의 결과물이라는 것이다.[7)]

하숙정이 지적한대로 고자는 인성을 본래 '인의'(仁義)로 대표되는 도덕성이 갖추어져 있지 않은 것으로, 즉 "인의는 후천적인 인위의 결과물"로 보았다. 그래서 고자는 '인의'(仁義)가 인성에 대하여 단지 후천적으로 그 안에서 보좌하는 기능을 갖추었을 뿐이라고 생각했다. 이러한 점들을 기초로 유추해보면 "버드나무의 성질을 따라 나무 술잔을 만든다"는 것은 불가능하게 되며 반드시 외부로부터의 인위적인 조작이 수반되어야만 비로소 술잔을 만들 수 있게 되는 것이다. 이러한 비유를 근거로 인성과 '인의'(仁義)의 관계를 보면 어떻게 "사람을 죽여서 인의를 만든다"는 것이 가능할 것이며, 인간이 '인의'(仁義)로 대표되는 도덕행위를 실천하는 것을 버드나무를 반드시 도끼로 찍어 상하게 한 뒤에 술잔을 만드는 것처럼 비유할 수 있겠는가! 만일 이와 같다면 '인의'(仁義)가 인성에 대하여서 반드시 인성이 인성으로 되는 인성 본래의 성분을 죽인다는 것이 된다. 바꿔 말한다면 고자에게 있어서의 '인의'(仁義)는 인성을 파괴하고 만들어진 것이 된다. 그래서 맹자는 고자의 이와 같은 인성과 '인의'(仁義)의 관계에 대한 견해를 준엄하게 비판하는 것이다.

위에서 언급한 내용들 가운데 비록 맹자의 인성론에 대한 구체적인

7) 何淑靜, 『孟荀道德實踐理論之硏究』, 臺北, 文津出版社, 1988년, 144쪽 참조.

설명은 찾아보기 어렵지만, 그의 기본 입장은 이미 매우 분명하게 드러난다. 즉 맹자는 '인의'(仁義)가 인성에 대하여 선천적이고 내재적으로 구비되어 있기 때문에 인성의 본래 모습은 '선'하다는 것이다. 이러한 견해는 고자와 비교했을 때 상당한 차별성을 갖는다. 즉 고자는 인성과 '인의'(仁義)의 관계를 후천적이며 종합적인 관계로 파악하여 그것들의 연결은 필연성이 없고, 또한 그것들 사이의 관련은 후천적인 노력에 의해 결정된다고 보았다. 고자의 이러한 견해에는 이미 "인성에는 선함도 없고 선하지 않음도 없다"는 의미가 내포되어 있다고 볼 수 있다.[8]

> 고자가 인성은 고여서 맴돌고 있는 물과 같아서 동쪽으로 터놓으면 동쪽으로 흐르고 서쪽으로 터놓으면 서쪽으로 흐르는 것과 같은 것이기 때문에 인성의 선과 선하지 않음의 구분이 없는 것 역시 물이 동서의 구분이 없는 것과 같다고 말했다. 그러자 맹자가 물은 과연 동서의 구분이 없지만 위아래의 구분이 없는 것인가? 인성이 선하다는 것은 물이 아래로 흐르는 것과 같으니, 사람들에게 선하지 않음이 없는 것이며 물은 아래로 흘러가지 않음이 없는 것이다. 지금 물을 손으로 쳐서 튀게 하면 이마보다 높이 올라가게 할 수 있으며, 막아서 역류하게 하면 산에 있게 할 수 있지만, 이것이 어떻게 물의 본성이겠는가? 그 외부의 힘이 그렇게 한 것이다. 사람이 선하지 않은 일을 할 수 있게 되는 것은 그 본성이 변해서 그렇게 한 것이다 라고 말했다.[9]

---

8) 고자는 "버드나무의 비유"에서 "인성에는 선함도 없고 선하지 않음도 없다"라는 주장을 분명하게 하지는 않지만, 고자가 인성을 버드나무와 같은 것으로 비유한 점을 유추해 볼 때 인성을 중립적인 재료의 의미로 파악했음을 알 수 있다. 이러한 고자의 견해는 가치중립적인 인성론 관점을 내포하고 있는 것이라고 할 수 있는 것이다.

위의 인용문 역시 비유의 방식으로 논쟁을 진행한 것으로, 먼저 고자는 자신의 인성에 대한 견해를 "인성은 고여서 맴돌고 있는 물과 같다"라는 비유를 드는데, 그 의미는 "인성은 버드나무와 같다"는 비유가 함축하고 있는 의미와 같다. 즉 앞에서 언급한 바와 같이 고자가 인성이 도덕적 측면에 있어서 '선'하지도 않고 '선'하지 않음도 없다는 가치 중립적인 입장을 견지한 경우와 일치 한다는 것이다. 그래서 고자는 물이 흐르는 성질에 있어서 동서(東西)의 구분이 없다는 비유를 들어 인성 가운데 '선'함과 '선'하지 않음의 구분이 없다는 것을 주장한다.

고자는 인성과 물의 본성을 같은 것으로 보아서 물의 본성 자체에는 일정한 흐름의 방향이 없다고 생각하는 한편 흐르는 물 자체에도 주체적으로 흐름의 방향을 결정할 능력이 없는 것이라고 주장했다. 구체적으로 말하면 물이 동쪽 방향으로 흘러가거나 혹은 서쪽 방향으로 흘러가거나 모두 물꼬를 트는 방향을 결정짓는 외재적인 조건 위에서만이 가능하다는 것이다. 즉 만일 하천에서 동쪽 방향으로 물꼬를 트면 물은 동쪽으로 흘러가고, 만일 서쪽 방향으로 물꼬를 튼다면 그것은 서쪽으로 흘러가게 되는 것처럼 물 자체에는 동쪽으로 흐르는 성질이나 서쪽으로 흐르는 성질이 없다는 것이다. 그러므로 물이 동쪽으로 흐르거나 서쪽으로 흐르는 것은 하천의 물꼬를 트는 실제적인 방향에 의해서, 즉 외재적인 요인(인위적 작용, 지형)에 따라서 결정되는

9) 『孟子』, 「告子上」, "告子曰: 性猶湍水也, 決諸東方則東流, 決諸西方則西流. 人性之無分於善不善也, 猶水之無分於東西也. 孟子曰: 水信無分於東西; 無分於上下乎? 人性之善也, 猶水之就下也! 人無有不善, 水無有不下. 今夫水, 搏而躍之, 可使過顙; 激而行之, 可使在山, 是豈水之性哉? 其勢則然也. 人之可使爲不善, 其性亦猶是也."

것이지 흐르는 물 자체의 자주적인 결정에 의해서 결정되는 것이 아닌 것이다.

인성의 문제에 관하여 고자는 인성 가운데 '선'함과 '선'하지 않은 것에 대하여 인성 자체에는 절대적인 자주성이나 자결능력이 없기 때문에, 인간이 '선'한 행위를 하거나 그렇지 못한 행위를 하는 것은 모두 외재적인 요인이나 후천적인 요인에 의해서 결정된다고 생각했다. 이는 곧 인간은 후천적인 교육을 통해서 올바른 가치 판단을 내릴 때에만 비로소 도덕적으로 '선'하게 될 수 있으며 그렇지 않으면 도덕적으로 '선'하지 못하게 된다는 것이다. 즉 고자의 견해에 의하면 인성이 '선'하게 되는 것과 '선'하지 않게 되는 것은 인성의 본래 모습에 기초하지 않고 외재적인 요인과 후천적인 요인에 의해서 결정된다는 것이다.

맹자는 고자의 이러한 견해에 대하여 반대 입장을 취한다. 고자가 언급한 흐르는 물 자체는 그것이 앞으로 동쪽으로 흘러갈지 혹은 서쪽으로 흘러갈지를 결정할 수 없다고 하는 것은 명백한 객관적인 사실이다. 그래서 맹자는 이러한 부분에 대하여 인정할 수밖에 없어서 "물은 과연 동서의 구분이 없다"[10]라고 했으나, 고자의 주장처럼 평면적인 관념으로는 물의 본성을 타당한 각도로 관찰할 수 없다고 생각했다. 즉 맹자는 물이 동쪽으로 흐르거나 서쪽으로 흐른다고 하는 이유만으로는 물 본성의 본래 모습을 나타내기에는 부족하다고 생각했다. 그래서 맹자는 다른 각도에서 물의 본성을 관찰하는데, 그것은 바로 물이 높은 곳에서 낮은 곳으로 흐르는 성질을 착안한 방법으로 그는 고자의 주장에 대하여 "위아래의 구분이 없는가"[11]라고 반박한다.

---

10) 『孟子』, 「告子上」, "水信無分於東西"

즉 맹자는 물이 아래로 흘러가는 것이 물 본성의 본래 모습이라고 생각하여 인성이 '인의'(仁義)를 실천하는 것은 물이 낮은 곳으로 흘러가는 성질과 같은 것으로, 이것이 곧 인성의 본래 모습이라고 말한다. 또한 인간이 '선'하지 않은 행위를 하게 되는 것에 대해서 맹자는 이러한 행위들의 요인이 인성 자체에 있는 것이 아니라 외재적인 방해 요인에 의해서 본래 '선'한 본성이 왜곡된 결과에 의해서 그렇게 된다고 주장한다. 즉 흐르는 물이 비록 낮은 곳으로 흘러가는 본성을 가지고는 있지만, 그것이 만일 외부의 강력한 제지를 받는다면 높은 곳으로 역류할 수 있다는 것이다. 그러나 이것은 이미 물 본성의 본래 모습을 상실한 것이다.

맹자와 고자는 동일하게 흐르는 물을 비유로 들지만, 이 두 사람은 서로 다른 각도에서 진행한 관찰을 토대로 제각기 다른 주장을 한다. 즉 고자는 "물은 동서의 구분이 없다"[12]고 하는 것이 물의 본성이라고 주장하고, 맹자는 "물은 낮은 곳으로 흐른다"고 하는 것이 물의 본성이라고 주장하여 이것들을 인성에 비유한다. 즉 고자는 "인성에는 선함도 없고 선하지 않음도 없다"라는 논리를 펴고, 맹자는 "사람에게는 선하지 않음이 없다"[13]라는 논리를 펴나간다.

맹자와 고자가 이렇게 서로 다른 견해를 가지게 된 이유는 사물을 근본적으로 다른 각도에서 관찰했기 때문이다. 즉 물의 본성과 인성에 대하여, 고자는 평면적인 관찰과 이해를 바탕으로 했기 때문에 흐르는

11) 『孟子』, 「告子上」, "無分於上下"
12) 『孟子』, 「告子上」, "水之無分於東西"
13) 『孟子』, 「告子上」, "人無有不善"

물 자체는 스스로 흐름의 방향을 결정할 수 있는 능력이 없는 것만을 파악하여 인성에 대하여서도 도덕적인 가치판단을 하지 않는 가치중립적인 입장을 견지하나, 맹자는 평면적인 각도에서만이 아닌 상하의 수직적인 각도로 관찰하여 흐르는 물이 실제로 낮은 곳으로 흐르는 성질을 파악하여 인성에 대해서도 물이 낮은 곳으로 흘러가는 것처럼 인성이 '선'한 방향으로 나가는 것이 본래의 모습이라고 하는 입장을 견지한다.

이상과 같이 볼 때 동일한 대상에 대해서도 사물을 보는 관점에 따라 다른 관찰과 이해가 수반됨을 알 수 있다. 즉 관찰할 때 견지하는 관점과 각도가 상이했기 때문에 결과적으로는 맹자와 고자 두 사람의 인성에 대한 주장 역시 이미 서로 간에 차이점을 내포할 수밖에 없었다는 것이다.

그렇다면 맹자는 도대체 어떠한 각도에서 인성을 보았을까? 위에서 이미 언급한 두 개의 비유형식을 통하여 진행된 논쟁 속에서 우리는 맹자가 직접적으로 인성에 대해 어떤 형식으로든 분명한 규정을 언급하지 않은 사실을 발견할 수 있다. 그러나 좀 더 세밀하게 분석해 본다면, 맹자는 논쟁이 진행되는 가운데 주로 상대방의 논리를 깨트리는 소극적 입장에서부터 시작하여 상대방의 논리에 대한 반박의 과정 속에서 자신의 인성에 대한 논리를 적극적으로 전개하는 한편 인성에 대한 개념을 분명히 밝혀나간다.

맹자의 인성에 대한 기본적인 입장은 이미 두 차례의 논쟁을 통하여 분명하게 드러나 있다. 즉 맹자의 입장에서 본다면 인성 자체는 도덕가치를 가지고 있는 것이며, 가치중립적인 의미의 자연적인 재료 혹은 재질과는 다른 것이기 때문에 인성을 자연적인 재질이나 재료로 비유해서는 안 된다고 주장하는 것이다. 만일 그렇지 않으면 인성의 본래 모습 즉 '성선'(性善)은 반드시 왜곡되어 선천적이고 내재적으로 연결되어 있는 '인의'(仁義)와 인성이 후천적이고 종합적인 관계로 돌변하게 된다는 것이다.

사실 인성에 '선'한 성질이 본래 갖추어져 있다는 것은 객관적인 사실이라고 말할 수도 있다. 즉 인간이 인성의 본래 모습을 지속적으로 발전시켜 나간다면 인간의 행위 속에서 '악'한 행위는 찾아볼 수 없을 것이며, 다만 '선'한 행위만을 찾아볼 수 있을 것이다. 이러한 점이 바로 맹자의 인성에 대한 기본입장이라고 말할 수 있으며, 이러한 점을 통해서 고자가 말한 인성의 개념과 확연히 다른 맹자의 인성 개념을 발견할 수 있는 것이다.

3. 인성론 관점의 갈림길

고자의 "생리적 본능을 인성이라고 한다"[14]는 관념은 중국의 인성론 전통 속에서 가장 오래되었을 뿐만 아니라 지속적으로 이어져 내려온 견해다. 글자의 본래 의미로부터 분석해보면 '성'(性)자는 '생'(生)자에서 음을 따온 것이며 또한 '생'자에서 파생되어 나온 것이다. 옛날의 문헌 속에서는 이 두 글자가 자주 통용되어 쓰였는데 고자가 이러한 관점으로 "생리적 본능을 인성이라고 한다"를 이해한 점은 옛날의 의미에 들어맞는다고 할 수 있는 것이다.[15]

14) 『孟子』, 「告子上」, "生之謂性"

선진시대 이래로 "생리적 본능을 인성이라고 한다"는 관점으로 인성을 파악한 사상가는 고자 이외에도 많이 보이는데 순자(荀子)의 경우 "생리적인 본능이 그렇게 된 까닭을 인성이라 한다"[16]라고 하고, 장자(莊子)의 경우 "인성이란 것은 생리적인 본능의 본질이다"[17]라고 하고, 동중서(董仲舒)의 경우 "인성이 생리적인 본능이 아니라고 말할 수 있는 것인가? 만약 생리적인 본능의 자연적인 자질을 인성이라고 한다면 인성이란 것은 본질이다."[18]라고 했다. 그 나머지는 본문에서 일일이 다 열거할 수 없으므로 이만 생략하기로 하겠다. 맹자는 고자의 "생리적인 본능을 인성이라고 한다"는 관점에 반대하는데, 그 이유는 고자의 관점으로는 사람이 사람 되는 까닭을 근본적으로 나타낼 수 없다고 생각했기 때문이다.

고자가 언급한 "생리적 본능을 인성이라고 한다"라는 말속에는 고자 자신의 '인성'에 대한 원칙이 분명하게 표시되어 있으나, 고자의 "생리적 본능을 인성이라고 한다"는 말 가운데 "~을 ~라고 한다"라는 의미는 "같다" 혹은 "바로~이다"로 해석할 수는 없다. 그렇지 않으면 "생리적 본능을 인성이라고 한다"라는 고자의 말이 "인성은 생리적 본능이다" 혹은 "인성은 생리적 본능과 같다"로 이해될 수 있기 때문이다.

만일 이와 같이 되면 주어 술어 식의 분석판단이 된다. 즉 '인성'이라고 하는 주어의 개념이 "생리적 본능"이라고 하는 술어의 개념으로 상징되기 때문에 술어가 상징하는 것은 이미 주어의 속에 포함되어

15) 唐君毅, 『中國哲學原論』, 原性篇, 臺北, 學生書局, 1984년, 9쪽 참조.

16) 『荀子』, 「正名」, "生之所以然者謂性"

17) 『莊子』, 「庚桑楚」, "性者, 生之質也"

18) 『春秋繁露』, 「深察名號」, "性之名非生與? 如其生之自然之資謂之性. 性者, 質也."

버리는 것이다. 그러므로 "생리적 본능"이라는 개념이 의미하는 것은 이미 '인성'이라고 하는 주어의 개념 속에 포함된다. 그래서 '인성' 원칙의 진위(眞僞)판단에 있어서 이 두 개념에 대하여 외적인 경험적 증명이나 관찰에 의지할 필요가 없이 다만 "생리적 본능"과 '인성'이라는 두 개념 사이에 논리적인 모순만 나타나지 않으면 "생리적 본능을 인성이라고 한다"는 개념의 진위판단이 성립된다는 것이다.[19]

그러나 고자의 견해를 잘 살펴보면, 그는 "생리적 본능을 인성이라 한다"는 개념을 분석판단으로 보지 않았다. 만일 그렇지 않았다면 맹자의 "그렇다면 개의 본성은 소의 본성과 같고 소의 본성은 사람의 본성 같은 것인가?"[20]와 같은 논박에 대해서 고자는 "그렇다, 본성은 생리적인 본능과 같은 것이어서, 개의 본성은 개의 생리적 본능과 같고, 소의 본성은 소의 생리적 본능과 같은 것이며, 인간의 본성은 인간의 생리적 본능과 같은 것이다. 그것들이 개나 소나 사람에 관계없이 생리적인 본능을 갖고 있으면 역시 본성을 갖고 있는 것으로 그것들 사이에 즉 개나 소나 인간이라고 하는 개체들의 본성적인 측면에 관련해서는 어떠한 차별도 없는 것이다."라고 대답했을 것이다. 그러나 아쉽게도 고자는 이렇게 말하지 않았다.

이것은 고자가 "생리적 본능을 인성이라고 한다"는 개념을 분석판단으로 보지 않고, 다만 맹자의 논박에 대하여 일시적으로 말이 막혔기 때문이며 또한 고자 역시 모종의 의미에서 인간의 본성과 소의 본성

---

19) 분석판단에 대한 설명은 칸트의 『순수이성비판』「분석판단과 종합판단 사이의 구별」에 잘 나타나 있다. 칸트 著, 藍公武 譯, 『純粹理性批判』, 北京, 商務印書館, 1997년, 35~38쪽 참조.

20) 『孟子』, 「告子上」, "然則犬之性, 猶牛之性, 牛之性, 猶人之性與?"

이 다르다는 것을 자각했음을 표시한다.

이러한 "생리적 본능을 인성이라고 한다"는 개념이 분석판단이 아니라면 이것은 종합판단이 되는 것이다. 즉 '인성'개념은 "생리적 본능" 개념과는 다른 것으로 이러한 두 개념이 가지고 있는 함의 역시 다른 것이다. 이러한 점에 대하여 중국고대의 문헌자료를 근거로 들면, 본래는 '생'(生)이라는 글자 밖에 없었으나 이 후에 '성'(性)자가 '생'자에서 파생되어 나온다. '생'자에서 파생되어 나온 '성'자는 '생'자와는 다른 새로운 의미를 내포하고 있기 때문에 '생'자와 '성'자는 같은 의미가 아니라는 것이다.

> 대체적으로 '생'자가 먼저 만들어졌고 뒤에 점진적으로 '성'자가 만들어졌다. '성'의 관념을 말하면 처음에는 '생'의 관념이 포함된 '성'의 관념이 언급되었다. 즉 실제로 그러한 의미의 '성'이란 것은 '생'의 관념이 포함된 의미의 '성'을 말하는 것이다. '생'의 관념이 포함된 의미의 '성'은 '생'이라고 할 수 없는 것이다. 상고 시대의 사람들이 사용한 문자는 그 수가 많지 않았기 때문에 글자 간에 통용이 이루어졌다. 그러나 글자 간에 서로 통용이 되었지만 글자가 지닌 관념은 글자이전에 이미 존재했으므로 의미는 사실상 구별이 있는 것이다. 그러므로 '생'이라는 글자와 '성'이라는 글자는 각기 다른 의미를 가지고 있는 것이다.[21]

위의 인용문에서 언급된 것을 바탕으로 해서 볼 때 고자가 말하는 '인성'은 바로 "생리적인 본능을 인성이라고 한다"라는 말로 요약될 수

21) 牟宗三, 『心體與性體』, 第一冊, 臺北, 正中書局, 1989년, 207쪽 참조.

있는데, 이것은 곧 한 개체의 존재와 그것이 가지고 있는 여러 가지 특성에 대한 언급을 의미하는 것이다. 즉 존재와 특성은 서로 별개의 것이지만 이 둘 사이에는 어떠한 분리도 없으며 서로 혼합되어 있는 것이다. 이와 같이 "생리적 본능을 인성이라고 한다"는 명제 속에서 '인성'의 원칙은 하나의 개체가 존재할 때 본래 가지고 있는 여러 가지의 특성들을 인성이라고 한다는 말로 이해될 수 있을 것이다.[22)]

다시 말하면 어떠한 사물이라도 그것이 개체로 존재할 때에 있어서 처음부터 '성'(性)이라고 말할 수 있으면 곧 그것을 사물의 개체 존재에 있는 '성'이라고 하는 것이다. 그러나 이것은 형식적인 측면에서 언급되어진 것으로 고자가 말한 '성'의 원칙을 조명할 수는 있겠지만 아무래도 두루 뭉실한 측면이 없지 않다. 이러한 "생리적 본능을 인성이라고 한다"는 원칙 속에는 다음과 같은 두 종류의 이론 유형이 담겨져 있다.

> '생지위성'(生之謂性) 속에 담겨져 있는 두 종류의 이론 유형을 말하면, 하나는 우주본체론의 직관을 따라서 이루어진 유형의 '생지위성'이고; 다른 하나는 경험론적 혹은 자연주의적으로 묘사된 유형의 '생지위성'이다.……'생지위성'의 '생'이나 존재는 하나의 개체로 될 수 있으며 그 것이 근거한 이론 유형과 다른 의미에 의하여 다른 의미가 수반되는 것이다. 우주본체론적 직관을 따라서 이루어진 유형에 근거해서 말하면, '성'자가 의미하는 '개체존재'는 우주론적으로 말한 존재이며 그것이 의미하는 것은 '한 개체의 구성'으로 우주론적으로 말한 '구성'인 것이다. 경험론적으로 묘사된 유형에 근거해서 말하면, '생'자가 의미하

22) 牟宗三, 『圓善論』, 臺北, 學生書局, 1985년, 5쪽 참조.

는 '개체존재'는 현상학적으로 말한 존재이며 그것이 의미하는 것은 '하나의 개체 구성'으로 현상학적으로 말한 '구성' 혹은 논리적으로 말한 '구성'인 것으로, 그 우주본체론의 근원을 묻지 않은 것이다.[23)]

위의 인용문 가운데 "그 우주본체론의 근원을 묻지 않은 것이다"라는 말은 개체존재가 개체존재로 되는 '존재의 원리' 혹은 '실현의 원리'에 대하여 추궁하지 않고, 개체가 존재를 취득한 후에 그것이 드러내는 자연적인 모습으로써 그것의 여러 가지 특성을 말한다는 것이다. 이것이 바로 경험론적으로 묘사된 유형 속에서 말하는 '생지위성'(生之謂性)의 이해 방식이다.

그렇다면 고자는 과연 어떠한 이론유형으로서 '생지위성'을 근거로 하는 '성'개념에 응용을 시킨 것일까? 위에서 분석한 바와 같이 고자는 인성을 "버드나무"와 "고여서 맴돌고 있는 물"과 같은 것으로 보았는데, 이것은 고자가 그것들을 자연존재의 현상학적 혹은 논리적인 '구성'이 지니고 있는 여러 종류의 실제로 그러한 성질로 여기고, '인성'에 대하여서는 직접적으로 한 개체의 자연생명 혹은 자연존재가 드러내는 여러 종류의 실제로 그러한 상징으로 여겨서, 그것들 가운데 생명체 존재의 가장 잘 드러나는 자연적 상징을 의미하는 것이니, 즉 식욕과 성욕으로 대표되는 생리적 본능을 의미하는 것이다. 그래서 고자는 분명히 "식욕과 성욕은 인성이다"[24)]라고 한 것이다. 즉 고자는 생명체의 자연적 본능을 '성'이라고 생각하여 '생지위성'이라고 하

23) 牟宗三, 『心體與性體』, 第二冊, 臺北, 正中書局, 1989년, 148쪽 참조.

24) 『孟子』, 「告子上」, "食色, 性也"

는 경험론적으로 혹은 자연주의적으로 묘사된 유형 가운데서 '인성'을 말하는 것이다.

생명체가 존재할 때 드러나는 여러 종류의 자연적 상징은 현상학적으로 '성'이라고 하는데, 이것 역시 일종의 '성'에 대하여 논급한 원칙이라 할 수 있으며 또한 객관적으로 실제적인 내용을 갖고 있다고 할 수 있다. 즉 어떠한 사물이 있으면 그 사물에는 특성이나 특질이 있기 때문에 우리는 인간의 자연생명을 부인할 수 없는 것이다. 이것은 자연생명에서 나타나게 되는 여러 종류의 자연적 표상들(생리기관의 자연적인 반응이나 생리적 욕구와 같은 자연적인 욕구 및 생물체의 자연적인 본능 등등의 여러 현상)에 대하여서 실제로 관찰이나 연구의 진행을 통하여 그것의 원인이 되는 '형상의 원리'를 밝혀내지 않을 이유가 없기 때문이다.[25)]

이러한 점 역시 객관적인 학문이라고 말할 수 있는데, 이것은 곧 개체 존재의 가치로부터 그것이 자연생명의 특징을 나타낼 수 있기 때문이다. 그러나 맹자가 말한 '성'은 이러한 원칙을 근거로 해서 언급한 '성'이 아닌 다른 원칙으로서의 '성'이다.

고자의 "생리적인 본능을 인성이라고 한다"는 명제는 개체존재의 자연생명에서 파생되 나온 여러 종류의 상징들을 현상학적으로 '성'이라 하는데, 이것 역시 일종의 '성'에 대하여 논급한 원칙이라고 할 수 있다. 또한 인간이 인간으로 될 수 있는 원인에 대한 일종의 해석으로서의 '형상의 원리'에 대하여 그 이론의 존재론적 지위를 인정해야지 무

25) '형상의 원리'에 대한 상세한 설명은, 牟宗三, 『心體與性體』, 第一冊, 臺北, 正中書局, 1989년, 87~100쪽 참조.

조건적으로 배척을 해서는 안 된다. 그렇지 않으면 우리들은 인간의 자연생명 위에서 언급해야만 하는 '형상의 원리'에 대한 가능성에 대해서도 배척을 해야만 할 것이다.

그러나 일체의 사물 모두는 그 '형상의 원리'를 찾을 수 있는데, 다시 말하면 "사물이 있으면 곧 사물의 본질이 있다"[26]는 것으로 이러한 본질은 곧 그것이 '형상의 원리'가 되는 것이다. 만일 이러한 본질 혹은 '형상의 원리'가 없다면 사물 역시 존재할 수 없기 때문에 사물에 대하여 어떠한 개념도 형성시킬 수 없다는 것이다. 그러므로 고자의 '생지위성'의 개념은 성립될 수 있는 것이며 맹자도 고자의 이러한 개념의 존재를 부정할 수 없는 것이다.

그렇지만 맹자는 고자의 이러한 '인성'의 원칙에 분명히 반대의 입장을 표방하면서 '생지위성'의 원칙과는 다른 '인성' 본래의 모습에 관한 새로운 원칙을 내놓는다. 즉 맹자는 다음과 같이 말했다.

> 입이 좋은 맛에 대하여 좋아하는 것, 눈이 아름다운 색에 대하여 좋아하는 것, 귀가 듣기 좋은 소리에 대하여 좋아하는 것, 코가 향기로운 냄새에 대하여 좋아하는 것, 몸이 편안함에 대하여 좋아하는 것은 본질적인 것이지만 한계가 있기 때문에 군자는 본질적인 것이라고 하지 않는다. 인이 부자관계에 대하여 추구되는 것, 의가 군신관계에 대하여 추구되는 것, 예가 주객관계에 대하여 추구되는 것, 지가 현자에 대하여 추구되는 것, 성인이 천도에 대하여 추구되는 것은 한계가 있는 것이지만 본질적인 것이 있음으로 군자는 한계가 있는 것이라고 하지 아니한다.[27]

26) 牟宗三, 『王陽明致良知教』, 臺北, 中央文物供應社, 1980년, 1쪽 참조.

입이 감미로운 맛을 좋아하고 눈이 아름다운 색을 좋아하고 귀가 좋은 음악소리를 좋아하고 코가 향기로운 냄새를 좋아하고 몸이 편안함을 좋아하는 것은 모든 인간의 자연생명의 생리적인 본능과 욕망이 드러난 자연적인 본성으로, 이것은 고자가 '생지위성'으로 이해한 자연적인 본성과 같은 것이다. 위와 같은 언급은 맹자 역시 인간의 자연적인 본성 혹은 욕망을 완전히 부정하지는 않았음을 의미하는 것이다. 다시 말하면 맹자 자신 역시 고자의 '생지위성'으로 대표되는 '인성'에 대한 원칙을 완전히 반대한 것은 아니라는 것을 의미한다.

그러나 맹자의 이와 같은 태도는 단지 고자의 견해도 하나의 이론으로서의 존재가치를 인정하는 것에 그칠 뿐인 것이지, 결코 고자의 견해가 '인성'의 본래모습을 조명하는데 타당한 인식방법은 아니라는 것이다.

맹자 자신이 언급한 '인성'에 대한 기본원칙은 위의 인용문에 언급된바와 같이 '인성'에 투영되어 나타난 '인', '의', '예,' '지' 및 성인이 체득한 '천도'(天道) 등으로 '인성'의 본래모습을 규정한다. 그러나 이것만으로는 고자의 '인성'에 대한 기본원칙과 다른 형태로서의 맹자의 '인성'에 대한 기본원칙을 규정하기에는 좀 무리가 따른다. 왜냐하면 고자 역시 "인은 안에 있는 것이고 의는 밖에 있는 것이다"[28]라는 언급을 했는데, 이것은 곧 고자도 '인의'(仁義) 등으로 대표되는 덕목들이 인간의 자연적인 본성의 어떤 표현이라고 생각했기 때문이다. 그러

27) 『孟子』, 「盡心下」, "口之於味也, 目之於色也, 耳之於聲也, 鼻之於臭也, 四肢之於安佚也, 性也. 有命焉, 君子不謂性也. 仁之於父子也, 義之於君臣也, 禮之於賓主也, 智之於賢者也, 聖人之於天道也, 命也. 有性焉, 君子不謂命也."

28) 각주 5 참조.

므로 맹자와 고자 두 사람이 언급한 '인성'에 대한 원칙의 차이점을 규명하는 방편의 일환으로 맹자의 '인성'에 대한 원칙을 더욱 분명하게 규정해야만 하는 것이 가장 타당하다고 생각한다.

> 사람들은 모두가 타인의 불행을 보고는 참지 못하는 마음이 있다.……사람들에게 타인의 불행을 보고는 참지 못하는 마음이 있다고 말하는 것의 근거로는, 지금 갑자기 어린아이가 막 우물 속으로 들어가려는 모습을 사람들이 보고는 모두가 깜짝 놀라서 불쌍하게 여기는 마음을 가질 것이다 라는 것이다. 이것은 어린아이의 부모와 교분을 맺으려고 하는 이유 때문이 아니고, 주변사람들과 친구들에게 명예를 구하고자 하는 이유 때문도 아니며, 그 (비난하는)소리를 (듣기)싫어서 그렇게 한 것이 아니다. 이와 같이 볼 때 불쌍하게 여기는 마음이 없으면 사람이라고 할 수 없으며, 잘못을 부끄러워할 줄 알고 그러한 행위를 미워할 줄 아는 마음이 없으면 사람이라고 할 수 없으며, 사양할 줄 아는 마음이 없으면 사람이라고 할 수 없으며, 시비판단을 할 줄 아는 마음이 없으면 사람이라고 할 수 없는 것이다. 불쌍하게 여기는 마음은 인의 단서가 되고, 잘못을 부끄러워할 줄 알고 그러한 행위를 미워할 줄 아는 마음은 의의 단서가 되고, 사양할 줄 아는 마음은 예의 단서가 되고, 시비판단을 할 줄 아는 마음은 지의 단서가 된다. 사람이 이러한 사단을 가지고 있는 것은 그가 사지를 가지고 있는 것과 같은 것이다.[29)]

29) 『孟子』, 「公孫丑上」, "人皆有不忍人之心.……所以謂人皆有不忍人之心者, 今人乍見孺子將入於井, 皆有怵惕惻隱之心, 非所以內交於孺子之父母也, 非所以要譽於鄕黨朋友也, 非惡其聲而然也. 由是觀之, 無惻隱之心, 非人也; 無羞惡之心, 非人也; 無辭讓之心, 非人也; 無是非之心, 非人也. 惻隱之心, 仁之端也; 羞惡之心, 義之端也; 辭讓之心, 禮之端也; 是非之心, 智之端也. 人之有是四端也, 猶其四體也."

'인'(仁) '의'(義) '예'(禮) '지'(智)는 '덕'이며 '측은'(惻隱) '수오'(羞惡) '사양'(辭讓) '시비'(是非)는 '정서'인 것이다. 즉 마음을 근거로 해서 드러나는 '정서'로 이러한 '정서'는 마음의 작용이며 또한 마음은 '정서'의 본체가 되는 것이다. 다시 말하면 작용을 통해서 본체를 인식하는 것으로 본체와 작용은 곧 하나가 된다는 것이다. 그러므로 그것들을 서로 연관 지어서 "측은지심(惻隱之心), 수오지심(羞惡之心), 사양지심(辭讓之心), 시비지심(是非之心)"[30]이라고 부르는 것이다. 그러나 여기에서 주목해야할 점은 맹자가 직접적으로 '성'(性)자체에 대해서는 언급하지 않은 사실이다. 다만 맹자는 '측은'(惻隱)·'수오'(羞惡)·'사양'(辭讓)·'시비'(是非)의 마음을 통해서 '성'을 말하고 있는데 이것은 "그 마음을 다하면 곧 그것을 통해서 성을 알게 되는 것이다"[31]라는 말과 같은 의미를 내포하는 것이다. 그러므로 맹자는 마음의 투영을 통해서 본성을 본 것이라고 말할 수 있는 것이며, 이것은 곧 마음속에 '인성'이 있다고 하는 말과 같은 맥락을 형성한다.

그렇다면 맹자는 왜 직접적으로 '인성'에 대하여 논급하지를 않고 마음의 투영을 통해서 '인성'을 말한 것일까? 이러한 의문에 대하여 모종삼(牟宗三)은 다음과 같이 주목할 만한 분석을 내놓는다.

---

30) 혹자는 체용의 관계로 마음과 정서의 관계를 규정하는 것이 적당하지 않다고 생각할 수 있다. 그러나 본문에서 말하는 "정서"는 감각세계나 현상세계 속에서 존재하는 사물의 궁극적인 이유에 해당되지 않는 것이다. 그래서 필자는 이러한 "정서"에 초월적인 의미가 내포되어 있다고 생각하여 체용의 관계를 초월적 세계와 현상세계의 양쪽 모두에서 언급할 수도 있으며 초월적 세계의 차원에서도 언급 될 수 있다고 생각한다.

31) 『孟子』, 「盡心上」, "盡其心者, 知其性也"

"마음이 본성을 다 발휘할 수 있다는 것은 사람이 도를 넓힐 수 있다는 것이다. 본성이 그러한 마음을 살필 줄 모른다는 것은 도가 사람을 넓힐 수 있는 것이 아니라는 것이다." 이와 같은 두 구문은 주관성의 원칙과 객관성의 원칙을 가장 분명하게 표시하는 것인데, 그 가운데 "마음이 본성을 다 발휘할 수 있다"는 말은 도덕행위의 실천에 대한 언급인데, 이것은 도덕행위의 실천을 통하여 객관적이며 우주론적으로 언급된 심성에 대한 하나의 모델을 증명하는 것이다. 구체적으로 말해서 도덕심(예를 들어 측은, 수오, 사양, 시비 등등)의 주관성적 존재론적 실제적인 표출 혹은 사유작용을 통해 충분히 실현되고 형성된 인성을 객관적으로 말한 것이다. 그러므로 도덕행위의 실천이라는 측면에서 언급된 도덕심은 주관성의 원칙이며 구체화된 원칙인 것이다. "본성이 그러한 마음을 살필 줄 모른다"라는 말속에서의 본성은 객관적으로 또 우주 본체론적으로 언급한 성인 것으로 즉 성체(性體), 성능(性能), 성리(性理), 성분(性分), 성각(性覺) 등의 다섯 가지 의미가 구비된 성이다. 이러한 성체가 만일 주관성이 없이 존재론적으로 도덕본심의 실제적인 사유작용이나 진실 되게 표출된 형태일 경우 그것은 단지 스스로 존재하거나 잠재적으로 존재할 뿐으로 어떠한 작용도 일어나지 않는 다는 것이다. 이것이 바로 "본성이 그러한 마음을 살필 줄 모른다"라고 하는 말의 의미이며 공자 역시 "도가 사람을 넓힐 수 있는 것이 아니다"라고 말한 것이다. 검(檢)이라는 것은 정함 혹은 살핌의 의미를 가지고 있으며, 마음이 본성을 다 발휘할 수 있다는 말은 곧 본성이 스스로 그 마음을 살필 수 있다는 의미이다. 마음이 그러한 본성을 다 발휘하지 못하게 되면 곧 본성은 비록 스스로 존재한다고는 하더라도 어떠한 작용도 하지 못하게 된다는 것이다. 그러므로 도덕행위의 실천은 마음이 결정적인 요인이라고 말하는 것이다. 사람이 도를 넓힐 수 있으면 도 스스로도 사람을 넓힐 수 있는 것이다. 그러나 사람이 도를 넓힐 수 없다면 도는 비록 요임금을 위해서 존재하지도 않고 걸과 같은 폭군 때문에 사라지지는 않는다고 해도 드러날 수 없는 것이다. 드러날 수 없다면 작용을 할 수가 없기 때문에 도덕행위의 실천적인 측면에서 사람이 도를 넓힌다고 하는 것으로써 주를 삼는다고 말하는 것이다.[32]

위의 인용문 가운데 "사람이 도를 넓힌다고 하는 것으로써 주를 삼는다"는 말 속에는 마음이 '인의예지'로 대표되는 '덕'들의 '성'을 뚜렷하게 할 수 있다는 의미가 담겨져 있다. '성'은 하나의 객관적인 '자성(自性)의 원칙' 혹은 '자존(自存)의 원칙'인데, 이러한 '자성의 원칙'이란 '성' 그 자체는 순수지선(純粹至善)이기 때문에, 만일 마음의 발휘라고 하는 실천의 방법을 거치지 않으면 나타날 수 없는 것이라고 하는 것이다. 즉 '성'은 단지 그 자체에만 존재(즉자적으로 존재)하는 잠재적인 존재일 뿐이기 때문에 그 실질적인 작용을 발생시킬 수 없다는 것이다. 그렇다면 과연 어떻게 그 자체에만 존재하는 (즉자적인 존재)것으로서의 '성'을, 그 자체에 대한 존재로 전화시켜서, 그 자체가 진실한 본체가 되는 자각을 할 수 있을까? 이러한 작업은 반드시 마음이라고 하는 주관성의 원칙이 수반되어야 한다. 즉 '성체'가 그 자체에 대한 자각 즉 '성체' 스스로의 사유작용을 통하여 자각하게 되는 것인데 이러한 사유작용을 바로 마음이 하는 것이다.[33]

그러므로 '측은'(惻隱)·'수오'(羞惡)·'사양'(辭讓)·'시비'(是非) 등의 정서들은 바로 이러한 마음의 사유작용을 통하여 나타난 것이라고 할

32) 牟宗三, 『心體與性體』, 第二冊, 臺北, 正中書局, 1989년, 532~533쪽 참조.

33) 牟宗三, 『心體與性體』, 第二冊, 臺北, 正中書局, 1989년, 533쪽 참조.

수 있다. 다시 말하면 이것은 곧 마음의 주관적인 실천 활동을 통해서 객관적인 '성리'(性理)를 증명한 것이라고 할 수 있는 것이다. 이것이 바로 맹자가 견지하고 있는 '인성'에 대한 원칙으로 "마음속에 본성이 있다"는 말이다.

그렇다면 "마음속에 본성이 있다"는 말속에서의 마음은 도대체 어떠한 성질을 가지고 있을까? 그러한 마음은 도대체 어떠한 의미로서의 마음인가? 만일 그러한 의미를 확정할 수 없다면 "마음속에 본성이 있다"는 원칙으로서의 맹자의 '인성'에 대한 원칙은 두리 뭉실한 이론체계라는 비난을 피할 수 없을 것이다. 그러므로 우리는 우선적으로 맹자가 언급한 마음의 의미를 분석이라는 방법을 통하여 명확하게 규정해야 할 필요가 있다고 생각한다.

> 사람들은 모두가 타인의 불행을 보고는 참지 못하는 마음이 있다.……사람들에게 타인의 불행을 보고는 참지 못하는 마음이 있다고 말하는 것의 근거로는, 지금 갑자기 어린아이가 막 우물 속으로 들어가려는 모습을 사람들이 보고는 모두가 깜짝 놀라서 불쌍하게 여기는 마음을 가질 것이다 라는 것이다. 이것은 어린아이의 부모와 교분을 맺으려고 하는 이유 때문이 아니고, 주변사람들과 친구들에게 명예를 구하고자 하는 이유 때문도 아니며, 그 (비난하는)소리를 (듣기)싫어서 그렇게 한 것이 아니다.[34]

주자(朱子)의 주석에는 "출척(怵惕)은 놀라 움직이는 모습이다. 측

34) 『孟子』, 「公孫丑上」, "人皆有不忍人之心.……所以謂人皆有不忍人之心者, 今人乍見孺子將入於井, 皆有怵惕惻隱之心, 非所以內交於孺子之父母也, 非所以要譽於鄉黨朋友也, 非惡其聲而然也."

(惻)은 간절하게 서글퍼하는 것이다. 은(隱)은 깊이 아파하는 것이다."[35] 라고 기록되어 있듯이 깜짝 놀라서 불쌍하게 여기는 마음은 곧 타인의 불행을 보고는 참지 못하는 마음인 것이다. 맹자는 이러한 마음과 '정서'가 모든 사람에게 있다는 것을 "어린아이가 우물 속으로 들어가려는"사례로서 증명했다. 다시 말하면, 갑자기 전혀 알지 못하는 어린이가 우물 속에 빠지려는 모습을 목격했을 때 그 찰나의 순간에 우리들의 마음은 이미 그 아이가 곧 죽게 되리라는 절박하고 안타까운 심정이 생겨나서 그 아이를 구하려는 생각이 든다는 것이다. 여기에서 주의할 점은 맹자가 이러한 사례를 빌려 우리들을 성찰시키고자 하는 점은, 그 어린아이를 어떻게 구할 것이냐 혹은 구하지 말 것인가의 문제가 아니며, 또한 구하려는 사람 개인의 이해관계에 대한 어떠한 고려도 아니라는 점에 있다.[36]

다시 말하면 맹자가 진정으로 우리들을 성찰시키고자 한 점은 바로 어린아이가 우물 속에 빠지려는 시점에서 어떠한 이해관계를 계산할 시간적인 여유도 없는 찰나의 순간에 진정으로 절박하고 안타까운 심정이 생겨나는데, 이것을 바탕으로 모든 일에 대하여 우리들 자신에게 어떠한 사적인 이해득실을 따질 것을 용납하지 않는 태도인 것이다.

> "지금 갑자기 어린아이가 막 우물 속으로 들어가려는 모습을 사람들이 보다"는 예증에서 "갑자기 보다"는 단어가 의미하는 것은 바로

35) 朱熹, 『孟子章句集注』, 「公孫丑上」, "怵惕, 驚動貌. 惻, 傷之切也. 隱, 痛之深也."

36) "어린아이의 부모와 교분을 맺으려고 하는 이유 때문이 아니고, 주변사람들과 친구들에게 명예를 구하고자 하는 이유 때문도 아니며, 그 (비난하는)소리를 (듣기)싫어서 그렇게 한 것이 아니다."라는 맹자의 언급에 그 의미가 잘 나타나 있다.

이러한 상황 속에서 마음은 생리적 욕망에 지배받지 않고 마음 자체가 직접적으로 드러낸 것이다.…… "이것은 어린아이의 부모와 교분을 맺으려고 하는 이유 때문이 아니다"라는 구문 등에서 의미하는 것은 바로 이러한 마음 자체가 드러남에 의해서 구조의 행위를 취하게 되는 것이지 생리적인 욕망에 의해서 결정되는 것이 아니라는 것이다.[37)]

깜짝 놀라서 불쌍하게 여기는 마음은 "바로 마음 자체가 직접적으로 드러낸 것이다."라는 서복관의 언급을 근거로 할 때 맹자가 언급한 마음(心)은 본심(本心)이 된다. 그래서 웅십력(熊十力)은 "본심이라는 것은 본래 있는 것이지 후천적으로 생긴 것이 아니기 때문에 본래라고 하는 것이다."[38)]라고 말하는데, 이것은 곧 맹자의 마음속에 '인성'이 있다는 말이 본심 속에 '인성'이 있다는 말로 표현될 수 있다는 것을 의미하며, 이러한 본심은 생리적 욕망에 지배받지 않고 육체의 지배를 받는 동물적 본능의 마음이 아닌 것이다. 이것은 본심이 현상계에 근원을 둔 것이 아니라는 것을 의미하며 또한 후천적으로 생긴 것이 아니기 때문에, 이러한 본심은 선천적인 초월경계에 속한다는 것이다. 맹자가 언급한 '성선'(性善)은 바로 이러한 초월적 본심 속에 '인성'이 있다는 것을 의미하는데, 이것이 바로 맹자가 견지하는 '인성'에 대한 원칙인 것이다.

---

37) 徐復觀, 『中國人性論史』, 臺北, 臺灣商務印書館, 1990년, 172쪽 참조.

38) 熊十力, 『明心篇』, 臺北, 學生書局, 1979년, 1쪽 참조.

4. 맺는 말

맹자는 '인의'(仁義)가 '인성'에 대하여 선천적이고 내재적으로 갖추어져 있기 때문에 '인성'의 본래 모습은 '선'하다고 한 것이다. 이러한 견해는 고자와 비교했을 때 상당한 차별성을 갖는다. 즉 고자는 '인성'과 '인의'(仁義)의 관계를 후천적이며 종합적인 관계로 파악하여 그것들의 연결은 필연성이 없고 그것들 사이의 관련은 후천적인 노력에 의해 결정된다고 보았다. 고자의 이러한 견해에는 이미 "인성에는 선함도 없고 선하지 않음도 없다"는 의미가 내포되어 있다고 볼 수 있다.

맹자와 고자가 이렇게 서로 다른 견해를 가지게 된 이유는 사물을 근본적으로 다른 각도에서 관찰했기 때문이다. 즉 물의 본성과 '인성'에 대하여, 고자는 평면적인 관찰과 이해를 바탕으로 했기 때문에 흐르는 물 자체는 스스로 흐름의 방향을 결정할 수 있는 능력이 없는 것만을 파악하여 '인성'에 대하여서도 도덕적인 가치판단을 하지 않는 가치중립적인 입장을 견지하나, 맹자는 평면적인 각도에서만이 아닌 상하의 수직적인 각도로 관찰하여 흐르는 물이 실제로 낮은 곳으로 흐르는 성질을 파악하여 '인성'에 대해서도 물이 낮은 곳으로 흘러가는 것처럼 '인성'이 선한 방향으로 나가는 것이 본래의 모습이라고 하는 입장을 견지한다.

이상과 같이 볼 때 동일한 대상에 대해서도 사물을 보는 관점에 따라 다른 관찰과 이해가 수반됨을 알 수 있다. 즉 관찰할 때 견지하는 관점과 각도가 상이했기 때문에 결과적으로는 맹자와 고자 두 사람의 '인성'에 대한 주장 역시 이미 서로 간에 차이점을 내포할 수밖에 없었다는 것이다.

고자가 말하는 '인성'은 바로 "생리적인 본능을 인성이라고 한다"라는 말로 요약될 수 있는데, 이것은 곧 한 개체의 존재와 그것이 가지고 있는 여러 가지 특성에 대한 언급을 의미하는 것이다. 즉 존재와 특성은 서로 별개의 것이지만 이 둘 사이에는 어떠한 분리도 없는 것으로 혼합되어 있는 것이다. 이와 같이 "생리적 본능을 인성이라고 한다"는 명제 속에서 '인성'의 원칙은 하나의 개체가 존재할 때 본래 가지고 있는 여러 가지의 특성들을 '인성'이라고 한다는 말로 이해될 수 있을 것이다.

그러나 맹자는 '측은'·'수오'·'사양'·'시비'의 마음을 통해서 성을 말하고 있는데 이것은 "그 마음을 다하면 곧 그것을 통해서 성을 알게 되는 것이다"[39]라는 말과 같은 의미를 내포하는 것이다. 그러므로 맹자는 마음의 투영을 통해서 본성을 본 것이라고 말할 수 있는 것이며, 이것은 곧 마음속에 '인성'이 있다고 하는 말과 같은 맥락을 형성한다.

---

39) 『孟子』, 「盡心上」, "盡其心者, 知其性也"

參考文獻

朱熹, 『四書章句集注』, 海淵閣明刻本.

徐復觀, 『中國人性論史』, 臺北, 臺灣商務印書館, 1990년.

陳大齊, 『孟子的名理思想及其辯說實況』, 臺北, 臺灣商務印書館, 1983년.

何淑靜, 『孟荀道德實踐理論之硏究』, 臺北, 文津出版社, 1988년.

唐君毅, 『中國哲學原論』, 原性篇, 臺北, 學生書局, 1984년.

칸트著, 藍公武 譯, 『純粹理性批判』, 北京, 商務印書館, 1997년.

牟宗三, 『心體與性體』, 第一冊, 臺北, 正中書局, 1989년.

牟宗三, 『心體與性體』, 第二冊, 臺北, 正中書局, 1989년.

牟宗三, 『圓善論』, 臺北, 學生書局, 1985년.

牟宗三, 『王陽明致良知教』, 臺北, 中央文物供應社, 1980年.

熊十力, 『明心篇』, 臺北, 學生書局, 1979년.

周群振, 『儒學探源』, 臺北, 鵝湖出版社, 1986년.

제7장 맹자의 정치론

1. 시작하는 말

유가정치사상의 가장 이상적인 형태는 군주가 '인의'(仁義)에 기초한 '인정'(仁政)을 시행하는 것이다. 이러한 '인정'사상은 공자로부터 그 연원을 찾을 수 있으나 보다 완성된 형태는 맹자에 이르러 정립된다. 맹자의 이상적인 정치형태는 왕도정치라고 할 수 있는데, 이는 곧 군주가 '인'(仁)한 마음을 바탕으로 천하의 백성들에게 '인정'(仁政)을 베푼다는 정치형태를 말하는 것이다. 이러한 맹자의 왕도정치사상은 역대로 유가의 정치사상에 있어서 가장 이상적인 전범으로 자리 잡아 왔다.

물론 유가의 정치이상은 공자의 정치사상이 그 근원이 된다고 할 수 있지만 공자의 정치사상은 완성된 형태의 정치사상이라고 언급하기에는 많은 부분에 있어서 보충해야할 요소들이 산재해 있다. 특히 구체적인 민생(民生)정책에 대한 방안 및 혼란한 당시의 상황을 종식시킬 수 있는 정책 대안 등이 부족한 점이라고 말할 수 있는 것이다. 맹자는 이러한 공자 정치사상의 부족한 점들을 보완하여 좀 더 구체적인 정치사상을 전개해 나간다. 이러한 맹자의 정치사상은 중국역사에 있어서 지난 2000여 년의 시간들 속에서 유가를 대표하는 정치사상으로 인식되어져 왔다.

맹자가 기획한 왕도정치사상의 이상은 천하를 안정시키는 것인데, 천하를 안정시키고자하는 군주는 먼저 백성들의 생명을 소중히 여기고 그들의 생활기반을 보장한 후에 도덕교육을 실시해야만 한다. 맹자는 이러한 정책을 시행한 군주를 왕자(王者)의 자격을 갖춘 것으로 보았다. 그러나 맹자는 하나의 국가 내에서만 '인정'(仁政)을 시행해서는 왕도정치의 이상을 실현할 수는 없다고 보았는데, 이는 왕자(王者)의 사명은 학정 속에서 고통 받고 있는 천하의 백성들을 해방시키는 것에 있다고 생각했기 때문이다. 즉 맹자는 백성들을 학정에서 해방시키는 것이 진정한 왕도정치의 이상이라고 보았다.

유가의 정치이상이라고 할 수 있는 왕도정치사상에 관해서는 지난 시간들 속에서 많은 사람들에 의해 연구되어져 왔다. 그러나 맹자의 입장에서 당시의 시대상황에 대한 엄밀한 분석을 통해서 그가 현실의 정치문제를 개선하려고 내놓은 개혁방안에 대한 연구는 미진했다고 말할 수 있다. 그래서 본문에서는 먼저 맹자의 입장에서 당시의 시대상황을 조명하고, 또한 맹자가 당시의 현실정치문제를 개선하려고 내놓은 개혁방안의 핵심개념들을 분석하는 방법으로 그 구체적인 사상내용을 재조명하고자 한다.

2. 정치사상의 핵심 개념

먼저 유가정치사상의 핵심이라 할 수 있는 맹자 왕도정치사상의 핵심개념을 살펴보겠다. 왕도정치의 핵심개념은 '왕도'(王道)인데, 이 개념은 '패도'(覇道)와 대칭 되는 개념으로의 '왕도' 그리고 '천자'와 대칭(혹은 동일)되는 개념으로의 '왕자'(王者)로 나눌 수 있다. 구체적으로 말해서 맹자에 있어서의 '왕'(王)은 어떤 의미를 함유하고 있는 것인가? 또한 맹자가 생각한 '왕'은 어떤 자격을 갖추어야 하는 것인가?

'왕'(王)자는 맹자 이전의 문헌 속에서는 과연 어떠한 형태로 나타났을까? 『상서』에 "비뚤어지거나 그릇됨이 없이 왕이 정한 법을 따를 것이며, 사사로이 좋아하는 바가 없이 왕이 정한 도리를 따를 것이며 사사로이 싫어하는 바가 없이 왕이 정한 길을 따를 지어다. …… 왕의 길은 평탄할 수 있으며, …… 왕의 길은 평온한 것."[1]이라는 것과 『논어』에 "공자가 말하기를, 만일 왕자가 있다하더라도 반드시 한 세대가 지난 뒤에야 백성들이 인(仁)해질 것이다."[2]는 용법이 있다. 이러한 용례에 근거해서 '왕'의 개념이 맹자 이전에 이미 존재했음을 알 수 있다. 그렇지만 맹자에게 있어서의 '왕'개념은 기본적으로 춘추시대 이래의 '왕'개념을 계승하여 통치자에게 있어서의 도덕과 행동상의 최고경계였다.[3] 이러한 각도에서 본다면 맹자의 '왕'은 곧 일종의 맹자 사유의 결과라고 할 수 있다. 쿠라다 노부야스(倉田信靖)의 분류에 의하

1) 『尙書』, 「洪範」, "無偏無陂, 遵王之義, 無有作好, 遵王之道, 無有作惡, 遵王之路. …… 王道 蕩蕩, …… 王道平平."

2) 『論語』, 「子路」, "子曰: 如有王者, 必世而後仁."

3) 唐迪風, 『孟子大義』, 北京, 北平直隷書局, 1931년, 2쪽 참조.

면 『맹자』 속에 언급된 '왕'의 용법은 여덟 종류로 나누어 질 수 있다.

① 왕자(王者)의 조건은 인(仁)이다.
② 왕자는 순수(巡守)와 술직(述職)을 실행한다.
③ 왕자는 다른 제후(諸侯)를 죽일 수 있다.
④ 왕자는 오백 년에 한번 나타난다.
⑤ 왕자는 선(善)을 행한다.
⑥ 왕자는 덕(德)을 기원한다.
⑦ 왕자는 인륜(人倫)을 존중한다.
⑧ 맹자는 자신이 살던 시대에 왕자가 존재하지 않는다고 생각했다.[4]

또한 맹자는 이러한 '왕자'(王者)가 갖추어야할 세 가지의 조건이 있다고 생각하였는데, 그것은 첫째 혼란한 시대에 태어나야 하고, 둘째 '인정'(仁政)을 실시하여 백성들로부터 압도적인 지지를 받아야 하며, 셋째 무도한 군주를 죽임으로써 천하를 평정해야 한다는 것이다.[5]

> 왕자가 나타나지 않은 것이 이때보다 더 드물었던 적이 없었으며, 백성들이 학정에 시달려 초췌해진 것이 이때보다 더 심한 적이 없었다. …… 지금과 같은 때에 만승(萬乘)의 나라가 인정(仁政)을 시행한다면 백성들이 거꾸로 매달린 것에서 벗어난 것과 같이 기뻐할 것이다. 그러므로 노력은 옛 사람 보다 적게 하고 결과가 배가되는 것은 오직 이때가 그러할 것이다.[6]

---

4) 倉田信靖, 「『孟子』の"春秋天子之事也"に就いて」, 『日本中國學會報』 8, 日本中國學會, 1986년, 20～22쪽 참조.

5) 倉田信靖, 「『孟子』の"春秋天子之事也"に就いて」, 『日本中國學會報』38, 日本中國學會, 1986년 18～20쪽 참조.

여기에서 우리는 맹자가 주(周)왕실을 존중하지 않은 문제에 대해서 피해갈 수는 없을 것이다. 사실 중국에서 역대로 전제정권이 성립된 이래 맹자가 주나라 왕실을 존중하지 않은 문제는 자주 큰 논란을 불러 일으켰다.[7] 맹자에게 있어서 주나라 왕실은 과연 마땅히 제거해야할 대상이었는가?

비록 『맹자』 속에서 맹자가 주나라 천자를 죽일 것을 권하는 기록은 보이지 않지만, 『맹자』 전체의 내용으로 보면 맹자는 주나라 천자가 자신의 이상 속에 있는 '왕'의 특질과 조건을 갖추었다고는 생각하지 않았다. 특히 주의해야할 점은, 맹자의 생각 속에 있는 '왕'의 자격은 매우 실제적이라는 것이다.

첫째 맹자가 "만승(萬乘)의 나라가 인정(仁政)을 시행한다면 백성들이 거꾸로 매달린 것에서 벗어난 것과 같이 기뻐할 것이다."라고 한 말은 강대국이 '왕자'가 되는 것은 비교적 쉬운 일 이라는 것을 뜻한다. 그래서 맹자는 "제나라로써 왕도정치를 한다는 것은 손을 뒤집는 것과 같다."라고 언급했던 것이다. 그러나 약소국이 '인정'(仁政)을 힘써 시행해도 '왕자'의 목표를 달성 한다는 것은 강대국에 비해 성공확률이 상당히 희박한 것이 당시의 현실이었다고 할 수 있다.

진실로 착한 일을 하면 후세의 자손 중에 반드시 왕자가 있을 것이

---

6) 『孟子』, 「公孫丑上」, "王者之不作, 未有疎於此時也; 民之憔悴於虐政, 未有甚於此時者也. …… 當今之時, 萬乘之國行仁政, 民之悅之猶解倒懸也. 故事半古之人, 功必倍之, 惟此時爲然."

7) 近藤正則은 이러한 문제에 대해 매우 상세한 연구를 했다. 近藤正則, 「『讀余隱之尊孟辨』に見える朱子の孟子不尊周への對應」, 『日本中國學會報』 33, 日本中國學會, 1981년, 101~115쪽 참조.

니, 군자가 왕업을 창시하여 전통을 드리우는 까닭은 이어받을 수 있도록 하기 때문입니다. 공들인 것을 이루는 것과 같은 것은 하늘에 달려있는 것이니, 군주가 저들을 어떻게 하겠습니까? 힘써서 선을 해야 할 따름입니다.[8]

둘째 그렇다면 '만승'(萬乘)의 군주는 이미 '왕자'가 될 자격을 갖추었다는 말인가? 맹자와 제나라 선왕(齊宣王)의 대화에서 보면 맹자는 제선왕이 충분히 '왕자'의 자격을 갖추었다고 인정한다. 특히 맹자가 제선왕에게 명당을 헐지 말 것을 건의하며 제선왕을 '왕'이라 불렀다.

이와 같이 볼 때 맹자는 주나라 천자를 제거할 것을 건의하지는 않았으나, 그의 생각 속에는 당시 '만승'의 주나라 군주가 '왕자'의 자격을 갖추지 못한 인물로 판단하고 있었음을 알 수 있는 것이다. 그러나 이와 같다고 하더라도 우리는 역대 '왕권지상주의자'들의 지적처럼 맹자가 주나라 왕실을 존중하지 않았다고 보아서는 안 되며,[9] 당시의 시대적 상황의 관점에서 보아야 한다. 즉 당시의 주 왕조는 실제적인 힘뿐만 아니라 정신적인 역량에서도 제후들에 대한 통제력을 상실한 상태였다. 가장 중요한 점은 맹자가 말한 제거해야 할 대상은 곧 백성들을 학정에 빠지게 하는 모든 제후들을 의미한다는 데 있는 것이다.

'왕자'와 '패자'사이에는 어떤 차이가 존재하는가? 맹자의 '왕패지변'(王覇之辨)문제에 관한 저작은 매우 많아서 일일이 다 열거할 수는 없지만, 굳이 이 문제에 대해 언급하자면 맹자는 난세에는 반드시 '왕자'

---

8) 『孟子』, 「梁惠王下」, "苟爲善, 後世子孫必有王者矣. 君子創垂統, 爲可繼也. 若夫成功, 則天也. 君如彼何哉? 强爲善而已矣."

9) 黃俊傑 主編, 『孟子思想的歷史發展』, 臺北, 中央硏究院 中國文哲硏究所籌備處, 1995년, 56~57쪽 참조.

가 나타날 것이라고 생각하였으나 제환공(齊桓公)・진문공(晉文公) 등 '패자'의 출현에 대하여는 문제를 삼을만한 것이 못되는 역사적 사실 일뿐이라고 생각했다. 바꿔 말하면 맹자는 "힘으로써 남을 복종시키는 자에게는 마음으로 복종하지 않는다."[10]는 사실을 믿었기 때문에 "힘으로써 인(仁)을 표방하는"[11] '패자'는 천하를 통일할 수 없다고 하였다. 그래서 맹자의 '일치일난'(一治一亂)의 순환적인 역사관에[12] 비춰보면 천하가 태평한 시기에서 난세로 전환되는 추세 속에서 '힘으로써 인(仁)을 표방하는' 패도정치가 촉진되어 시대는 더욱 혼란하게 되는 것이다. 그러므로 맹자는 '패자'를 '삼왕의 죄인'(三王之罪人)으로 폄하하는 것이다. 결국 맹자의 논리에 비춰보면 '패자'는 비록 "그러므로 노력은 옛사람에 비해 절반만 들이고도 효과는 반드시 배를 얻는" 시대에 출현하지만 맹자가 말한 '왕도정치'의 위업을 달성할 수 없었기에 '죄인'이라고 한 것이다.

3. 현실문제에 대한 분석

여기에서 분석할 문제는, 바로 맹자가 목격한 당시의 사회에는 어떠한 문제들이 발생한 것인가? 이러한 문제들의 원인은 무엇에 기인하는가? 또한 해결방법은 어떠한 것들이 있나? 등에 관한 것들이다.

먼저 맹자의 시야를 통해서 전국시대 중기 일반백성들의 생활 상태

---

10) 『孟子』, 「公孫丑上」, "以力服人者, 非心服也."

11) 『孟子』, 「公孫丑上」, "以力假仁."

12) 譚宇權, 『孟子學術思想評論』, 臺北, 文津出版社, 1995년, 20쪽 참조.

를 분석해보겠다.

개와 돼지가 사람이 먹을 양식을 먹어도 단속 할 줄 모르며, 길에 굶어죽은 시체가 있어도 창고를 열 줄 모른다.[13)]

백성들은 굶주린 기색이 있고, 들에는 굶어죽은 시체가 있다.[14)]

저들이 백성들의 농사철을 빼앗아 백성들로 하여금 밭 갈고 김매어 그 부모를 봉양하지 못하게 하면 부모가 얼고 굶주리며, 형제와 처자가 헤어져 흩어질 것입니다. 저들이 그 백성을 도탄에 빠뜨리거든.[15)]

어찌 우리들로 하여금 이렇게 곤궁한 지경에 이르게 하는가? 부자간에 서로 보지 못하며 형제처자가 헤어져 흩어지게 되는구나.[16)]

사슴을 죽인 자의 죄가 사람을 죽인 죄와 같다고 하니 이는 사방 40 리로 나라 가운데에 함정을 만든 것이니, 백성들이 크다고 여기는 것이 또한 마땅치 않습니까?[17)]

흉년이 들거나 굶주린 해에 군주의 백성들이 노약자들은 사체가 도랑과 골짜기에 뒹굴고 장성한자들은 흩어져서 사방으로 간자가 몇 천 명이나 된다.[18)]

---

13) 『孟子』, 「梁惠王上」, "狗彘食人食而不知檢, 塗有餓莩而不知發."

14) 『孟子』, 「梁惠王上」, "民有飢色, 野有餓莩."

15) 『孟子』, 「梁惠王上」, "彼奪其民時, 使不得耕耨以養其父母, 父母凍餓, 兄弟妻子離散. 彼陷溺其民."

16) 『孟子』, 「梁惠王下」, "夫何使我至於此極也. 父子不相見, 兄弟妻子離散."

17) 『孟子』, 「梁惠王下」, "殺其麋鹿者如殺人之罪. 則是方四十里, 爲阱於國中. 民以爲大, 不亦宜乎."

백성들이 학정에 시달려 초췌해진 것이 이때보다 더 심한 적이 있지 않았다.[19]

이상의 인용문을 통해서 우리는 전국시대에 당시 사회의 기반을 이루고 있었던 농촌공동체가 붕괴의 위기에 처한 상황 속에서, 특히 흉년이 들었을 때에 백성들의 생활이 부자지간에 서로 보지도 못하고 형제처자가 헤어져 흩어지고 노약자의 시체가 구덩이에 뒹굴고 장성한자들이 흩어지고 백성들을 해치는 풍조가 만연했음을 발견할 수 있다.

그렇다면 이러한 공동체붕괴를 발생시키는 까닭은 무엇인가? 맹자는 백성들에 대한 과중한 세금과 노역·전쟁에의 동원 그리고 제후들의 산림과 호수의 자연자원의 독점 때문이라고 하였다. 각 제후들의 이러한 학정은 제후들이 자신의 사리사욕을 추구한 결과로서,[20] 만일 "토지를 개척하여 진나라와 초나라에 조회를 받고 중원에 군림하여 사방의 오랑캐를 어루만지는"[21]등의 큰 야망을 가진 제후일 경우 백성들에 대한 착취의 정도는 "집의 높이가 몇 길이나 되고 서까래 머리가 몇 자되고……음식이 사방한길 정도로 진열되며 시중드는 사람이 수백 명"[22]인 경지에 이르렀다.

맹자는 각 국의 제후들이 자행한 '학정'이 두 가지의 결과를 초래한

18) 『孟子』, 「梁惠王下」, "凶年饑歲, 君之民老弱轉乎溝壑, 壯者散而之四方者, 幾千人矣."

19) 『孟子』, 「公孫丑上」, "民之憔悴於虐政, 未有甚於此時者也."

20) 葉經柱, 『孟子之民本主義』, 臺北, 正中書局, 1990년, 38쪽 참조.

21) 『孟子』, 「梁惠王上」, "欲辟土地, 朝秦楚, 莅中國而撫四夷."

22) 『孟子』, 「盡心下」, "堂高數仞, 榱題數尺, …… 食前方丈, 侍妾數百人."

다고 생각했다. 첫째 맹자는 이러한 제후들이 백성들을 희생시켜 만든 번영은 매우 취약한 것이라고 날카롭게 지적했다. 맹자는 추목공(鄒穆公)에게 다음과 같이 경고한다.

> 흉년이 들거나 기근이 든 해에 임금의 백성들이 노약자들은 도랑과 골짜기에 뒹굴고 장성한자들은 흩어져서 사방으로 간자가 몇 천 명이나 되는데도 임금님의 창고는 차있으며 재화를 넣어두는 창고는 가득하나 관리 가운데 그 사실을 보고한 자가 없었으니, 이는 윗사람들이 태만해서 아랫사람들을 해친 것입니다. 증자는 "경계하고 경계하라! 너에게서 나온 것은 너에게로 돌아간다." 하였으니 대저 백성들은 지금 이후에야 갚을 수 있었습니다.[23)]

또한 맹자는 백성들을 잔인하게 학대하는 국가 역시 멸망하게 된다고 한다.

> 자신의 백성에게 난폭하게 하는 것이 심하면 자신이 시해 당하고 나라가 망하며, 심하지 아니하면 자신이 위태롭게 되고 나라가 축소된다. 이름 붙이기를 유(幽)나 여(厲)라고 하게 되면 비록 효자와 자손이라도 영원히 고칠 수 없다. 『시경』에 "은나라가 거울삼아야할 것은 멀리 있지 않다. 하나라 시대에 있는 것이다."하였으니, 이것을 말한 것이다.[24)]

---

23) 『孟子』, 「梁惠王下」, "凶年飢歲, 君之民, 老弱轉乎溝壑, 壯者散而之四方者, 幾千人矣. 而君之倉廩實, 府庫充, 有司莫以告, 是上慢而殘下也. 曾子曰: '戒之! 戒之! 出乎爾者, 反乎爾者也.' 夫民今而後得反之也."

24) 『孟子』, 「離婁上」, "暴其民甚, 則身弑國亡. 不甚, 則身危國削. 名之曰: '幽厲' . 雖孝子慈孫, 百世不能改也. 詩云: '殷鑑不遠, 在夏后之世.' 此之謂也."

이렇게 백성들이 안심하고 살 수 없는 세태 속에서 맹자는 '왕자'가 곧 나타날 것이라고 확신을 한다.

맹자의 역사관은 왕자(王者)→천자(天子)→폭군(暴君)으로, 그리고 다시 폭군에서 왕자로 돌아가는 순환적인 구조를 가지고 있다. 맹자는 이러한 순환 속에서 '왕자'의 역할을 발휘하는 사람은 오백 년 만에 한번 출현한다고 생각했는데, 이를테면 요(堯)·순(舜)·탕(湯)·문(文)·무(武)를 들었다.

> 요순(堯舜)으로부터 탕왕(湯王)에 이르기까지가 오백여 년이니, 우(禹)와 고요(皐陶)는 직접 보고서 그 도(道)를 알았고, 탕은 들어서 알았다. 탕으로부터 문왕에 이르기까지가 오백여 년이니, 이윤(伊尹)과 내주(萊朱)는 직접 보고서 알았고, 문왕은 들어서 알았다, 문왕으로부터 공자에 이르기까지가 오백여 년이니, 태공망(太公望)과 산의생(散宜生)은 직접 보고서 알았고, 공자는 들어서 알았다. 공자로부터 그 이래로 오늘에 이르기까지가 백여 년이니, 성인(聖人)의 세대와의 거리가 이와 같이 멀지 않으며, 성인이 거주한 곳과 가까운 것이 이와 같이 심하되, 그런데도 아무것도 없으니, 그렇다면 또한 아무것도 없을 것인가![25]

> 요순이 이미 별세하시니, 성인의 도가 쇠하여 폭군이 대대로 나와서 백성들의 집을 헐어서 웅덩이와 연못을 만들었으므로 백성들이 편

25) 『孟子』, 「盡心下」, "由堯舜至於湯, 五百有餘歲. 若禹皐陶則見而知之, 湯則聞而知之. 由湯至於文王, 五百有餘歲. 若伊尹萊朱, 則見而知之, 若文王則聞而知之. 由文王至於孔子, 五百有餘歲. 若太公望散宜生, 則見而知之, 若孔子則聞而知之. 由孔子而來至於今, 百有餘歲, 去聖人之世若此其未遠也, 近聖人之居若此其甚也. 然而無有乎爾! 則亦無有乎爾!"

안히 쉴 곳이 없었고, 밭을 버려 동산을 만들어 백성들로 하여금 입고 먹을 수 없게 만들었으며, 비뚤어진 학설과 포악한 행동이 또 일어나고, 동산·웅덩이·못·늪 등이 많아져서 짐승이 이르게 되어, 주(紂)의 시대에 이르러서는 천하가 또 크게 어지러워 졌다.[26)]

맹자가 여기에서 묘사한 은대(殷代) 말기의 시대상황과 맹자가 직접 목격한 당시의 상황은 거의 비슷하며, 정도가 더 심한 경우에 대해 맹자는 다음과 같이 말했다.

> 주공(周公)이 무왕을 도와 주(紂)를 죽이고 엄(奄)나라를 정벌한지 3년 만에 그 군주를 죽이고 비렴(飛廉)을 바다 모퉁이로 몰아내어 죽이니, 멸망시킨 나라가 50개였고, 범·표범·코뿔소·코끼리를 몰아내어 멀리 쫓으니, 천하가 크게 기뻐하였다.[27)]

맹자가 언급한 바에 의하면 주공과 무왕이 멸망시킨 나라는 은나라뿐만 아니라 50여 개의 나라가 더 있었다. 그러므로 맹자의 입장에서 보면 백성들을 학대하는 정치를 하고 천하를 큰 혼란 속으로 빠뜨리는 제후·대부(大夫)들은 모두 반드시 '왕자'에 의해서 소멸될 대상들이었다.

그렇다면 과연 누가 '왕자'가 될 자격이 있는 것인가? 바꿔 말하면 어떠한 정치를 실행해야만 비로소 '왕자'가 될 수 있는 것인가. 이러한

---

26) 『孟子』, 「滕文公下」, "堯舜旣沒, 聖人之道衰. 暴君代作, 壞宮室以爲汙池, 民無所安息; 棄田以爲園囿, 使民不得衣食. 邪說暴行又作, 園囿汙池, 沛澤多而禽獸至. 及紂之身, 天下又大亂."

27) 『孟子』, 「滕文公下」, "周公相武王, 誅紂伐奄, 三年討其君, 驅飛廉於海隅而戮之, 滅國者五十; 驅虎豹犀象而遠之, 天下大悅."

물음에 대해 맹자의 대답은 매우 간단하다. 즉 왕도정치를 실행하는 자이다. 왕도정치는 '인정'(仁政)이라고 말할 수 있다. 그럼 도대체 맹자가 제창하는 '인정'이란 과연 어떠한 정치형태를 의미하는 것인가?

4. 개혁정책 방안

맹자의 정책 시행에 관한 청사진은 「양혜왕梁惠王」·「공손추公孫丑」 등 여러 곳에서 찾아볼 수 있는데, 맹자와 양혜왕·제선왕의 대화 속에서 다음의 세 가지 방향으로 귀납할 수 있다.

> 제선왕이 맹자에게 "제환공과 진문공의 일을 들을 수 있겠습니까?"라고 묻자, 맹자가 "중니의 제자들은 제환공과 진문공의 일을 언급하지 않습니다. 이 때문에 후세에 전해지는 것이 없으니, 소신이 아직 듣지 못했습니다. 그만두지 말라고 하신다면 왕도를 말하겠습니다."라고 대답했다. 다시 제선왕이 "덕이 어떠하면 왕도를 실행할 수 있습니까?"라고 묻자, 맹자가 "백성을 보호하고 왕도를 실행한다면 이를 막을 수 있는 사람이 없습니다."라고 대답했다.[28]

> 농사철을 어기지 않게 하면 곡식을 이루 다 먹을 수 없으며, 촘촘한 그물을 웅덩이와 연못에 넣지 않으면 물고기와 자라를 모두 다 먹을 수 없으며, 도끼를 알맞은 때에 산림(山林)에 들여놓으면 재목을 모두 다 쓸 수 없을 것입니다. 곡식과 물고기와 자라를 모두 다 먹을

28) 『孟子』, 「梁惠王上」, "齊宣王問曰: 齊桓晉文之事, 可得聞乎? 孟子對曰: 仲尼之徒, 無道桓文之事者, 是以後世無傳焉, 臣未之聞也. 無以, 則王乎. 曰: 德何如, 則可以王矣? 曰: 保民而王, 莫之能禦也."

수 없으며, 재목을 모두 다 쓸 수 없으면 이는 백성으로 하여금 산사람을 봉양하고 죽은 사람을 장사 지내는데 유감이 없게 하는 것이니, 산사람을 봉양하고 죽은 사람을 장사 지내는데 유감이 없도록 하는 것이 왕도의 시작입니다.[29)]

집 주변 다섯 무의 토지에 뽕나무를 심으면 50세 된 자가 비단옷을 입을 수 있으며, 닭·돼지·개·큰 돼지를 기르는데 번식시기를 놓치지 않으면 70세 된 자가 고기를 먹을 수 있으며, 백무의 밭에 농사지을 시기를 빼앗지 아니하면 몇 식구의 집안이 굶주림을 피할 수 있으며, 상서(庠序)의 가르침을 신중히 하고, 거듭하기를 효제(孝悌)의 도리로써 한다면, 머리가 반백이 된 자가 도로에서 지거나 이지 않을 것입니다. 70세 된 자가 비단옷을 입고 고기를 먹으며, 일반백성들이 굶주리지 않고 춥지 않게 되고서도 왕도정치를 하지 못하는 자는 있지 않습니다.[30)]

위에 서술된 내용의 핵심은 다음과 같다.

첫째, 전쟁의 재해로부터 백성들을 보호함. (保民)[31)]

둘째, 백성들의 주식(住食)을 보장하여 촌락공동체를 재생시킴. (養民)[32)]

---

29) 『孟子』, 「梁惠王上」, "不違農時, 穀不可勝食也; 數罟不入洿池, 魚鼈不可勝食也; 斧斤以時入山林, 材木不可勝用也. 穀與魚鼈不可勝食, 材木不可勝用, 是使民養生喪死無憾也. 養生喪死無憾, 王道之始也."

30) 『孟子』, 「梁惠王上」, "五畝之宅, 樹之以桑; 五十者可以衣帛矣; 雞豚狗彘之畜, 無失其時, 七十者可以食肉矣; 百畝之田, 勿奪其時, 數口之家, 可以無飢矣. 謹庠序之敎, 申之以孝悌之義, 頒白者不負戴於道路矣. 老者衣帛食肉, 黎民不飢不寒, 然而不王者, 未之有也."

31) 劉鄂培, 『孟子大傳』, 北京, 淸華大學出版社, 1998년, 202쪽 참조.

셋째, 백성들을 교화시켜 이상적인 공동체를 창조함. (敎民)[33]

먼저, '보민'(保民)정책에 대하여 살펴보도록 하겠다.

맹자는 당시의 제후들이 일으킨 전쟁에 의해 죽은 백성들에 대해 매우 동정적인 태도를 갖는다. 그래서 그는 제후들에게 경고를 할 뿐만 아니라 학정 속에서 신음하고 있는 백성들에게 제후들에 대하여 반항할 수 있는 가능성을 언급함과 동시에 "타인의 불행을 보고 참지 못하는 마음"(不忍之心)을 새롭게 정의하는 것으로부터 즉 '인'(仁)의 관점으로부터 제후들에게 생명의 소중함을 일깨운다.

> 양혜왕이 "과인은 마음을 편안히 해서 가르침을 받들기를 원합니다."라고 하자, 맹자가 "사람을 죽임에 몽둥이와 칼날을 사용하는 것이 차이가 있습니까?"라고 물었다. 양혜왕이 "차이가 없습니다."라고 대답했다. 다시 맹자가 "사람 죽이기를 칼과 정치를 가지고 하는 것에 차이가 있습니까?"라고 묻자, 양혜왕이 "차이가 없습니다."라고 대답했다. 그러자 맹자가 "(왕의)푸줏간에는 살진 고기가 있고, 마구간에는 살찐 말이 있으면서, 백성들은 굶주린 기색이 있고 들에는 굶어 죽은 시체가 있다면, 이것은 짐승을 몰아서 사람을 잡아먹게 한 것입니다. 짐승끼리 서로 잡아먹는 것도 사람들은 미워하는데, 백성들의 부모가 되어 정치를 행하되 짐승을 몰아서 사람을 잡아먹게 하는 것에서 벗어나지 못한다면 백성들의 부모라고 할 수 있겠습니까? 중니께서 말씀하시기를 처음으로 토용을 만든 자는 후손이 없을 것이다. 하셨으니, 사람을 본떠서 사용하였기 때문입니다. 그런데 도대체 무엇 때문에 백성들을 굶어 죽게 만듭니까?"라고 했다.[34]

---

32) 蔡仁厚, 『孔孟荀哲學』, 臺北, 學生書局, 1990년, 313~314쪽 참조.

33) 許宗興, 『孟子的哲學』, 臺北, 臺灣商務印書館, 1989년, 268쪽 참조.

맹자는 제선왕이 희생에 쓰일 소를 동정하는 것을 찬양하며 "소신은 본래 왕이 차마 그렇게 하지 못한 것을 알고 있습니다."라고 언급한 후에, 다시 제선왕을 일깨워 "지금 은혜가 금수에게까지 미치지만 그 효과가 백성에게 이르지 아니하는 것은 도대체 무슨 이유 때문입니까?"[35] 라고 했다. 또한 양혜왕의 '불인'(不仁)에 대해서 맹자는 매서운 비판을 한다.

> 불인(不仁)하도다 양혜왕이여! 인자(仁者)는 그 사랑하는 것으로써 그 사랑하지 아니하는 것에까지 파급시키고, 불인한 사람은 그 사랑하지 아니하는 것으로써 그 사랑하는 것에까지 파급시킨다. 공손추가 "무슨 말씀이십니까?"라고 묻자, 맹자가 "양혜왕이 토지 때문에 그 백성을 썩어문드러지게 하면서 싸우게 하였다가 크게 패하고는, 곧 복수하려고 하되, 이기지 못할까 두려워하였기 때문에 그 사랑하는 자제를 전쟁터로 내몰아서 죽게 했으니, 이것을 그 사랑하지 아니하는 것으로써 그 사랑하는 것에까지 파급시킨다고 하는 것이다."라고 대답했다.[36]

맹자는 진일보하여 제후들에게 임의로 전쟁을 일으키지 말 것을 호

---

34) 『孟子』, 「梁惠王上」, 梁惠王曰: 寡人願安承教. 孟子對曰: 殺人以挺與刃, 有以異乎? 曰: 無以異也. 以刃與政, 有以異乎? 曰: 無以異也. 曰: 庖有肥肉, 廏有肥馬; 民有飢色, 野有餓莩; 此率獸而食人也! 獸相食, 且人惡之; 爲民父母行政, 不免於率獸而食人, 惡在其爲民父母也? 仲尼曰: '始作俑者, 其無後乎!' 爲其象人而用之也. 如之何其使斯民飢而死也?"

35) 『孟子』, 「梁惠王上」, "今恩足以及禽獸, 而功不至於百姓者, 獨何與?"

36) 『孟子』, 「盡心下」, "不仁哉, 梁惠王也! 仁者以其所愛, 及其所不愛; 不仁者以其所不愛, 及所愛. 公孫丑曰: 何謂也? 梁惠王以土地之故, 糜爛其民而戰之, 大敗, 將復之, 恐不能勝, 故驅其所愛子弟以殉之. 是之謂以其所不愛, 及其所愛也."

소하는데, 그는 양혜왕의 "천하가 어떠한 상태에서 안정되겠습니까?" 라는 질문에 대해 "사람 죽이기를 좋아하지 아니하는 자가 하나로 통일할 수 있을 것입니다." 라고 대답하며, 또한 「고자하告子下」·「이루상離婁上」의 두 곳에서 말하기를 "백성을 가르치지 아니 하고서 (전쟁에) 쓰는 것을 백성에게 재앙을 입히는 것이라고 한다.", "땅을 다투어 싸워서 사람들을 들에 가득하게 죽이며, 성을 다투어 싸워서 사람을 성에 가득하게 죽이는 것에 있어 서랴! 이는 이른바 토지를 거느려 사람의 고기를 먹게 하는 것이다." 즉 맹자는 양나라와 제나라를 '전국칠웅'(戰國七雄) 중의 강대국으로 여기고 양혜왕 및 제선왕에게 주동 적으로 전쟁을 일으키지 말 것을 권고하여 천하에 평화가 회복되는 가운데 '보민'(保民) 정책의 목적을 이룰 수 있다고 보았다.[37)]

그렇다면 약소국의 상황은 어떠한가? 그들이 주동적으로 전쟁을 일으키지 않는다고 하여도 늘 임전태세를 갖추어야 하는데 그것은 강대국이 수시로 약소국을 침략할 가능성이 있기 때문이니, 송나라·등나라 등의 약소국의 우려는 바로 이점에 있었다. 이러한 약소국 제후들의 우려에 대해 맹자는 세 가지의 처방을 내놓는다. 이때 우리는 이러한 처방들 사이에 첨예한 긴장관계가 존재함을 발견할 수 있다.

첫째는 왕도정치를 지속적으로 펴나가는 것이다. 우리는 잠시 맹자와 만장(萬章)의 대화를 살펴보지 않을 수 없다. 만장이 "송나라는 약소국입니다. 이제 장차 왕도정치를 행하려하니, 제나라와 초나라가 그것을 싫어하여 공격하면 어떻게 합니까?"[38)]라고 한 질문은 매우 당연

37) 郎擎霄, 『孟子學案』, 上海, 商務印書館, 1928년, 98쪽 참조.

38) 『孟子』, 「滕文公下」, "宋, 小國也. 今將行王政, 齊楚惡而伐之, 則如之何?"

한 문제 제기였다. 이에 대하여 맹자는 우선 탕왕이 갈백(葛伯)을 정벌한 이야기를 인용한 후에 충만한 자신감으로 다음과 같이 말한다.

> 왕도정치를 하지 않는 다고 하면 그 뿐이거니와, 진실로 왕도정치를 행한다면 사해(四海) 안의 모든 사람들이 머리를 들고 우러러 볼 것이며 군주를 삼고자 할 것이니, 제나라와 초나라가 비록 크지만 무엇을 두려워하겠는가![39]

위의 인용문을 통해서 알 수 있듯이 맹자는 만장의 질문에 정면으로 대답하지 않는다. 만장이 한 질문의 핵심은 "만약 제나라와 초나라가 송나라를 공격한다면 어떻게 합니까?"에 있었으며, 맹자의 대답은 "왕도정치를 실행하기만 한다면 제나라와 초나라의 공격을 두려워 할 필요가 없다"는 것이었다. 이러한 맹자의 대답은 양혜왕과 제선왕에게 말한 것과 같은 맥락으로 매우 낙관적인 가설에 기초한 것으로 약소국이 처한 곤경을 직시한 것이 아니라고 할 수 있는 것이다.

둘째는 왕도정치를 시행하면서 한편으로는 강대국에 순종하는 것이다.

> 천하에 도(道)가 있을 때는 덕이 작은 사람이 덕이 큰 사람에게 부림을 받고 조금 현명한 사람이 크게 현명한 사람에게 부림을 받는다. 천하에 도가 없을 때는 작은 사람이 큰 사람에게 부림을 받고 힘이 약한 사람이 센 사람에게 부림을 받는다. 이 두 가지는 하늘(天)이니, 하늘을 따르는 자는 살고 하늘을 거스르는 자는 죽는다. 제경공이 말

39) 『孟子』, 「滕文公下」, "不行王政云爾. 苟行王政, 四海之內, 皆擧首而望之, 欲以爲君; 齊楚雖大, 何畏也!"

하기를 "이미 명령할 수 없으니, 또한 명령을 받지 아니하면 이는 남과의 관계를 끊는 것이다."하고는 눈물을 흘리면서 오나라에 딸을 시집보냈다. 지금 약소국이 강대국의 소행을 본받으면서 명령받는 것을 부끄러워 하니, 이는 제자이면서 스승에게 명령받는 것을 부끄러워하는 것과 같다. 만일 그것을 부끄러워한다면 문왕을 본받는 것만 못하니, 큰 나라는 5년, 작은 나라는 7년이면 반드시 천하에서 다스리게 될 것이다.[40)]

위의 인용문에서 맹자가 언급한 "문왕의 정치"(文王之政)를 "약소국이 강대국에게 순종하는 한편, 다른 한편으로는 왕도정치를 실행하면 7년 후에는 천하에서 호령할 수 있다."로 해석할 수 있는데, 이는 왕도정치를 시행하고 다시 강대국에게 복종한다는 것이기 때문에, 이러한 정책의 청사진은 첫 번째 청사진과 비교 할 때 약간은 실제적인 요소가 있다고 할 수 있다. 그러나 "왕도정치를 시행하는 한편 강대국에게 복종한다."면 과연 강대국의 침략을 피할 수 있는 것인가? 등문공은 왕도정치를 시행해야 하는 한편 강대국에게 복종해야만 하는 어려움 속에서 어쩔 수 없음을 통감하면서, 맹자에게 "등나라는 약소국입니다. 힘써 강대국을 섬기지만 침략을 면할 수 없으니, 어떻게 해야 합니까?"[41)]라고 묻자, 맹자는 즉시 영토를 버리고 도주하라고 대답했다.

---

40) 『孟子』, 「梁惠王下」, "天下有道, 小德役大德, 小賢役大賢; 天下無道, 小役大, 弱役强, 斯二者, 天也. 順天者存, 逆天者亡. 齊景公曰: '旣不能令, 又不受命, 是絶物也.' 涕出而女於吳. 今也, 小國師大國, 而恥受命焉, 是猶弟子而恥受命於先師也. 如恥之, 莫若師文王. 師文王, 大國五年, 小國七年, 必爲政於天下矣."

41) 『孟子』, 「梁惠王下」, "滕, 小國也. 竭力以事大國, 則不得免焉. 如之何則可?"

> 적인(狄人)들이 원하는 것은 우리의 토지다. 내가 들으니 군자는 사람을 기르기 위한 것을 가지고 사람을 해치지는 아니한다고 하였다. 여러분들은 임금이 없다고 무슨 걱정이겠는가? 나는 장차 떠나리라.[42]

셋째로 맹자는 등문공에게 무력으로서 강대국의 침략에 대항할 것을 건의한다. 위의 인용문에 이어서 맹자는 다음과 같이 말했다:

> 어떤 이는 말하기를, "대대로 지켜오는 것이므로 자신이 마음대로 할 수 있는 것이 아니니, 죽음을 바치더라도 떠나지 말라." 하니, 임금께서는 이 두 가지 중에서 선택하소서.[43]

위의 인용문에서 "죽음을 바치더라도 떠나지 말라"에 관해서 맹자는 그 구체적인 내용을 설명한다.

> 등문공이 물었다. "등나라는 작은 나라로 제나라와 초나라 사이에 끼여 있으니, 제나라를 섬길까요? 초나라를 섬길까요?" 맹자께서 대답했다. "이러한 계책은 내가 미칠 수 있는 바가 아닙니다. 그만두지 말라고 한다면 하나의 방법이 있으니, 성벽 주위에 해자를 파고 성벽을 높게 쌓아 백성과 함께 지켜서 죽음을 바치더라도 백성들이 떠나가지 않는다면 이는 해볼 만합니다.[44]

---

42) 『孟子』, 「梁惠王下」, "狄人之所欲者, 吾土地也. 吾聞之也, 君子不以其所以養人者害人, 二三子何患無君, 我將去之."

43) 『孟子』, 「梁惠王上」, "或曰: '世守也, 非身之所能爲也, 效死勿去.' 君請擇於斯二者."

44) 『孟子』, 「梁惠王下」, "滕文公問曰: 滕, 小國也, 間於齊楚. 事齊乎? 事楚乎? 孟子對曰: 是謀非吾所能及也. 無已, 則有一焉: 鑿斯池也, 築斯城也, 與民守之, 效死而民弗去, 則是可爲也."

결국 강대국의 침략을 방어하기 위해서 약소국의 제후는 반드시 백성을 동원하여 국가를 방위해야만 하는 까닭에 백성들은 역시 전쟁터로 내몰려 죽게 된다. 비록 이러한 것이 맹자가 지적한 '침략전쟁'은 아닐 지라도, 우리가 '보민'(保民)정책의 관점을 고려한다면 맹자 왕도정치사상 중에 있어서 '보민'정책의 이상은 곧 중대한 딜레마에 빠지게 된다. 또한 맹자의 '보민'정책에 대한 이상의 딜레마는 이곳에만 있는 것은 아니다. 우리는 맹자가 철저한 '반전주의자'가 아니라는 사실을 주의해야만 한다. 즉 맹자는 상나라 탕왕·주나라 무왕의 정복전쟁을 적극적으로 긍정했다는 것이다. 다시 말하면 맹자가 주공(周公)이 50개의 국가들을 멸망시킨 정복전쟁을 "천하가 크게 기뻐했다"고 찬양한 사실이 그것이다. 그러나 물론 전쟁을 일으킨 대의(大義)가 어떠하던 지간에 이러한 큰 전쟁이 발생한다면, 결국은 맹자가 제창한 '보민'정책은 하나의 공허한 구호에 불과한 것으로 변하게 된다.

맹자의 이상적인 '양민'(養民)정책의 구체적인 내용은 다음과 같이 세 가지로 나누어볼 수 있다. 즉 토지제도의 확립과 산림·호수자원에 대한 개방 및 상업의 진작과 교통의 활성화이다.

일반적으로 맹자의 토지정책은 맹자의 '양민' 이상의 핵심부분일 뿐만 아니라 전체 유가정치사상의 정화로 이해되어진다. 특히 그 정책의 청사진을 '정전제도'(井田制度)라고 부르는데 이후의 역대왕조의 정책 가운데 영원히 실현되지 않은 이상 속의 토지제도로 되었다.

춘추시대 이전의 정전제도에 대한 존재여부 문제에 관해서는 일찍이 많은 학자들이 언급 하였으나 현재에 이르기까지 아직 정론이 없는 상황이다. 이러한 문제에 대한 학자들의 견해는 대략 세 가지로 귀납될 수 있는데, 하나는 맹자가 언급한 정전제도가 맹자 이전에 확실히 존재했었다는 견해(전목錢穆 · 양관楊寬)이고, 다른 하나는 일정한 조건 속에서 정전제도는 이미 존재할 수 있었다고 하는 견해(후가구侯家駒)이고, 또 다른 하나는 정전제도의 대부분은 맹자 자신이 구상한 것이라는 견해(제사화齊思和)이다.[45] 여기에서는 맹자 이전에 정전제도가 존재했었는지의 문제에 대해서는 서주시대 전체의 토지제도를 어떻게 평가해야 하는 것에 관련된 큰 문제이기 때문에 언급을 피하고, 다만 정전제도의 주요한 내용인 '양민'이상이 어떻게 당시의 사회문제에 반영되는지, 그리고 맹자가 내놓은 이러한 이상의 목적이 어떠한 것인가의 문제에 관해서만 논급하겠다.

정전제도는 맹자가 등문공이 한 '위국'(爲國)의 질문에 대한 대답으로 내놓은 정책의 청사진이다. 당시 맹자가 이러한 정책의 청사진을 내놓은 목적은 첫째 "일정한 재산을 가지지 아니한 자는 일정한 마음을 갖지 못하는 것이니, 진실로 일정한 마음을 갖지 못하면, 방자함 · 편벽됨 · 사악함 · 호화스러움을 하지 아니하는 것이 없다."[46] 와 둘째 "폭군과 더러운 관리들은 반드시 그 경계를 다스리는 일을 게을리 한다."[47] 등의 문제를 해결하기 위해서와 농민들이 "죽거나 이사를 하더라도 고향을 벗어남이 없게 되면 고향 땅의 정지를 함께 하는 자들이 출입할 때 서로 벗하며, 지키고 망볼 때 서로 도우며 질병이 있을 때

---

45) 錢穆, 『國史大綱』, 卷上, 臺北, 臺灣商務印書館, 1991년, 58~65쪽; 楊寬, 『古史新探』, 北京, 中華書局, 1965년, 111~134쪽; 侯家駒, 「井田叢考」, 『大陸雜誌』, 卷67, 第3期, 臺北, 1972년 11~30쪽; 齊思和, 『中國史探研』, 臺北, 弘文館, 1985년 169~183쪽 참조.

46) 『孟子』, 「滕文公上」, "無恒産者, 無恒心, 苟無恒心, 放辟邪侈無不爲已."

47) 『孟子』, 「滕文公上」, "暴君汙吏, 必慢其經界."

서로 돌볼 것이다."[48]의 생활을 실현하여 "백성들이 친목하게 되는" 이상을 달성하기 위해서 이다. 이러한 정전제도의 내용에 대하여 맹자가 내놓은 정책의 청사진은 다음과 같이 매우 분명하다.

> 사방 1리가 되면 정지가 되는 것이니, 9백무를 정자로 나누어 그 가운데가 공전이 된다. 여덟 집에서 모두 백무씩을 사전으로 받는데, 함께 공전을 가꾸어 공전의 일이 끝난 뒤에 감히 사전의 일을 다스리게 되는 것이니 야인을 구별하기 위한 것이다.[49]

위의 인용문을 통하여 파악할 수 있는 맹자의 정전제도의 목적과 내용은 다음과 같다고 할 수 있다.

첫째로 정전제도가 의도하는 바는 여덟 가구를 기층 단위로 한 촌락공동체를 회복하여 농민의 기본생활을 확보한다는 것이다.

둘째로 "여덟 식구의 집", "여덟 가구 모두 백무의 땅을 소유함", "남는 이십오 무"의 문구에서 맹자의 정전제도는 한 부부의 소가족을 전제로 하여 설계되었다는 사실이다.

이와 같이 보면 우리는 맹자 정전제도의 최종목표가 소가족위주의 촌락공동체를 회복하는데 있다고 생각할 수 있다. 만일 정전제도의 "사방1리가 되면 정지가 되는", "구백 무를 정자로 나누어" 등의 형식적인 문제에 관한 언급을 피한다면, 우리는 정전제도가 맹자의 허황된 말이 아니고 그가 당시의 소가족제도가 점차 형성되어 가는 역사적인

48) 『孟子』, 「滕文公上」, "死徙無出鄉, 鄉田同井, 出入相友, 守望相助, 疾病相扶持."

49) 『孟子』, 「滕文公上」, "方里而井, 井九百畝, 其中爲公田; 八家皆私百畝, 同養公田. 公事畢, 然後敢治私事. 所以別野人也."

추세와 긴밀하게 결합시켜 내놓은 개혁의 청사진이라고 말할 수 있을 것이다.

맹자의 '양민'이상의 두 번째 내용에 관해서는 그가 양나라와 제나라 등 강대국의 군주들에게 내놓은 이상적인 정책 속에 나타나 있다.

> 제선왕이 물었다. "문왕의 동산이 사방 70리라 하니 그러한 사실이 있습니까?" 맹자께서 대답했다. "전적에 그러한 것이 있습니다." 말하기를 "이와 같이 큽니까?" 말하기를 "백성들이 오히려 작다고 여겼습니다." 말하기를 "과인의 동산은 사방 40리 임에도 불구하고 백성들이 오히려 크다고 여기는 것은 어째서 입니까?" 말하기를 "문왕의 동산은 사방 70리 인데 꼴 베고 나무하는 자들이 거기에 가며 꿩을 잡고 토끼를 잡는 자들이 거기에 가게 되어, 백성과 함께 소유 하였으니 백성들이 작다고 생각하게 된 것도 또한 마땅하지 않습니까? 제가 처음 국경에 이르러 나라에서 크게 금지시키는 것을 물은 연후에 감히 들어왔습니다. 내가 듣기에 교외의 관문 안에 동산 사방 40리가 있는데 그 동산의 사슴을 죽인 죄가 사람을 죽인 죄와 같다고 하니 이는 나라 가운데에 사방 40리의 함정을 만든 것이니, 백성들이 크다고 여기는 것이 당연하지 않습니까?[50]

위의 인용문에서 우리는 제나라의 "크게 금지시키는 것"이 모든 산림자원을 의미하는 것인지를 판단할 수 는 없으나, 당시 제나라가 산

50) 『孟子』, 「梁惠王下」, "齊宣王問曰: 文王之囿, 方七十里, 有諸? 孟子對曰: 於傳有之. 曰: 若是其大乎? 曰: 民猶以爲小也. 曰: 寡人之囿, 方四十里, 民猶以爲大, 何也? 曰: 文王之囿, 七十里, 芻蕘者往焉, 雉兎者往焉, 與民同之; 民以爲小, 不亦宜乎? 臣始至於境, 問國之大禁, 然後敢入. 臣聞郊關之內, 有囿方四十里, 殺其麋鹿者, 如殺人之罪. 則是方四十里, 爲阱於國中; 民以爲大, 不亦宜乎?"

림자원의 관리에 대해서 매우 엄격했음을 알 수 있다.[51] 이러한 상황 속에서 백성들의 생활공간과 생계수단은 점차 새롭게 국가의 독점에 의해서 침해되어 가는 지경에 이르러 결과적으로 백성들은 납세와 부역의 고통을 감내 해야 할 뿐만 아니라 산림자원을 이용할 수 있는 권리마저도 박탈당하게 된다. 그러므로 농사에 의지하는 농민들은 흉년이 들게 되면 당연히 노약자들이 굶어죽어 구덩이에 뒹구는 상황이 발생하게 되는 것이다. 맹자는 군주들이 산림자원을 독점하여 백성들이 동산에 들어가는 것을 제한하는 것은 함정과 다르지 않다고 생각한 것이다.

'양민'이상의 세 번째 내용은 곧 상업정책에 관련된 것이다. 맹자가 상업정책에 관하여 언급한 부분은 많지는 않지만 상업사상에 관계되는 것으로 보여 지는 부분은 다음과 같다.

> 시장에서 점포 세만 받고 물품 세를 받지 않거나 관리만 하고 점포 세도 받지 않으면 천하의 상인들이 모두 기뻐하여 그 시장에 장사하기를 원할 것이다. 관문에서 살피기만 하고 통관세를 받지 않으면 천하의 여행자들이 모두 기뻐하여 그 도로를 이용하고자할 것이다.[52]

여기에서 맹자는 상인의 증가는 국가발전에 장애가 되지 않는 것으

51) 「梁惠王下」에서 맹자가 "못이나 통발로 물고기 잡는 도랑에 대해 금지시키는 것이 없으며"라고 한 말을 고려한다면, "금지시키는 것이 없는"다는 말은 '사슴'등 큰 동물을 포함할 뿐만 아니라 또한 마땅히 많은 산림자원을 포함 시켜야한다.

52) 『孟子』, 「公孫丑上」, "市, 廛而不征, 法而不廛, 則天下之商, 皆悅而願藏於其市矣; 關, 譏而不征, 則天下之旅, 皆悅而願出於其路矣."

로 생각한 것처럼 보여 진다. 만일 맹자의 이러한 생각을 '자유경제사상'[53]이라 하고 당시의 상업을 천시하던 사상계의 풍조와 비교해 본다면 그 관점은 당시의 사회경제 전반에 대한 종합적인 판단을 통해서 체득한 결과라고 할 수 있다. 맹자의 상업에 대한 중시는 당시 머물렀던 제나라의 수도인 임치(臨淄)가 상업발달의 중심지였던 것과 관련 있다고 할 수 있다.

'교민'(敎民)정책 역시 맹자의 왕도정치사상을 구성하는 중요한 내용의 하나인데 이러한 정책이상이 후대에 더욱 발전하여 '교화사상'이 되며 동시에 백성을 교화시키는 효과로 인해서 역대왕조에서 선정(善政)을 실행하는 중요한 지표로 평가되어 왔다.

맹자가 언급한 '교민'정책은 다음과 같다.

> 그 농사지을 때를 빼앗지 아니하면 몇 식구의 집안이 굶주림이 없을 수 있으며, 상서의 가르침을 신중히 하고 거듭나기를 효제의 의리로써 한다면 머리가 반백이 된 자가 도로에서 지거나 이지 않을 것입니다.[54]

> 상(庠)과 서(序) 학(學)과 교(校)를 설치하여 가르쳤으니, 상은 기른다는 뜻이고, 교는 가르친다는 뜻이며, 서는 활을 쏜다는 뜻입니다. 하나라 에서는 교라 하였으며, 은나라 에서는 서라 하였으며, 주나라에서는 상이라 하였으며 학은 삼대(三代)가 공통이었으니 모두 인륜을 밝히기 위한 것이었습니다. 인륜이 위에서 밝아지면 백성들이 아

---

53) 侯家駒, 『先秦自由經濟思想』, 臺北, 聯經出版事業公司, 1985년, 63쪽 참조.

54) 『孟子』, 「梁惠王上」, "勿奪其時, 數口之家可以無飢矣. 謹庠序之敎, 申之以孝悌之養, 頒白者不負戴於道路矣."

래에서 한마음이 됩니다. 왕자가 나타남이 있으면 반드시 와서 법을 취할 것이니, 이는 왕자의 스승이 되는 것입니다.[55)]

백성을 가르치지 아니하고서 (전쟁에)쓰는 것을 백성에게 재앙을 입히는 것이라고 한다.[56)]

좋은 정치(善政)는 백성들의 재물을 얻고 좋은 교화(善敎)는 백성들의 마음을 얻는다.[57)]

군자가 가르치는 방법이 다섯 가지이니, 단비가 내려 일시에 만물을 소생시키듯이 하는 것이 있으며, 덕을 이루게 하는 것이 있으며, 재질을 통달하게 하는 것이 있으며, 물음에 답하는 것이 있으며, (직접 가르치지 않고) 사적(私的)으로 잘 도야하게 하는 것이다. 이 다섯 가지는 군자가 가르치는 방법이다.[58)]

이상과 같이 맹자에게 있어서의 '교'(敎)는 도덕교육의 '교'임을 알 수 있다. 이러한 '교'의 의미는 『논어』에도 있는데, 만일 "공자는 네 가지로 가르친다."는 말을 "공자가 제자들에게 가르치는 네 가지 내용"으로 해석한다면, 공자가 가르치는 주요한 대상은 피통치계층의 백성들을 포함하지 않고 그의 제자들에게만 국한된 것처럼 보인다. 또한

---

55) 『孟子』, 「滕文公上」, "設爲庠序學校以敎之 庠者, 養也. 校者, 敎也. 序者, 射也. 夏曰校, 殷曰序, 周曰庠, 學則三代共之, 皆所以明人倫也. 人倫明於上, 小民親於下. 有王者起, 必來取法, 是爲王者師也."

56) 『孟子』, 「告子下」, "不敎民而用之, 謂之殃民."

57) 『孟子』, 「盡心上」, "善政得民財, 善敎得民心."

58) 『孟子』, 「盡心上」, "君子之所以敎者五. 有如時雨化之者, 有成德者, 有達財者, 有答問者, 有私淑艾者. 此五者, 君子之所以敎也."

이 문장 속에서는 교육내용 역시 새로운 형태의 국가행정업무와 관련된 인재의 지식과 행동규범을 배양시키는 것과 관련 있는 것처럼 보인다. 그렇다면 초기유가에서는 모든 백성들에 대한 교육을 부정하는 것인가? 『논어』, 「술이述而」에 있는 "속수의 예(束脩)를 행한 자에서부터 그 이상은 내 일찍이 가르쳐주지 않은 적이 없다."의 내용을 고려한다면 초기유가에서는 농민 등의 피통치계층의 사람들을 받아 들였음을 알 수 있다. 그러나 이러한 사실로써 초기유가가 모든 백성들에게 광범위하게 교육을 확대하려는 의도를 가지고 있었다고 추론할 수 있는 것일까? 설사 우리가 『논어』, 「자로子路」에서 공자가 염유(冉有)에게 말한 "그것을 가르친다."(教之)의 '교'(教)자가 '교련'(教鍊)의 의미를 갖고 있을 뿐만 아니라 '도덕교육'의 의미도 포함하고 있다고 인정해도, 역시 초기유가가 진정으로 모든 백성들에게 교육을 확대하려는 의도를 가지고 있었는지에 대해서는 의심의 여지가 남는다. 이러한 문제에 대해 『논어』, 「양화陽貨」의 한 장이 단서를 제공한다.

> 공자가 무성(武城)에 가서 현악에 맞추어 부르는 노래 소리를 들었다. 공자가 빙그레 웃으며 말했다. "닭을 잡는데 어찌 소 잡는 칼을 쓰느냐?" 자유(子游)가 대답했다. "전에 제가 선생님께 듣자오니, 군자가 도를 배우면 남을 사랑하고, 소인이 도를 배우면 부리기가 쉽다고 하셨습니다." 공자가 말했다. "언(偃)의 말이 옳다. 좀 전에 한말은 농담이다."

만일 공자와 자유의 대화 내용이 무성에 대한 '교화'(풍속을 개정함)에 관련된 것이라면, 자유가 한 한마디의 말을 주의해야 한다. 즉 "소인이 도를 배우면 부리기 쉽다." 이것뿐 아니라 공자는 자유의 의견에 전적으로 동조하는데, 이는 초기유가가 일반 백성에 대해서 교육을 시행할 때 통치자로서 공리주의적인 성향이 짙었음을 의미한다.

위의 관점에 비춰볼 때 맹자의 '교민'정책에서 주의할만한 가치는, 맹자의 '교'의 대상은 그의 제자나 문인에만 국한되지 않고 가장 기층인 빈궁한 농촌공동체에 까지 확대한 것이라는 사실이다. 이는 곧 맹자의 '교민'정책이 모든 백성들을 교육시키기 위해 설계된 것이라고 말할 수 있다. 그렇다면 맹자의 교육이상이 초기유가의 공리주의적 성향을 완전히 탈피한 것이라고 말할 수 있을까? 사실 우리는 맹자의 교육이상 속에 공리주의적인 요소가 전혀 없다고는 말할 수 없다. 그러나 『맹자』, 「양혜왕상梁惠王上」에 있는 "상서의 가르침을 신중히 하고 거듭하기를 효제의 의리로써 한다면"과 뒤이어 "머리가 반백이 된 자가 도로에서 지거나 이지 않을 것이다."라고 한 말속에서 우리는 맹자의 '교민'정책의 주요목적이 도덕을 회복하는데 있으며 또한 붕괴하고 있는 농촌 기층공동체의 윤리질서를 재건하는데 있다고 할 수 있다. 이와 같이 볼 때 맹자가 내놓은 '교민'정책은 확실히 시대를 초월한 보편적인 가치가 있는 것이다.

5. 맺는 말

지금까지 살펴본 내용은 유가정치이상의 정수라고 할 수 있는 왕도정치사상 이었다. 맹자에게 있어서의 '왕' 개념은 기본적으로 춘추시대 이래의 '왕' 개념을 계승하여 통치자에게 있어서의 도덕과 행동상의 최고 경계를 말하는 것이며, 또한 이러한 각도에서 본다면 맹자의 '왕'은 곧 일종의 맹자 자신의 사유의 결과라는 것이다.

또한 맹자는 당시의 사회현실을 일반 민중들의 생활 상태를 통해서 분석했는데, 전국시대의 사회는 기층촌락이 붕괴의 위기에 처한 상황으로 특히 흉년이 들었을 때 일반 민중들의 삶이 철저하게 파괴되는 원인을 과중한 세금과 노역·전쟁에의 동원 그리고 산림과 호수 등등 자연자원의 독점 때문이라고 보았다. 맹자는 이렇게 각 국의 제후들이 자행한 학정은 다음과 같은 결과를 초래한다고 생각했다. 즉 이렇게 제후들이 일반 민중들을 희생시켜 만든 번영은 매우 취약한 것이며 심지어는 국가의 멸망을 가져온다고 지적하였다. 또한 이러한 상황 즉 백성들이 안심하고 살 수 없는 세태 속에서 맹자는 '왕자'가 나타날 것이라고 확신했다.

그리고 맹자는 이러한 시대의 상황을 종식시킬 수 있는 구체적인 정책대안을 내놓는데, 그 첫 번째로 전쟁의 재해로부터 백성들을 보호한다고 하는 '보민'정책으로, 제후들에게 임의로 전쟁을 일으키지 말 것을 역설하여 천하에 평화가 회복되는 가운데 '보민'정책의 목적을 이룰 수 있다고 보았다. 둘째로는 백성들의 주식(住食)을 보장하여 촌락공동체를 재생시킨다고 하는 '양민'정책으로, 그 구체적인 내용은 토지제도의 확립을 통하여 백성들을 기근으로부터 벗어나게 하고 산림·호수 자원을 개방하여 백성들의 생활공간과 생계수단을 국가가 독점하지 않는 것이며 또한 상업의 진작과 교통의 활성화를 통해 사회경제를 발전시키는 것이었다. 셋째로는 백성들을 교화시켜 이상적인 공동체를 창조한다고 하는 '교민'정책으로, 도덕의 회복을 통하여 붕괴하고 있는 농촌 기층공동체의 윤리질서를 재건한다는 것이다.

이상과 같이 맹자는 '보민'·'양민'·'교민'의 세 정책의 시행을 통해서 천하를 통일하는 것이 바로 왕도정치의 완성이라고 생각했다. 또한 맹자는 이러한 정책을 시행하여 달성한 제후를 '왕자(王者)'의 자격을 갖춘 것으로 보았다. 그러나 한 국가 내에서만 '인정'을 실행해서는 왕도정치를 완성할 수 없는 것이라고 했는데, 이는 곧 왕자는 반드시 학정 속에서 고통 받고 있는 천하의 모든 백성들을 해방 시켜야 하기 때문이다. 맹자는 천하의 모든 백성들을 학정에서 해방시키는 것이 진정한 왕도정치의 완성으로 보았다.

參考文獻

孫星衍, 『尙書今古文注疏』, 平津館叢書本.

朱熹, 『四書章句集注』, 海淵閣明刻本.

郎擎霄, 『孟子學案』, 上海, 商務印書館, 1928년.

唐迪風, 『孟子大義』, 北京, 北平直隸書局, 1931년.

李信言, 『孟子政治思想及經濟思想』, 上海, 易社, 1938년.

楊寬, 『古史新探』, 北京, 中華書局, 1965년.

侯家駒, 『先秦儒家自由經濟思想』, 臺北, 聯經出版事業公司, 1985년.

許宗興, 『孟子的哲學』, 臺北, 臺灣商務印書館, 1989년.

葉經柱, 『孟子之民本主義』, 臺北, 正中書局, 1990년.

蔡仁厚, 『孔孟荀哲學』, 臺北, 學生書局, 1990년.

錢穆, 『國史大綱』, 卷上, 臺北, 臺灣商務印書館, 1991년.

黃俊傑 主編, 『孟子思想的歷史發展』, 臺北, 中央研究院 中國文哲研究所籌備處, 1995년.

劉鄂培, 『孟子大傳』, 北京, 淸華大學出版社, 1998년.

侯家駒, 「井田叢考」, 『大陸雜誌』, 卷67, 第3期, 臺北, 1972년.

近藤正則, 「『讀余隱之尊孟辨』に見える朱子の孟子不尊周への對應」, 『日本中國學會報』 第33集, 日本中國學會, 1981년.

倉田信靖, 「『孟子』の“春秋天子之事也”に就いて」, 『日本中國學會報』 第38集, 日本中國學會, 1986년.

제8장 순자의 천인론

1. 시작하는 말

순자의 철학사상은 비록 중국유학사에 있어서 그다지 큰 중시를 받지는 못했으나 그가 고민한 현실문제에 대한 철저한 반성과 이상적인 사회를 건설하고자 하는 열망으로 당시의 혼란한 상황을 개선하려고 한 점은 충분히 철학적인 검토의 대상이 될 수 있다고 판단한다. 순자는 과연 어떻게 공자·맹자로 대표되는 전통 유가의 사상체계와 다른 관점을 기초로 자신이 직면한 현실의 문제를 해결하려 했을까? 필자는 이러한 문제에 대하여 순자의 하늘(天)과 개인의 관계 및 하늘(天)과 사회와의 관계를 중심으로 규명해보고자 한다.

순자가 언급한 '천'(天)은 주재·운명·법칙·자연·우주 등의 여러 가지 의미를 가지고 있는데, 순자는 그 가운데 특히 자연적 의미의 '천'을 중시하고 있다. 순자에 있어서 자연적 의미의 '천'은 다음과 같은 몇 가지 특성을 가지고 있다.

'천'은 영원히 변치 않는 천체이다.[1] 이러한 의미의 천은 물질적 특성을 지니고 있는데 시공간을 포함하는 우주를 의미한다고 할 수 있다. 즉 '일월성신'(日月星辰)으로 이루어진 공간과 과거에서 현재에 이르기까지 부단히 형성된 시간을 뜻하는 것이다. 그래서 순자는 "천도는 일정하여 불변하는 것이다. 요임금 같은 성군이 나왔기 때문에 존재하는 것이 아니고, 걸과 같은 폭군이 나왔기 때문에 없어지는 것이 아니다.……많은 별들은 순서에 따라 선회하고, 해와 달은 교대로 비친다."[2]라고 했다.

'천'은 자연의 법칙 혹은 자연의 규율이다.[3] 이러한 자연의 법칙은 눈으로 볼 수 있는 형상들 및 눈에 보이지 않는 자연의 규율을 말하는데, 즉 사계절의 변화·음양의 교차로 인해 생성되는 만물 등을 의미한다. 그래서 순자는 "많은 별들은 순서에 따라 선회하고, 해와 달은 교대로 비치고, 사계절이 교대로 다스리고, 음양이 크게 만물을 화육 시키고, 비바람은 만물에 널리 베풀어, 만물은 각각 그 조화를 얻어 생장하고, 각각 그 양분을 얻어 성장한다."[4]라고 하는 것이다.

'천'에는 의지·초월성·도덕성 같은 것들이 없다.[5] 자연적 의미의 천은 우주 그 자체로서 모든 것이 그 안에 내재되어 있다. 이러한 우주는 정지해 있을 때는 일정함이 있고, 움직일 때는 질서가 있는 것으

---

1) 陳大齊, 『荀子學說』, 臺北, 中國文化大學出版部, 1989년, 15쪽 참조.

2) 『荀子』, 「天論」, "天行有常, 不爲堯存, 不爲桀亡.……列星隨旋, 日月遞炤."

3) 薛保綸, 「荀子的天論」, 『哲學與文化』, 第三卷 第十三期, 臺北, 1978년, 25쪽 참조.

4) 『荀子』, 「天論」, "列星隨旋, 日月遞炤, 四時代御, 陰陽大化, 風雨博施, 萬物各得其和以生, 各得其養以成."

5) 魏元珪, 『荀子哲學思想』, 臺北, 谷風出版社, 1987년, 53쪽 참조.

로 초월성 같은 것은 없기 때문에 "천도는 일정하여 불변하는 것이다."라고 말하는 것이며, 이러한 의미로서의 '천'은 순수한 물질적 존재로 어떤 영험이나 의지도 없다는 것이다. 그래서 "농사에 힘쓰고 비용을 절약하면 하늘도 그것을 빈궁하게 할 수 없고, 의식이 풍족하고 운동을 적시에 하면 하늘도 그것을 병들게 할 수 없고, 도리를 따라 어그러지지 아니하면 하늘도 그것에 화를 내릴 수 없다."[6]라고 순자는 말하고 있는 것이다. 이렇듯 자연적 의미의 '천'은 순수한 물질적 존재로 의지나 이성이 없기 때문에 도덕성이 없다는 것이다.

2. 天과 개인

순자가 언급한 '천'(天)은 여러 가지 의미를 가지고 있으나,[7] 특히 그 가운데 자연적 의미에 편향되어 있다. 그러므로 순자에 있어서의 '천'은 자연계 가운데의 모든 유형의 물질현상 및 우주 가운데의 무형의 원리·법칙을 모두 그 안에 포함하고 있는 것이다. 인간 역시 자연계의 일부분임과 동시에 그 속에서 살아가고 있는 존재이다. 그러므로 인간과 자연의 관계 즉 '천'과 인간은 매우 밀접한 관계를 형성하고 있다고 순자는 생각했다.

하늘의 직분이 이미 확립되고 하늘의 작용이 이미 완성되어, 인간

---

6) 『荀子』, 「天論」, "彊本而節用, 則天不能貧, 養備而動時, 則天不能病, 修道而不貳, 則天不能禍."

7) 薛保綸, 「荀子的天論」, 『哲學與文化』, 第三卷 第十三期, 臺北, 1978년, 24~25쪽 참조.

의 육체가 갖춰지고 정신이 생기면 여기에 좋아하고 싫어함·기쁘고 노함·슬프고 즐거움의 감정이 깃든다. 이러한 것을 천정(天情, 자연의 감정)이라 한다. 귀·눈·입·코와 피부는 각각 외부 사물과의 접촉을 통해 그 특수한 기능을 발휘하나 (그 특수 기능이)상호간에 통용되지는 않는다. 이러한 것을 천관(天官, 자연의 관능)이라 한다. 마음은 체내의 중심에 있어서 오관을 제어한다. 이러한 것을 천군(天君, 육체의 임금)이라고 한다."[8]

인간의 육체는 '천'(자연)에서 생성된 것이며, 감정·욕망 역시 '천'에서 생성된 것이다. 또한 인간의 사고활동 역시 '천'에서 비롯된 것이며, 인간의 생리상태 및 생리적 욕구에 의해 반응 하게 되는 심리현상 역시 모두 '천'에서 생성된 자연인 것이다.

인간의 감각은 '천'에서 비롯된 것이지만 감각이 최고의 효과를 발휘할 수 있게 하기 위해서는 반드시 인간의 후천적 노력이 필요하다. 가령 자동차가 최상의 상태를 유지해야만 최고의 기능을 발휘할 수 있는 것처럼, 꾸준한 정비를 통하여 유사시 각 기관이 제대로 기능을 발휘할 수 있도록 만들어야만 하는 것이다. 마찬가지로 인간에게 있는 '천관'·'천군'과 '천정'을 최상의 상태로 유지시킬 때 각기 그 기능을 제대로 발휘하게 되어 심신이 건강한 정상적인 사람이 되는 것이다.

생리적 측면에 있어서 인간은 비록 '천관'·'천군'의 각기 다른 기능을 가지고는 있지만, 또한 이 둘의 관계는 매우 밀접하기 때문에 분리

---

8) 『순자』, 「천론」, "天職旣立, 天功旣成, 形具而神生. 好惡喜怒哀樂藏焉, 夫是之謂天情. 耳目鼻口形能各有接, 而不相能也, 夫是之謂天官. 心居中虛以治五官, 夫是之謂天君."

될 수가 없는 것이며 때로는 '천군'을 '천관'의 일부로 보기도 한다. '천관' 가운데의 귀는 주로 듣는 기능을 담당하고, 눈은 주로 보고 판별하는 기능을 담당하고, 혀는 주로 맛을 구별하는 기능을 담당하고, 코는 주로 냄새를 맡는 기능을 한다. 이러한 감각기관들이 각기 제 기능을 발휘하게 하기 위해서는 '천군'(뇌)의 명령이 필요하다. 그렇지 않으면 보아도 볼 수 없고, 들어도 듣지 못하고, 먹어도 그 맛을 알지 못하게 된다. 이외에도 근육·각종 신체기관 역시 모두 '천관'에 속하며 또한 '천'에서 생성된 것이다. 이러한 것들을 최적의 상태로 유지시켜 그 기능을 제대로 발휘하게 하는 노력은 인간의 인위적인 노력에 의해서 이루어지는 것이다.

심리적 측면에 있어서 "좋아함과 싫어함"·"기쁨과 분노"·"슬픔과 즐거움"의 '천정'은 본래 생리의 자연적인 반응이다. '천정'의 드러난 후에 비롯되는 행위는 '예'(禮)에 부합되어야 하는데, 이렇게 '예'에 부합되게 하는 행위는 인간의 인위적인 노력에 속한다.

이상과 같이 볼 때 '천관'·'천군'과 '천정'은 모두 '천'에서 생성된 자연적인 것으로 최상의 상태를 유지시켜 정상적인 기능을 발휘케 하는 것은, 바로 인간의 후천적인 노력에 의해 결정된다는 사실을 알 수 있다.

순자에 있어서의 '인성'(人性)이란 인간이 학습이나 노력에 의해서 형성된 것이 아닌 선천적으로 지니고 있는 본능을 의미한다.

> "사람이 나면서부터 타고난 것을 성이라 하고, 성의 조화된 상태가 내외의 정묘한 감응을 받아 자연적으로 일어나는 작용도 또한 성이라 한다."[9]

"무릇 선천적 본성이란 하늘에 의하여 성취된 것이며,……학문의 대상도 바른 행위의 대상도 되지 않는 것으로서 나면서부터 사람에게 갖추어져 있는 것, 그것을 선천적 본성이라 하는 것이다."[10]

순자는 '인성'에는 감정과 욕구가 내재되어 있다고 보았다. 그래서 "본성이란 선천적으로 타고난 것이요, 인정(人情)이란 성의 본질이요, 욕망이란 정(情)의 반응인 것이다."[11]라고 순자는 말하고 있는 것이다.

이와 같이 볼 때 우리는 순자가 인간을 자연계에서 생성된 존재라고 생각했음을 파악할 수가 있다. 인간은 태어날 때부터 육체·본성·감정과 욕망을 가진 존재이며, 또한 인간과 동물은 모두 공통적으로 욕망을 가지고 있기 때문에 욕망의 측면에서 본다면 '인성'은 동물적 본능과 같다고 할 수 있다. 만일 인간이 동물적 본능을 따라 발전해간다면 반드시 사회의 질서는 파괴되고 혼란한 상황이 발생할 것이기 때문에 '인성'에는 '악'(惡)한 경향이 있다는 것을 알 수 있으며, 더 나아가 '악'의 근원이 되는 것이다.

이제 인간의 선천적 본성을 생각해 보면, 그것은 타고날 때부터 이익을 좋아함이 있어 그(본성)에 따르는 까닭에 남과 쟁탈을 하게 되고 양보가 없게 된다. 태어나면서부터 남을 질투하고 미워함이 있어 그 본성에 따르는 까닭에 남을 해치는 일이 생기고 신의와 신뢰는 없어진다. 태어나면서부터 아름다운 소리나 색채를 좋아하는 눈과 귀

9) 『荀子』, 「正名」, "生之所以然者, 謂之性. 性之和, 精合感應, 不事而自然, 謂之性."

10) 『荀子』, 「性惡」, "凡性者, 天之就也……不可學·不可事而在人者, 謂之性."

11) 『荀子』, 「正名」, "性者, 天之就也; 情者, 性之質也; 欲者, 情之應也."

같은 감각기관의 욕망이 있어 그러한 본성에 따르는 까닭에 무절제함이 생기고 예의나 규범은 없어지고 만다. 이와 같이 인간의 본성을 따르고 인간 본래의 감정에 따르면 반드시 쟁탈하는 데로 나가 사회질서를 어지럽혀 천하는 혼란에 귀착하게 된다.[12)]

순자는 비록 인간의 '본성'이 '악'하다고 생각했지만 동물과 다른 점은 "변별력이 있다"는 것이라고 보았는데, 이러한 변별력은 시비(是非)·선악(善惡)을 구별하는 판단력을 의미한다.[13)] 또한 인간이 천하에서 가장 귀한 존재가 되는 이유로는 인간의 "인간에게는 기·생명·지식 또한 예의가 있다."[14)]는 점을 들고 있다. 즉 이러한 것들을 더욱 확대하여 모든 행위의 준칙을 '예의'에 의거하면 '선'(善)의 경지에 도달할 수 있다고 순자는 생각했다.

인간에게는 인식과 변별할 수 있는 능력이 있는데 이러한 능력들은 마음의 작용에 의한 것이다. 순자는 마음 역시 선천적인 감각기관의 기능 가운데 하나로 생각하여 "무릇 인간의 감정은 눈은 매우 보기 좋은 아름다운 색을 좋아하고, 귀는 매우 듣기 좋은 아름다운 소리를 좋아하고, 입은 매우 좋은 맛을 좋아하고, 코는 매우 향기로운 냄새를 좋아하고, 마음은 매우 안일함을 좋아한다."[15)]라고 하는 것이다. 순자

12) 『荀子』, 「性惡」, "今人之性, 生而有好利焉, 順是, 故爭奪生, 而辭讓亡焉; 生而有疾惡焉, 順是, 故殘賊生, 而忠信亡言; 生而有耳目之欲, 有好聲色焉, 順是, 故淫亂生, 而禮義文理亡焉. 然則, 從人之性, 順人之情, 必出於爭奪, 合於犯分亂理, 而歸於暴……然則人之性惡明矣."

13) 傅佩榮, 「荀子天論硏究」, 『哲學與文化』, 第十二卷 第三期, 臺北, 1985년, 43쪽 참조.

14) 『荀子』, 「王制」, "人有氣·有生·有知, 亦且有義."

15) 『荀子』, 「王霸」, "夫人之情, 目欲綦色, 耳欲綦聲, 口欲綦味, 鼻欲綦臭, 心欲綦佚."

는 비록 마음이 '천관'의 하나이기는 하지만 그것의 지위는 기타의 감각기관 보다 높으며, 또한 평가와 명령의 기능을 갖추고 있는 것으로 보아서 다음과 같이 말했다. 즉 "마음은 체내의 중심에 있으면서 오관을 제어한다. 대저 이것을 가리켜 천군 이라고 한다."[16], "마음이라고 하는 것은 육체의 왕이요, 신통하고 영묘한 주체로서, 스스로 명령을 내리되 명령을 받는 일은 없다."[17] 그렇다면 과연 어떻게 해야만 마음이 최상의 상태를 유지하여 평가와 명령을 잘 시행할 수 있는 것일까? 이에 대해 순자는 먼저 '천군'을 맑게 해야 한다고 생각했다. '천군'을 맑게 하기 위한 방법으로 순자는 '허일이정'(虛一而靜)의 이론을 언급한다.

> 무엇으로 도를 알 수 있는가? 그것은 바로 마음으로 서다. 그러면 마음은 또 어떻게 도를 알 수 있는가? 마음을 비우고 전일 하게 하여 고요하게 하면 된다.……마음이 허하고 전일하고 고요한 것, 이것을 마음이 티 없이 맑고 밝다하여 대청명이라고 한다. 대청명을 얻게 되면 일체의 사물 가운데 형체가 있는 것 치고 보이지 않는 것이 없고, 보고 인식한 이상 어느 한 가지 들어서 논평하지 않는 것이 없으며, 논평을 거친 이상 그 모두가 각기 알맞은 순서를 얻어 제자리를 잃어버리는 예가 없다. 그래서 방안에 앉아서 천하의 형편을 내다보고, 오늘에 살고 있으면서 아득한 옛일을 논하고, 만물을 훑어보고서 그 실정을 알고, 치란의 자취를 참고로 하여 제도에 통하며, 나아가 천지를 바로잡고 만물을 다스려 그 모두가 제각기 제자리에서 제구실을 하도록 하고, 천하의 큰 도리를 바로잡아 우주를 남김없이 휩싸 안게 되

16) 『荀子』, 「天論」, "心居中虛, 以治五官, 夫是之謂天君."

17) 『荀子』, 「解蔽」, "心者, 形之君也, 而神明之主也, 出令而無所受令."

는 것이다.[18]

먼저 '허'(虛)라는 것은 인간마음의 기억 및 인지된 내용을 수용할 수 있는 능력을 뜻하며, 그것은 끝없이 새로운 지식을 흡수할 수 있으며 이미 있는 지식으로 인해서 새로운 지식을 인식하는데 방해받지 않는 것을 의미한다. '일'(壹)이란 것은 인간마음의 종합적인 분석 및 전념할 수 있는 능력을 뜻하며, 그것은 각기 다른 사물을 인식하면서 서로 혼동되지 않게 하는 것을 의미한다. '정'(情)이란 것은 인간마음의 냉철한 사고 및 이성적인 판단능력을 뜻하며, 그것은 인간으로 하여금 객관성을 유지시켜 의식의 혼란한 상태를 방지 해주는 것을 의미한다.

순자 천론(天論)의 중심사상은 인간들이 적극적으로 인간의 일에 힘써 노력케 하고자 하는데 있는 것으로, '천'의 능력에 대해 무작정 흠모하거나 경외감을 가질 필요가 없이 인간 자신들에게 주어진 일에 대해 최선의 노력을 경주하는데 있는 것이다.[19] 그래서 그는 "군자는 자신에게 관계된 문제를 신중히 하고, 하늘에 관계된 문제는 추구하지 않는다."[20]라고 말하는 것이다.

순자는 "천지자연이 인간을 낳으면, 성인이 인간을 육성한다."[21]라

---

18) 『荀子』, 「解蔽」, "何以知道? 曰心. 心何以知? 曰虛一而靜.……虛一而靜, 謂之大淸明. 萬物莫形而不見, 莫見而不論, 莫論而失位. 坐於室而見四海, 處於今而論久遠, 疏觀萬物而知其情, 參稽治亂而通其度, 經緯天地而材官萬物, 制割大理而宇宙裏矣."

19) 馮友蘭, 『中國哲學史新編』 第二冊, 北京, 人民出版社, 1995년, 377쪽 참조.

20) 『荀子』, 「天論」, "君子敬其在己者, 而不慕其在天者."

21) 『荀子』, 「大略」, "天地生之, 聖人成之."

고 말하였는데, 여기에서의 '생'(生)은 천지의 직분으로 자연적인 일을 뜻하는 것이다. 그리고 '성'(成)은 인간의 직분을 뜻한다. 천지는 인간과 사물을 생성할 수는 있으나 '예의'를 제정하여 인간을 육성하지는 못하고 성인(군자)만이 '예의'를 제정하여 인간을 육성할 수 있다. 또한 '천생'(天生)의 '천'은 자연적인 사물을 뜻하는데 좁은 의미로는 자연현상을 말하고, 넓은 의미로는 자연현상 및 인간의 심신・감각기관의 기능・정욕까지 포함하는 것이다.

> 하늘의 직분이 이미 확립되고 하늘의 작용이 이미 완성되어(즉 이와 같은 자연의 생성작용에 의해) 인간의 육체가 갖추어 지고 정신이 생기면 여기에 호오・희노・애락이 깃든다. 이것을 가리켜 천정(天情)이라 한다. 이목구비와 형체는 각각 외계사물과의 접촉을 통해 그 특수기능을 발휘하나 상호간에 통용되지는 않는다. 이런 것을 가리켜 천관(天官)이라 한다. 마음은 체내의 중심에 있어서 오관을 제어한다. 이것을 가리켜 천군(天君)이라고 한다.[22]

'천관'・'천군'은 인간의 생리적인 측면을 뜻하는 것으로 이목구비・신체・오장・육부 등을 포함하며, '천정'은 인간의 심리적인 측면을 의미하는 것으로 인간의 정신 및 '희노애락' 등의 감정을 포함한다.[23] 인간이 건강한 삶을 유지하기 위해서는 반드시 생리적인 건강과 심리적

---

22) 『荀子』, 「天論」, "天職旣立, 天功旣成, 形具而神生, 好惡喜怒哀樂藏焉, 夫是之謂天情. 耳目鼻口形能, 各有接而不相能也, 夫是之謂天官. 心居中虛, 以治五官, 夫是之謂天君."

23) 藩菽 主編, 『中國古代心理思想硏究』, 南昌, 江西人民出版社, 1983년, 49쪽 참조.

인 건강을 유지해야 하는데, 심리적인 건강은 완전한 인격의 배양을 그 안에 포함해야 하며, 또한 생리적인 건강은 신체의 정상적인 발육을 의미하며 각종 신체기관이 제 기능을 정상적으로 발휘하는 것을 뜻한다.

생리적인 측면에 있어서 '천관'은 '천군'의 통제를 받으나 '천관'이 정상적인 상태를 유지하며 제 기능을 발휘하기 위해서는 인간의 인위적인 노력이 필요하며, 또한 이러한 인간의 인위적인 노력의 선결과제는 곧 '천군'을 맑게 하는 것에 있다. '천군'을 맑게 하는 방법으로는 '허일이정'(虛一而靜)이 있는데, 즉 인간의 인식능력을 냉철하게 운용함과 동시에 각종 사물의 이치를 종합적으로 분석한 후 그것을 생활 속에 적용하는 것으로 이와 같으면 생리적인 건강을 도모할 수 있다는 것이다.

심리적인 측면에 있어서 '호오 · 희노 · 애락'의 '천정'은 반드시 적당한 방임과 통제를 통해야만 정도(正道)에 들어갈 수 있는데, 이렇게 할 때 비로소 심리를 건강하게 할 수 있는 것이다. 정도에 진입하는 구체적인 방법으로는 성인이 제정한 '예의법도'에 따라 실천하는 것이다.

이러한 '예의법도'를 실천하는 군자는 심신이 건강한 사람이다. 즉 '천관'과 '천정'이 모두 정상적으로 발전을 한 존재인데 이는 곧 『대학大學』에서 말한 '수신'(修身)을 완성한 존재라는 것이다. 이것이 바로 순자의 '천생인성'(天生人成)의 목표가 되는 것이며, 또한 군자는 '수신'한 후에 다시 '예의법도'를 제정하여 이것을 바탕으로 인간사회의 모든 일 즉 '제가'(齊家) · '치국'(治國) · '평천하'(平天下) 등의 천지만물과 조화를 이루는 것을 목표로 한다. 그래서 순자는 "천지라는 것은 만물을 생성하는 것의 시작이고, 예의라는 것은 사물을 다스림의 시작이고, 군자는 예의를 실행함의 시작이다.……그러므로 천지는 군자를 낳고, 군자는 천지를 다스린다. 군자는 천지와 배합하고 만물의 총화이며 백성들의 부모가 된다."[24]고 했으며, 또한 "하늘에는 사시의 운행이 있고, 땅에는 만물의 자원이 있고, 인간에게는 다스려야할 일이 있다. 이런 것을 가리켜 천지와 배합된다고 하는 것이다."[25]라고 말한 것이다. 이와 같이 순자는 천지만물과 조화를 이루는 것을 '천생인성'의 최종목표로 삼았으며 또한 군자·성인이 되는 것을 최고의 경지로 생각했다.

천지만물은 일종의 자연현상으로 어떠한 의지나 감정을 가지고 있지 않기 때문에 인간의 삶에 대하여 재앙이나 복을 줄 수도 없을뿐더러 또한 인간세상의 '치란'(治亂)에도 영향을 줄 수 없는 존재이기는 하지만, 다른 한편으로는 인류의 생존문제와 밀접하게 관계를 맺고 있다. 즉 인류의 현실생활은 모두 천지만물로부터 그 기본 조건을 제공받고 있기 때문에 인류와 밀접하게 관련되어 있다고 할 수 있는 것이다.

> "제천(制天)·용천(用天)"을 주장하며 "하늘을 위대하다고 여겨 하늘을 사모하는 것과, 물자를 축적해서 그것을(자신의 실용에 맞춰) 처리해 나가는 것은 어느 쪽이 더 훌륭한가? 하늘에 순종하며 하늘을 찬

24) 『荀子』, 「王制」, "天地者, 生之始也; 禮義者, 治之始也; 君子者, 禮義之始也.……故天地生君子, 君子理天地. 君子者, 天地之參也, 萬物之總也, 民之父母也."

25) 『荀子』, 「天論」, "天有其時, 地有其財, 人有其治, 夫是之謂能參."

송하는 것과, 하늘에 의해 생성된 사물을 처리하여 이용해 나가는 것은 어느 쪽이 더 훌륭한가?"[26]

위의 인용문에서 순자는 두 개의 '제'(制)자로서 천지만물에 대한 자신의 태도를 설명한다. 또한 전체 '천론'사상을 규정하는데 그 목적은 "사물을 축적해서 그것을 처리해 나가는 것" 및 "하늘에 의해서 생성된 사물을 처리하여 이용해 나가는 것"의 실제적인 효과에 도달하려 하는데 있는 것이다. 이러한 목적을 달성하기 위해서는 인위적인 노력이 필요하며, 이런 인위적인 노력은 군자·성인의 임무가 되는 것이다. 성인·군자는 '천군'을 명확하게 할 수 있고, 변별을 할 수 있고, 군집생활을 지도할 수 있어서 인류의 행복을 조성할 수 있는 것이다.

> 성인은 그 천군을 맑게 하고, 그 천관을 바르게 하며, 그 천양을 갖추고, 그 천정에 순종하고, 그 천정을 양성하여, 그 천공을 완전히 한다.[27]

> 인간의(짐승과 구별되는) 인간된 특색은 무엇 때문인가? 그것은(인간에게는) 변별이 있기 때문이다.……변별 가운데 가장 큰 것은 계급 분별이고, 구분 가운데 가장 큰 것은 예이고, 예 가운데 가장 큰 것은 성왕이다.[28]

---

26) 『荀子』, 「天論」, "大天而思之, 孰與物畜而制之? 從天而頌之, 孰與制天命而用之?

27) 『荀子』, 「天論」, "聖人淸其天君, 正其天官, 備其天養, 順其天政, 養其天情, 以全天功."

28) 『荀子』, 「非相」, "人之所以爲人者, 何已也? 曰, 以其有辨也……辨莫大於分, 分莫大於禮, 禮莫大於聖王."

> 인간은 사회를 구성할 수 있으나 소나 말은 사회를 구성할 수 없다. 그러면 인간은 무엇으로써 사회를 구성할 수 있는가? 그것은 계급적 신분 질서에 의해서이다. 그러면 그 계급적 신분 질서는 무엇으로 실현할 수 있을까? 그것은 의에 의해서이다. 이와 같은 이유로 계급적 신분 질서가 실현되면 사람들은 화합하고, 화합하면 하나로 통합되고, 하나로 통합되면 힘이 증가하고, 힘이 증가하면 강해지고, 강하게 되면 인간 이외의 사물에게 이길 수 있다.……결국 사계의 순회에 맞추어서 적절한 일을 하고 만물을 유용한 것으로 바꾸어서 활용하고 널리 천하에 이익을 줄 수 있는 것은 다른 특별한 이유가 있는 것이 아니다. 사회를 구성하는 데에 불가결한 계급적 신분 질서와 의를 소유하고 있기 때문이다.[29)]

이상은 순자가 생각한 인류와 기타의 동물들과 다른 점을 설명한 것으로, 즉 인류는 다른 동물들과는 달리 흑백(黑白)·미추(美醜)·시비(是非)·선악(善惡)을 분별할 수 있는 판단력을 지니고 있다는 것이다. 이러한 변별의 작용은 곧 상하를 분명히 하고 친소·귀천·존비 등을 명확하게 구분하는 것이다. 그래서 성왕은 이러한 구분을 기초로 '예'(禮)를 제정하였다. 또한 인류에게는 변별력 이외에도 '의'(義)와 군집(群集)생활을 하는 특색이 있다. 인간에게는 '의'(義)가 있기 때문에 사물에 대해서 합리적인 판단을 할 수 있는 것이며, 군집생활을 할 수 있기 때문에 합리적인 사회조직을 형성 할 수 있는 것이다. 인간에게는 '예'·'의'와 군집(群集)생활을 할 수 있는 능력이 있기 때문에 서로

---

29) 『荀子』, 「王制」, "人能群, 彼不能群也. 人何以能群? 曰分. 分何以能行? 曰義. 故義以分則和, 和則一, 一則力多. 多力則彊, 彊則勝物,……故序四時, 裁萬物, 兼利天下, 無它故焉, 得之分義也."

긴밀하게 단결을 할 수 있는 것이며, 이와 같은 역량을 바탕으로 자연을 제어하거나 이용할 수 있는 것이며 더 나아가 백성들의 생활을 풍요롭게 하여 천하가 모두 이롭게 되는 경지에 도달하게 되는 것이다. 이와 같이 볼 때 성인은 자연을 이용하고 '예의'를 제정하여 인류의 생활을 개선함과 동시에 이것을 자신의 임무와 목표로 삼았음을 알 수 있는 것이다.

순자는 '제천'(制天)·'용천'(用天)을 역설하면서 다시 '제천'(祭天)·'사천'(事天)을 인문교화의 필수적인 요소라고 주장했다. 그래서 그는 적극적으로 미신적 색채의 종교성을 타파할 것을 역설했을 뿐만 아니라 정당한 인문 활동의 필요성을 주장했다.[30] 전자는 '천생인성'(天生人成)의 기본원칙에 위배되어 인간 세상에 혼란을 조장하기 때문이며, 후자는 농후한 교육적 의의가 있을 뿐만 아니라 '예'를 시행하는데 빠져서는 안 될 중요한 요소이기 때문이다.

> 별이 떨어지거나 나무가 울면 나라 안의 사람들이 모두 공포에 떨며 "이것이 어찌된 일인가" 라고 말한다. 그것은 아무것도 아니다. 이는 천지와 음양의 변화 현상으로서 드물게 일어나는 일이다. 괴이하게 여겨도 되나 두려워할 필요는 없다. 저 일식이나 월식……그 같은 일이 계속해서 일어난다 해도 걱정할 것 없다.……일식·월식에 그것을 제거하려 힘쓰고 한발에 기우제를 지내고 점친 뒤에 대사를 결정하는 것은, 그것으로 원하는 일이 이루어진다고 생각해서가 아니고, 그것으로(의례로서의) 수식을 하는 것이다. 그래서 군자는 그것을 수식적 행위라고 생각하나 백성들은 그것을 신통력이라도 있는 것으로

---

30) 李哲賢, 『荀子之核心思想』, 臺北, 文津出版社, 1994년, 63쪽 참조.

생각하고 있다. 수식적 행위로 생각하면 길하나 신통력이 있는 것으로 생각하면 해가 있을 것이다.[31]

순자에 있어서의 '천'은 자연현상이지만 만물의 근본으로서 인류의 생존 근거가 된다. 이러한 '천'에는 법칙이 있으며 또한 '예'의 근원이 되기도 하는 것이다. 그러므로 성인은 '사천'·'제천'을 주장하는데, 한편으로 근본을 잊지 말라는 것을 의미하고 다른 한편으로는 인문교화의 필요성을 강조하는 것이다. 이와 같이 볼 때 순자가 '제천'·'사천'을 주장한 의도는 바로 군자는 마땅히 '사천'을 잘 실행하여 인간의 기질을 변화시켜 좋은 풍습을 만들어 이상적인 사회를 만들어야 한다는데 있는 것이다.

3. 天과 사회

고대사회의 인류는 자연계의 천재지변을 극복할 수 없었다. 그래서 인류는 부득이 하게 종교의 힘에 의지하여 자신들 내면에 깊숙이 자리 잡고 있는 공포감으로부터 벗어나고자 했으며, 또한 '천명'(天命)에 의탁해서 정신적 중압감과 충돌을 해소하고자 하였다. 그래서 결국에는 개인의 미신과 신권정치가 형성되었다.[32]

순자는 이성적인 인식과 의지를 굳건히 함으로써 인류의 이러한 잘

31) 『荀子』, 「天論」, "星隊木鳴, 國人皆恐. 曰, 是何也? 是天地之變, 陰陽之化, 物之罕至者也. 怪之可也, 而畏之非也. 夫日月之有蝕……則是雖並世起無傷也.……日月蝕而救之, 天旱而雩, 卜筮然後決大事, 非以爲得求也, 以文之也 故君子以爲文, 而百姓以爲神. 以爲文則吉, 以爲神則凶也."

32) 王友三 主編, 『中國宗教史』, 濟南, 齊魯書社, 1991년, 9~10쪽 참조.

못된 관념들을 해소시키고자 하여 '천생인성'(天生人成) · '제천용천'(制天用天)의 주장을 했으며, 또한 인간사회의 '치란'(治亂)은 인간 자신의 노력 여하에 따라 결정된다고 하는 신념으로 이러한 미신적인 관념들을 타파하여 사회의 안정을 도모하고자 하였다. 이와 같은 인간의 노력으로 '천'을 극복할 수 있다고 하는 사상은 '천'의 자연적 의미가 인문주의적 의미로 변화되었음을 의미하는 것이다.[33] 이는 바로 '천'과 사회와의 관계를 의미하는 것으로 그 원인과 의의에 대해 분석해 보겠다.

먼저 인간사회의 치란은 '천'의 의지에 있지 않고 인간의 행위에 달려있다는 문제에 관하여 순자는 비록 천지가 만물을 생성하는 것이지만, 만물을 생장시키고 양육하여 보전해서 인류에게 복을 가져다 줄 수 있게 하는 것은 인간들 자신의 노력에 달렸다고 생각했다. 또한 천지는 비록 수재 · 한재 · 지진 등의 여러 가지 돌변요소가 있어 인류의 생존을 위협하지만, 더욱 크게 인류의 생존을 위협하는 것은 바로 인간 자신이라고 생각했다.

> 천도는 일정하여 불변하는 것이다. 요임금 같은 성군이 나왔기 때문에 존재하는 것이 아니고, 걸과 같은 폭군이 나왔기 때문에 없어지는 것이 아니다. 치도로 대응하면 길하고 혼란함으로 대응하면 흉하다. 농사에 힘쓰고 절약해서 쓰면 하늘도 그것을 빈궁하게 할 수 없고, 의식이 풍족하고 운동을 적시에 하면 하늘도 그것을 병들게 할 수 없고, 도리에 따라 어그러지지 아니하면 하늘도 그것에 재앙을 내릴 수 없다.……국가의 치란은 하늘에 달려 있는 것일까? 일월성신의

33) 楊筠如, 『荀子研究』, 上海, 商務印書館, 1931년, 86쪽 참조.

> 역상은 우의 때나 걸의 때나 다 마찬가지이다. 그런데 우의 때에는 그것으로 다스려졌고 걸의 때에는 그것으로 어지러워졌다. 그렇다면 치란은 하늘과 상관있는 것이 아니다.……치란은 시절과 상관이 있는 것이 아니다.……그러니 치란은 땅 때문이 아니다.[34]

천지·사계절은 모두 같은 것이나 인간세상의 치세·난세와는 별개의 것으로 백성들의 길흉화복과는 전혀 무관하다는 것이다. 이것은 곧 인간의 화복과 '천도'는 전혀 관련이 없다는 것을 충분히 논증하여 주는 것으로, 인류가 만일 "농사에 힘쓰고 절약해서 씀", "의식이 풍족하고 운동을 적시에 함", "도리에 따라 어그러지지 아니함"과 같이 대비한다면, 수재나 한재 등의 재앙과 요괴의 출현과 같은 괴변이 발생한다고 해도 사회의 안정에 영향을 끼칠 수 없다는 것이다. 반대로 비·바람이 알맞은 때에 내리고 부는 등등 재난이 없어도 사회는 혼란해질 수도 있다.

> 매우 빈번하게 일어나는 일로서는 인간 사회의 요괴야말로 두려워하여야만 할 일이다. 경작을 소홀히 하여 심은 곡식을 해치고, 거칠게 김매어 수확을 잃고, 정치를 나쁘게 하여 민심을 잃고, 농지는 황폐하여 곡식의 결실은 나쁘고, 사들여오는 곡식은 비싸서 백성들은 굶주리고, 길거리에는 굶어죽은 사람들이 뒹굴고 있다, 이런 것을 두고 인요(人妖)라고 하는 것이다. 정령은 공명하지 못하고, (국가의 사업을)일

34) 『荀子』, 「天論」, "天行有常, 不爲堯存, 不爲桀亡. 應之以治則吉, 應之以亂則凶. 彊本而節用, 則天不能貧, 養備而動時, 則天不能病, 修道而不貳, 則天不能禍.……治亂天邪? 曰, 日月星辰瑞曆, 是禹桀之所同也. 禹以治, 桀以亂, 治亂非天也. ……治亂非時也.……治亂非地也."

> 정한 때를 가리지 않고 일으켰다 그만두었다하여, 농사가 잘 관리되지 못한다. 이런 일을 일컬어 인요라 한다. 예의가 지켜지지 않아 안팎의 일이 구별이 없고, 남녀관계도 음란하고, 부자간도 서로 의심하고, 상하관계는 괴리되고 외적의 침입이 빈번하게 발생한다. 이런 것을 일컬어 인요라 한다. 요망한 현상이란 인간사회의 혼란에서 생긴다. 이러한 세 가지의 인요가 교대로 발생하면 안전한 나라는 없다. 그 인요설이 매우 비근하나 그 재해는 매우 참혹한 것이다.[35]

국가의 재난이란 것은 실제로는 인간에 의해서 비롯된 인재(人災)인데, 이것을 일컬어 '인요'(人妖)라고 하는 것이다. 또한 개인의 길흉화복 역시 이와 같은 것으로 궁극적인 원인은 자신에게서 찾아야 하는 것이다. 그러므로 순자가 "군자는 자신에 관련된 문제를 신중히 하고, 하늘에 달려있는 문제를 추구하지 않는다. 그래서 날로 진보해 간다. 소인은 자신에게 관련된 문제를 버려두고, 하늘에 관계된 문제를 추구하니, 날마다 퇴보해 간다."[36]라고 말한 것에서 알 수 있듯이 그는 인간의 일체의 길흉화복이 모두 인간자신의 행위에 달려있는 것이지 '천도'에 달려있는 것이 아니라고 생각하였다. 그러므로 '천'을 원망하지도 흠모하지도 말 것이며, 군자는 반드시 인간사회 경영에 힘써야 할 것을 주장한다.

---

35) 『荀子』, 「天論」, "物之已至者, 人妖則可畏也. 楛耕傷稼, 耘耨失薉, 政險失民. 田薉稼惡, 糴貴民飢, 道路有死人,夫是之謂人妖. 政令不明, 擧錯不時, 本事不理, 夫是之謂人妖. 禮義不修, 內外無別, 男女淫亂, 則父子相疑, 上下乖離, 寇難並至, 夫是之謂人妖. 妖是生於亂, 三者錯, 無安國. 其說甚爾, 其菑甚慘."

36) 『荀子』, 「天論」, "君子敬其在己者, 而不慕其在天者, 是以日進也; 小人錯其在己者, 而慕其在天者, 是以日退也."

이와 같이 볼 때 순자는 사회에서 발생하게 되는 치란(治亂)의 원인이 '천'의 의지에 있는 것이 아니고 인간의 행위에 있다고 생각했음을 알 수 있다. 또한 순자는 인간의 본성에는 '악'한 성향이 있는 것으로 생각했는데, 이는 인간에게는 정욕이 있어서 이러한 정욕에 따라 행위를 하고 '예의'로써 규범을 삼지 않는다면 인간사회는 반드시 분란의 국면에 빠지게 될 것이라고 생각했다. 이러한 시기는 강자가 약자를 억압하고 다수의 사람들이 폭력을 일삼으니, 인류의 생명은 매우 위태로운 지경에 놓이게 된다. 그러므로 선왕(先王)이 인류의 군집(群集)생활 속에서의 분쟁을 해결하기 위해 '예의'를 제정하여 지위의 한계를 명확히 구분하고 합리적인 분배를 통하여 인류가 서로 해치고 죽이는 살육의 대란 상태에 이르지 못하게 한 것이다.

> 예는 어떻게 생기는 것일까? 사람에게는 태어나면서부터 욕망이 있다. 욕망이 있는데 손에 넣어지지 않으면 어떻게 하든 손에 넣으려고 추구한다. 추구하여 거기에 일정한 한계가 없으면 다투지 않고는 견뎌내지 못한다. 다투면 사회는 혼란하고, 혼란하면 드디어 사회는 막힌다. 선왕은 그 혼란을 싫어했던 것이다. 그래서 예의를 제정하여 사람들의 욕망에 일정한 한계를 지어, 그것으로 사람들의 욕망을 양육하고, 사람들의 욕구를 충족시키며, 욕망이 물질로 인하여 결코 파탄이 오지 않도록 욕망과 물질이 서로 균형을 유지하면서 증가해 가도록 하였다. 이것이 예가 발생하게 된 이유이다.[37]

---

37) 『荀子』, 「禮論」, "禮起於何也? 曰, 人生而有欲, 欲而不得, 則不能無求. 求而無度量分界, 則不能不爭. 爭則亂, 亂則窮, 先王惡其亂也, 故制禮義以分之. 以養人之欲, 給人之求. 使欲必不窮乎物, 物必不屈於欲, 兩者相持而長. 是禮之所起也."

이러한 '예의'(禮義)의 제정에 관하여 순자는 다음과 같은 세 가지 원칙을 근거로 해야 한다고 생각했다. 즉 천지 · 군사(君師) · 조상으로 이 가운데 조상은 자신의 근원을 대표하는 것으로 종족의 유래와 지속성을 뜻하고, 군사는 정치의 형성을 대표하는 것으로 교화가 광범위하게 베풀어짐을 의미하고, 천지는 백성들 식량의 생산을 대표하는 것으로 경제의 근원을 뜻한다. 이러한 세 가지 원칙은 인류생존의 근본조건을 포괄함과 동시에 사회구성원들 간의 긴밀한 유대관계를 포함한다.

> 예에는 세 가지 근본이 있다. 첫째로, 천지는 생명의 근본이다. 둘째로, 선조는 종족의 근본이다. 셋째로, 군사는 사회 안정의 근본이다. 천지가 없다면 결코 인간이 생겨나지 않으며, 선조가 없다면 결코 자손이 출현하지 않으며, 군사가 없다면 결코 사회가 안정될 수 없다. 따라서 셋 중의 하나라도 빠진다면 사람은 누구라도 안정될 수 없다. 그래서 예에서는 위로 하늘을 섬기고, 선조를 존경하고, 군사를 존경하고 있는 것이다. 이것이 예의 세 가지 근본이다.[38)]

이상과 같이 '예'는 세 가지 원칙에 근거해서 제정되는 것이나, 각종 예절제도들이 그것을 적용하는 대상들이 같지 않음으로 인해서 다른 규정들이 존재하는 것이다.

순자가 언급한 '예'는 그 함의가 매우 광범위 한데 '의'(義)도 그 안에 포함시켜야 한다.[39)] 그래서 합하여 '예의'(禮義)라고 하는 것이며,

---

38) 『荀子』, 「禮論」, "禮有三本. 天地者, 生之本也; 先祖者, 類之本也; 君師者, 治之本也. 無天地惡生, 無先祖惡出, 無君師惡治. 三者偏亡焉, 無安人. 故禮上事天, 下事地, 尊先祖而隆君師. 是禮之三本也."

이는 맹자가 '인'(仁)과 '의'(義)를 합하여 '인의'(仁義)라고 부르는 것과 같은 맥락을 형성한다. '예의'는 인류의 행위의 준거가 되지만 또한 자연현상의 규칙에 부합하는 것을 그 기준으로 삼아야 한다. 인류의 행위의 준거는 개인의 수신과 처세의 구체적인 행위의 규범을 포함하고 사회는 군집생활의 제도를 규범으로 이용한다. 순자는 특히 정치제도 및 사회적 제재를 중시하였다.[40]

순자에 있어서의 '예의'는 인류의 행동의 준거가 될 뿐만 아니라 각종 사무를 처리하는 원칙의 근거가 된다. '예의'는 비단 인간사회를 주재할 뿐만 아니라 자연계도 역시 주재하는데, 그래서 '예의'는 순자 사상의 기초가 되는 것으로 순자가 '예의'의 중요성을 강조한 목적은 '인문화성'(人文化性)에 있다. 즉 역사 문화적인 의미의 '예의'를 사회·정치상에 운용함으로써 국가경영과 이상적인 치세(治世)의 목적을 달성하고자 한 것이다.

> 나라에 예가 없으면 그 나라는 정상적이 아니다. 예가 국가를 바로 잡는 것은……[41]

> 학문이란 어디서 시작해서 어디에서 끝나는가? 학문하는 순서는 먼저 『시경』·『상서』 등 경전을 외우는 데서 비롯하고, 『예기』를 정독하는 데서 끝나는 것이며, 그 목적은 군자가 되는데서 비롯하여 성현이 되는데서 끝나는 것이다.…… 『예기』는 법의 근본인 동시에 사람으로서 지켜야할 관습의 근원인 것이다. 그러므로 학문은 『예기』에서

---

39) 李哲賢, 『荀子之核心思想』, 臺北, 文津出版社, 1994년, 158쪽 참조.

40) 陳定閎, 『中國社會思想史』, 北京, 北京大學出版社, 1990년, 184쪽 참조.

41) 『荀子』, 「王霸」, "國無禮則不正, 禮之所以正國也……."

끝나는 것이니, 이것이야말로 도덕의 극치인 것이다.[42)]

이와 같이 볼 때 순자가 중시한 '예'는 그의 전체사상에 있어서 핵심적인 부분이 되는 것이다. 이러한 '예'를 실천하는데 있어서 '정분'(定分)·'구평'(求平)·'화군'(和群)은 매우 중요한 위치를 차지하고 있는데, 그 구체적인 내용은 다음과 같다.

먼저 '정분'(定分)이다. '예'의 중점은 귀천·존비의 구별을 분명하게 밝혀서 사람들로 하여금 제각기 자신의 분수에 맞는 생활을 영위케 하는데 있다. 순자는 만일 장유(長幼)의 구분이나 귀천(貴賤)의 구분이 명확해 지지 않으면 곧 천하는 매우 혼란스러운 상태에 빠지게 되어 재앙이 발생한다고 보았다.[43)]

> 사람이 세상에 태어나면서부터 군집생활을 아니할 수 없고, 군집생활을 하는데 상하의 분별이 없으면 싸움이 벌어지게 되고, 싸움이 벌어지면 세상이 혼란해지고, 세상이 혼란해지면 모두가 곤궁에 빠져들게 된다. 그러므로 상하의 분별이 없다고 하는 것은 인간에게 있어서 가장 큰 손실이다.[44)]

> 인간은 군집생활을 떠나 서로 헤어져 각자의 공을 서로 통하지 않

---

42) 『荀子』, 「勸學」, "學惡乎始?, 惡乎終? 曰, 其數則始乎誦經, 終乎讀禮. 其義則始乎爲士, 終乎爲聖人.……禮者法之大分, 群類之綱紀也. 故學至乎禮而止矣. 夫是之謂道德之極."

43) 許俊雅, 「禮之精神及社會價値」, 『孔孟月刊』, 第二十三卷 第十二期, 臺北, 1982年, 16쪽 참조.

44) 『荀子』, 「富國」, "人之生不能無群, 群而無分則爭; 爭則亂, 亂則窮矣. 故無分者, 人之大害也."

> 는다면 모두가 곤궁을 겪게 되고, 군집생활을 하더라도 상하의 분별이 없으면 반드시 싸우게 된다. 곤궁은 근심거리요 싸움은 재앙이다. 근심거리를 없애고 재앙을 떨어버리면, 무엇보다도 상하의 분별을 명백하게 하여 군집생활을 하게 하는 것이 제일이다.[45]

순자는 인간에게 있는 장유·지혜와 어리석음·귀천 등이 각기 다르다고 생각하였는데, 만일 적당한 분배가 이루어지지 않는다면 각기 그 응분의 지위와 대가를 획득하기 위하여 서로 다투게 되어 천하는 대란에 빠지게 된다고 했다. 그렇기 때문에 반드시 '예의'를 제정하여 그 나눔의 기준을 정해야 한다고 생각했다. 이와 같이 분업과 협력의 효능이 제대로 발휘 될 때 사회는 조화롭게 진보할 수 있다고 믿었다.

> 무릇 천자의 귀함과 천하를 갖는 부는 누구나 원하는 것으로 인정으로서 누구나 다 하고 싶은 일이다. 그러나 그 욕망을 방임하면 누구나 되는 것이 아니며, 그것으로 끝나는 것도 아니다. 그러므로 선왕이 이를 위하여 예의로 절제하여 분별한 것이다. 귀천의 차등과 장유의 차등이 있게 되고, 어질고 어리석음과 능하고 못한 구별을 알게 하여, 다 그 일을 맡아 각각 적소를 얻게 한 후에, 녹의 많고 적고 후하고 박한 정도의 적당한 한계가 있게 한 것이므로, 이것이 사회생활의 총화 통일을 얻게 하는 도리인 것이다.[46]

---

45) 『荀子』, 「富國」, "離居不相待則窮, 群而無分則爭. 窮者患也, 爭者禍也. 故救患除禍, 則莫若明分使群矣."

46) 『荀子』, 「榮辱」, "夫貴爲天子, 富有天下, 是人情之所同欲也. 然則從人之欲, 則勢不能容, 物不能贍也. 故先王案爲之制禮義以分之. 使有貴賤之等, 長幼之差, 知賢愚能不能之分. 皆使人載其事, 而各得其宜, 然後使慤祿多少厚薄之稱. 是夫群居和一之道也."

다음은 '구평'(求平)이다. 정치는 계급을 구분하고 사회는 유형을 나누어 많은 불평등을 형성했다. 순자는 정치상의 적재적소에서 인류의 평등을 주장했다. 즉 순자는 선천적인 불평등은 인력으로 극복할 수 있다고 믿었는데, 이는 곧 총명함과 지혜로움은 비록 모든 인류가 제각기 다르지만 후천적인 노력여하에 따라서 그 성취의 대소를 결정할 수 있는 것으로서, 세습적인 제도에 의해서 결정되는 것이 아니라는 것이다.

> 사람의 성품과 지능은 군자나 소인이나 같고, 영예를 좋아하고 치욕을 미워하며 이익을 좋아하고 손해를 싫어하는 것은, 군자 · 소인이 같지만……요 · 우와 같은 성인이 되면 항상 안녕과 영화를 누릴 수 있으나, 걸이나 도척과 같은 악한이 되면 위험과 치욕을 면할 날이 없다. 또 요 · 우와 같이 되면 늘 유쾌하고 편안하나, 목수나 장인, 농군이나 상인이 되면 늘 바쁘고 고단하다. 그런데도 사람들이 후자를 힘쓰고, 전자를 힘쓰는 사람이 적은 것은 무슨 까닭일까? 그것은 전혀 보고 듣고 배운 것이 없는 데다 소견이 좁기 때문이다. 요 · 우도 나면서부터 성인이 아니요, 본래의 성품 곧 구태를 변화시켜 수양을 거듭 쌓았기에 비로소 그와 같은 성덕이 갖추어지게 된 것이다.47)

> 왕이나 귀족, 사대부의 자손이었다 하더라도 예의에 힘쓸 수 없다면, 그들을 서인으로 신분을 낮추고, 비록 서인의 자손이라 할지라도 학문을 쌓아 몸가짐을 바르게 하여 행동하고 힘쓴다면, 그 인물을 재

47) 『荀子』, 「榮辱」, "材性知能, 君子小人一也. 好榮惡辱, 好利惡害, 是君子小人之所同也.……爲堯禹則常安榮, 爲桀跖則常危辱. 爲堯禹則常愉佚, 爲工匠農賈則常煩勞. 然而人力爲此, 而寡爲彼, 何也? 曰陋也. 堯禹者非生而具者也. 夫起於變故, 成乎修, 修之爲待盡而後備者也."

상이나 사대부로 끌어올리는 것이다.[48)]

즉 순자는 비록 왕이나 귀족·대부의 자손일지라도 부지런히 학문에 힘쓰지 아니하고 '예'를 배우기를 게을리 한다면 마땅히 서민의 신분으로 강등시킬 것을 주장한다. 또한 반대로 비록 서민의 자손이라도 박학과 예에 통달한다면 경상(卿相) 대부의 지위에 올릴 것을 주장했다.

끝으로 '화군'(和群)이다. 순자가 주장한 '정분'·'구평'의 목적은 조화로운 공동체 생활의 이상적인 경지에의 도달에 있다고 할 수 있다. 즉 순자는 사람들이 세상에서 각자의 본분을 지켜 월권행위를 하지 않는다면 나눔의 기준이 정해진다고 생각하는 한편, '정분'과 '화군' 에 맞게 일을 처리해 나간다면 최고의 실효를 거둘 수 있다고 믿었다.

> 인간의 힘은 소에 미치지 못하고, 달리는 속도는 말에 미치지 못한다. 그럼에도 불구하고 소나 말이 인간에게 사용되는 것은 도대체 어떠한 이유에서일까? 그것은 인간은 사회를 구성할 수 있으나 소나 말은 그것이 안 되기 때문이다. 그러면 인간은 무엇으로써 사회를 구성할 수 있는가? 그것은 계급적 신분질서에 의해서이다. 그러면 그 계급적 신분질서는 무엇으로 실현할 수 있을까? 그것은 의에 의해서 이다. 이와 같은 이유로 계급적 신분질서가 실현되면 사람들은 화합하고……그러므로 인간은 이 세상에 태어나면 사회를 구성하지 않을 수는 없지만, 사회를 구성해도 계급적 신분질서가 없으면 분쟁이 일어나고, 분쟁이 일어나면 사회는 혼란해지고, 혼란하면 사람들은 흩어지

48) 『荀子』, 「王制」, "雖王公大夫之子孫, 不能屬於禮義, 則歸之庶人. 雖庶人之子孫, 積文學, 正身行, 能屬於禮義, 則歸之卿相士大夫."

> 고, 흩어지면 약해지고, 약해지면 이길 수 없게 된다. 그렇게 되면 건물 안에서 안심하고 생활할 수도 없게 된다. 이는 인간은 잠시라도 예의를 저버릴 수 없다는 사실을 의미하고 있는 것이다.[49)]

또한 순자는 인간과 짐승의 가장 큰 차이는 인간이 '예의'를 제정할 수 있어 '정분'과 '구평'을 통하여 조화로운 군집사회를 형성하는 것에 있다고 보았다. 조화로운 군집사회를 형성하는 구체적인 방법으로 순자는 다음과 같은 네 가지를 말했다. 즉 '생양'(生養) · '반치'(班治) · '현설'(顯設) · '번식'(藩飾)이다. '생양'은 사회민생 문제에 속하는 것으로 농업을 중시하여 그것을 만사의 근본으로 삼는 것이며, '반치'는 관직을 설치하여 행정제도를 건립하는 것이며, '현설'은 사람을 기용하는 표준을 만드는 것으로 인재를 적재적소에 활용하는 것이며, '번식'은 봉록의 표준을 제정하는 것이다. 순자는 만일 이상 언급한 것들을 제대로 시행만 한다면 천하가 모두 돌아올 것이며 백성들이 마음으로부터 기뻐하며 따를 것이니 천하의 평화는 저절로 이루어 질 것이라고 생각했다.

이상의 논거를 종합해보면 순자는 사회의 치란은 천(天)의 뜻과는 무관하다고 생각하였으며 사회 치란의 진정한 관건 소재는 바로 인간 자신에게 있다고 생각하여 반드시 '예의'로써 사회를 이끌어야만 비로소 정치적인 안정과 백성들의 생활이 개선될 수 있다고 믿었다.

---

49) 『荀子』, 「王制」, "力不若牛, 走不若馬, 而牛馬爲用何也? 曰人能群, 彼不能群也. 人何以能群? 曰分. 分何以能行? 曰義. 故義以分則和.……故人生不能無群, 群而無分則爭. 爭則亂, 亂則離, 離則弱, 弱則不能勝物. 故宮室不可得而居也. 不可少頃舍禮義之謂也."

4. 맺는 말

순자의 '천'(天)사상에 있어서 그가 강조한 '천인지분'과 '천생인성'의 주장은 사실상 중국철학의 '천인합일설'과 상호 대립되는 것이 아니며 심지어는 유가의 '천인합일'이론의 부족한 점을 보충해주는 역할을 했다고도 할 수 있다. 즉 인간은 자연 속에서 생존하면서 자연의 일부분을 이루고 있기 때문에 마땅히 자연과 더불어 하나로 합일해야 한다. 그렇기 때문에 순자는 천군·천관·천성·천정의 이론을 말한 것이다. 인간의 천관은 유형의 생리현상이며, 천군·천성·천정은 무형의 심리현상으로, 만일 이러한 생리와 심리현상 두 측면이 정상적으로 표현되기 위해서는 반드시 자연의 상도(常道)에 합치되어야 하는데 이러한 것이 바로 '천인합일'의 도리인 것이다. 순자의 '천인지분'과 '천생인성'의 본의는 인간이 자연원리를 근거로 하여 인간생활의 각종 활동에 유익함을 더 해주는데 있었다. 이러한 자연의 도리를 근거로 삼고 인간의 응용을 더하여 그 효용이 극에 달하면 천지간의 모든 만물들로 하여금 이상적인 경지에 다다르게 할 수 있는 것이다.

유가의 '천인합일설'의 주요한 의의는 인간이 천과 더불어 하나가 되는 것을 긍정하는데 있지 않으며, 인심과 천심의 합치 즉 인간의 뜻과 천의 뜻의 합일을 통하여 인간과 천의 조화에 있는 것이다. 이는 곧 순자의 '천인분직'·'천생인성'과 더불어 같은 맥락을 형성하는 것으로, 순자가 말한 "하늘에는 천체의 순행이나 사계절의 순환운동을 관리한다는 직분이 있고, 땅에는 생존에 필요한 자원의 생산을 관리한다는 직분이 있고, 인간에게는 사회의 안정을 실현한다는 직분이 있어

대체로 이것을 능히 참여한다고 하는 것이다."[50]는 것과 상통한다고 할 수 있다.

순자의 '천인분직' · '천생인성'의 주장은 한편으로 '천인합일'과 상통하는 측면이 있으나, 그의 진정한 의도는 '제천' · '용천'의 중요성을 강조하는데 있었으니 이것이 순자의 '천'(天)사상의 핵심이 되는 것이다. 순자는 인류가 '천'을 자연물로 보아 그것을 잘 이용해야 한다고 생각하였는데, 즉 자연현상을 잘 이용하여 인류생존에 도움을 줄 수 있도록 해야 한다고 하는 한편 인류의 지혜를 운용하여 끊임없는 연구개발을 통해서 생산력을 증진시켜 결국에는 모든 인류가 풍요로운 삶을 영위할 수 있도록 하는 이상에 도달하고자 하였다. 순자는 인류가 이러한 이상을 실현하기 위해서는 무엇보다 먼저 교육에서부터 착수해야 한다고 생각하였는데, 교육을 통하여 '화성기위'(化性起僞)를 이룰 수 있고, 교육을 통하여 잘못된 미신을 타파할 수 있고 나아가 '제천' · '용천'에 도달할 수 있다고 믿었는데 이는 곧 현대의 과학적 사고방식에 합치되는 것이다.

---

50) 『荀子』, 「天論」, "天有其時, 地有其財, 人有其治, 夫是之謂能參."

參考文獻

王先謙,『荀子集解』, 北京, 中華書局, 1992년.

北京大學哲學系注釋,『荀子新注』, 臺北, 里仁書局, 1983년.

李滌生,『荀子集釋』, 臺北, 學生書局, 1991년.

楊筠如,『荀子硏究』, 上海, 商務印書館, 1931년.

周群振,『荀子思想硏究』, 臺北, 文津出版社, 1987년.

魏元珪,『荀子哲學思想』, 臺北, 谷風出版社, 1987년.

陳大齊,『荀子學說』, 臺北, 中國文化大學出版部, 1989년.

李哲賢,『荀子之核心思想』, 臺北, 文津出版社, 1994년.

馬積高,『荀學源流』, 上海, 上海古籍出版社, 2000년.

馮友蘭,『中國哲學史新編』 第二冊, 北京, 人民出版社, 1995년.

藩菽 主編,『中國古代心理思想硏究』, 南昌, 江西人民出版社, 1983년.

王友三 主編,『中國宗敎史』, 濟南, 齊魯書社, 1991년.

陳定閎,『中國社會思想史』, 北京, 北京大學出版社, 1990년.

薛保綸,「荀子的天論」,『哲學與文化』, 第三卷 第十三期, 臺北, 1978년.

傅佩榮,「荀子天論硏究」,『哲學與文化』, 第十二卷 第三期, 臺北, 1985년.

許俊雅,「禮之精神及社會價値」,『孔孟月刊』, 第二十三卷 第十二期, 臺北, 1982년.

제9장 순자의 인성론

1. 시작하는 말

고대 중국의 인성론 전통에 있어서 맹자의 '성선설'(性善說)과 함께 한 획을 그어온 순자의 '성악설'(性惡說)에 대하여 지난 시간들 속에서 수많은 학자들이 각기 나름대로의 해석과 견해를 피력해왔다. 그러나 이러한 해석과 견해들 대부분이 순자의 '성악설'을 이루는 중요한 성분의 하나인 '선악'(善惡) 개념의 분석을 간과한 경향들을 보이고 있다.

순자가 언급한 '성'(性)은 형식적인 측면에서 본다면 다음과 같은 두 가지의 의미를 가지고 있다고 할 수 있다. 즉 '성'은 타고난 것이라는 의미이고, 다른 하나는 자연적인 것이라는 의미이다. 이러한 두 가지 의미 가운데 어느것 하나만 갖추고 있어도 '성'이라고 할 수 있는 것이다. 이러한 정의를 바탕으로 실질적인 측면에 본다면 '성'은 자연적인 생명의 여러 가지 징후라고 할 수 있는 것으로서 곧 인간의 자연적 성질을 의미한다고 할 수 있다. 좀 더 구체적으로 말한다면 감각기

관과 그 기능 그리고 생리적 욕구 및 심리적 욕망 등을 포함한다고 할 수 있다. 이와 같은 '성'에 대하여 '본능이 곧 성(性)이다'라는 주장도 할 수 있는 것이다.

'본능이 곧 성이다'라고 한다면 '성'의 문제에 관하여 순자는 마땅히 고자(告子)처럼 "성(性)에는 선(善)함도 없고 불선(不善)함도 없다"[1]라고 주장했어야 함에도 불구하고 '성은 악하다'라는 주장을 한다. 순자는 도대체 왜 본성이 '악'하다는 주장을 한 것일까? 그는 기존의 학설과 다른 새로운 이론체계를 세우기 위해서 본성이 '악'하다는 주장을 한 것일까? 아니면 피치 못할 모종의 고충이 있었던 것일까?

순자가 본성이 '악'하다고 하는 주장은 이후 학술계의 주요 쟁점 가운데의 하나가 되었으며, 심지어 그는 이러한 주장으로 인해서 신랄한 비판을 받기도 했다. 현대에 와서 많은 학자들은 이러한 순자의 '본능이 곧 성이다'라는 주장에 대하여 제각기 다른 해석과 주장을 내놓고 있지만, 그들의 해석과 주장이 과연 보편타당한 것인가라는 의문이 생긴다. 그러므로 본문에서는 이러한 문제들에 대한 명확한 정리를 통하여 순자는 어떤 이유 때문에 본성이 '악'하다고 주장했는가를 규명하고, 그가 언급한 '본성은 악하다'는 주장 속에는 어떠한 함의가 담겨져 있는지를 현대적인 시각에서 재조명 하고자 한다.

2. 성악에 대한 현대학자들의 해석

인간의 본성이 '악'하다고 하는 주장은 순자의 사상체계 가운데 후

1) 『孟子』, 「告子上」, "人性之無分於善不善也."

세 학자들로부터 가장 주목을 받음과 동시에 의견이 분분한 부분이라고 할 수 있을 것이다. 이와 같이 인간의 본성이 '악'하다고 하는 주장 때문에 순자는 송대(宋代)에 많은 리학자들로부터 많은 비판을 받는데 특히 정이천(程伊川) 같은 경우 "순자는 심하게 순수하지 않음에 치우쳐 있다. 그는 '본성은 악한 것이다'라고 하는 한마디 때문에 그 큰 근본을 이미 상실했다."[2]라고 비판을 한다.

현대의 학자들은 순자의 인간의 본성이 '악'하다는 주장에 대하여 송나라 시기의 리학자들처럼 감정적인 비판에서 벗어나 비교적 객관적인 각도에서 비판하지만, 일부 개념들의 의미를 명확하게 규정하지 못했기 때문에 순자가 주장한 '성악'(性惡)에 대한 이해가 제각기 다른 양상을 보이고 있다.

모종삼(牟宗三)은 순자의 '본성은 악한 것이다'라는 주장에 대하여 비교적 합리적인 해석을 하는데, 그의 해석은 현대 신유학자들 사이에서 상당한 영향력과 대표성을 지니고 있다고 할 수 있다.

> 순자는 인간의 본성에 대하여 단지 한 측면만을 보았는데, 그것은 인간을 생리적 욕구를 가진 자연 생명체로만 본 것이다. 이러한 동물적인 성향을 가진 자연 생명체는 그 자체로만 보았을 때 악하다고 할 수 없으며 자연적일 뿐이다. 그러한 것을 따르기만 하고 조절하지 않는다면 곧 악과 무질서가 발생할 것이다. 이것이 바로 순자가 말하는 본성은 악하다 라는 것이다.[3]

---

2) 程頤, 程灝, 『二程全書』, 遺書十九, 臺北, 臺灣中華書局, 1990년.

3) 牟宗三, 『名家與荀子』, 臺北, 學生書局, 1985년, 223쪽 참조.

즉 모종삼은 순자가 언급한 인간의 본성이란 것은 인간의 자연적 성향을 의미하는 것으로, 이러한 자연적 성향에는 '선'(善)이나 '악'(惡)이라고 하는 가치판단이 내재되어 있지 않은 가치중립적인 것이기 때문에 인간의 본성이 '악'하다고는 할 수가 없다고 말하는 것이다. 그러나 순자는 그의 저서 곳곳에서 인간의 본성은 '악'하다고 언급하고 있는데, 이러한 문제에 대하여 과연 어떻게 해석해야 할 것인가의 문제에 직면하게 된다. 다시 말하면 자연적 성향으로서의 본성과 '악' 사이에는 어떠한 상관관계가 성립되어 있는가의 문제에 직면하게 된다는 것이다. 이러한 문제에 대한 해답은 다음과 같다. "그러한 것을 따르기만 하고 조절하지 않는다면 곧 악과 무질서가 발생할 것이다. 이것이 바로 순자가 말하는 본성은 악하다라는 것이다." 즉 자연적 성향으로서의 본성을 따르기만 하고 적절하게 조절하지 않는다면 '악'과 무질서가 발생하는 결과가 초래될 것이라는 것을 의미한다. 그렇기 때문에 순자는 본성은 '악'한 것이라고 주장했다는 것이다.

위정통(韋政通)은 이러한 문제에 대하여 좀 더 진일보한 견해를 내놓는다.

> 인간 본성의 자연적 성향에서 악이 발생한다는 것의 관건은 바로 자연적 성향을 따른다는 것에서 찾아질 수 있다. 자연적 성향을 따른다는 것은 바로 자연적인 본능을 따르기만 할 뿐 그러한 자연적인 본능을 절제할 줄 모른다는 것을 의미한다. 현실의 삶 속에서 인간은 욕망이 없을 수 없다. '인간은 태어날 때부터 욕망이 있다'(禮論)는 말은 보편적인 사실이다. 인간은 욕망을 가지고 있을 뿐만 아니라 본능을 따르기 때문에 결국은 욕망이 많은 존재로 궁핍함이 누적되어도

만족할 줄 모른다. 그래서 인간과 인간 사이에는 쟁탈이 발생하여 결국 폭력이 출현하는 것이다. 그러므로 인간 본성의 자연적 성향이 요구하는 것을 따른 결과 인간의 본성은 악하다는 결과가 출현하는 것은 필연적이라고 할 수 있다.[4)]

인간 본성의 자연적인 성향은 욕망을 추구하기 때문에 욕망이 많고 그러한 욕망을 충족시켜줄 수 있는 재화가 적은 상황 속에서, 만일 모든 인간들이 자연적인 성향을 따르기만 하고 절제하지 않는다면 반드시 인간들 사이에서 쟁탈과 혼란이 발생하게 되는데 이것이 바로 '악'의 국면인 것이다. 이와 같이 인간 본성의 자연적인 성향이 추구하는 것을 따르기만 했을 때 반드시 '악'의 국면이 조성된다면, 순자의 인간의 본성이 '악'하다는 주장은 설득력을 얻게 되는 것이다.

위정통은 여기에서 특히 "그러한 것을 따르기만 한다"라는 점을 강조하는데, 이는 한편으로 인간 본성의 자연적인 성향이 '악'으로 변화되어지는 필연성을 설명한 것으로 모종삼의 해석에 비하여 더욱 설득력을 갖게 된다. 그는 다른 한편으로는 "그러한 것을 따르기만 한다"는 의미 속에는 선택의 의미가 내재되어 있다고 했다. 다시 말하면 비록 본성에는 '악'으로 편향되는 경향이 있기는 하지만 인간 스스로 이러한 경향을 따를 것인가 혹은 거스를 것인가를 선택할 수 있기 때문에, '악'의 출현은 선택에 의해 결정될 수 있다는 것이다.

이상과 같은 위정통의 해석은 인간 본성의 자연적인 성향으로부터 '악'이 생성될 수 있다는 점을 관건성의 문제로 설명하는 한편, '악'의 기원문제에 대한 설명도 있기는 하지만, 본성이 '악'하다는 문제에 대

4) 韋政通, 『荀子與古代哲學』, 臺北, 臺灣商務印書館, 1992년, 68쪽 참조.

한 직접적인 해석은 없다.

본성이 '악'하다는 문제에 관해서는 진대제(陳大齊)의 해석이 앞서 언급한 두 학자들의 부족한 부분을 보충할 수 있다고 판단된다.

> 본성이 악하다고 하는 말의 진정한 의미는 본성이라고 하는 심리적 요소 그 자체가 악하다는 의미가 아니라, 그러한 본성에 의해 발생되는 행위로 인해 결과적으로 조성된 사실이 악하다는 것이다.[5)]

진대제는 윤리학의 '동기론'과 '결과론'의 구분에 근거하여 순자가 취한 것이 '결과론'이라고 생각했다. 즉 그는 인간 본성의 자연적인 성향을 따르게 되면 '악'의 결과가 조성될 수 있기 때문에 순자는 이러한 '악'의 발생근거로서의 본성을 '악'하다고 보아서 '성악'을 주장한 것이라고 한 것이다. 엄밀하게 본다면 순자의 '성악설'은 '인성향악설'(人性向惡說)일 뿐이다.[6)]

그렇지만 '인간의 본성은 악하다'라는 명제를 '인간의 본성에는 악한 경향이 있다'라고 해석했을 때 여전히 해결해야할 문제가 발생하는데, 그 이유로는 인간의 본성은 '악'하다는 명제와 인간의 본성에는 '악'한 경향이 있다는 명제 사이에는 분명한 차이점이 존재하기 때문이다. 구체적으로 말하자면 후자는 단지 인간의 본성에 '악'한 경향이 있다는 것만을 초래할 뿐 인간의 본성 그 자체는 결코 '악'이 아니라는 것이며, 전자는 인간의 본성 자체가 '악'한 것이기 때문에 개선의 필요가 있다는 것이다.

---

5) 陳大齊, 『荀子學說』, 臺北, 中國文化大學出版部, 1989년, 58쪽 참조.

6) 陳大齊, 『荀子學說』, 臺北, 中國文化大學出版部, 1989년, 66쪽 참조.

요명춘(廖名春)은 순자가 인간의 본성 그 자체를 '악'한 것으로 본 것에 대하여 다음과 같은 논리로 긍정한다.

> 순자의 성악론은 인간 본성이 자연적 성향의 기초 위에서 건립된 것이다. 순자는 이익을 좋아하고 남을 미워하고 시기하며 좋은 음악과 아름다운 여인을 좋아하는 것은 인간의 생리적 본능이라고 생각했다. 이러한 것은 '태어날 때부터 가지고 있는'것으로 이러한 본능은 분쟁과 서로 해침 그리고 음란함의 근원이 되는 것으로, 이는 '편벽되고 불공평하여 바르지 못한 것이 되어, 도리에 벗어나서 어지럽게 되고 만다'는 것의 근원이 된다는 것이다. 그러므로 그는 인간의 이러한 생리적 본능은 악한 것이라고 생각한 것이다. 이것이 바로 순자가 주장한 성악론의 논리이다.7)

인간의 본성에는 '악'한 경향이 있다는 진대제의 이론과 비교했을 때 요명춘의 해석은 인간의 본성은 본래 '악'하다는 주장으로도 불리어질 수 있을 것이다. 그러나 요명춘은 바로 이어서 순자의 이러한 주장에 대하여 비판을 한다. 즉 순자가 인간의 사회성과 자연적 본능을 명확하게 구분하지 못한 결과로 주장된 인간의 본성은 '악'한 것이라는 명제는 잘못되었다는 것이다.

> 순자의 성악론은 선천적 성악론이다. 그래서 그는 '양보'·'신의나 신뢰'·'예의나 규범'과 같은 후천적 작위를 인간의 본성에서 배제시켜 본성 외의 것으로 간주한다. 그러나 '이익을 좋아함'·'남을 미워하고 시기함'·'좋은 음악과 아름다운 여인을 좋아함'과 같은 것들은 태어날

7) 廖名春, 『荀子新探』, 臺北, 文津出版社, 1994년, 106～107쪽 참조.

때부터 갖게 되는 자연적 속성이라고 할 수 있을까? 이것은 문제의 소지가 있다. 사실 '이익을 좋아함'에서는 과연 어떤 것이 이익인지가 파악 될 때 비로소 좋아할 수 있는 것이며, '남을 미워하고 시기함'에서는 어떤 점을 미워해야 할지를 인식할 때 비로소 시기할 수 있는 것이며, '좋은 음악과 아름다운 여인을 좋아함'에서는 먼저 어떤 것이 아름답고 어떤 것이 추한 것인지를 판별할 수 있을 때 비로소 좋아할 수 있는 것이다. 이러한 좋아함과 시기함 모두는 학습을 통해서 체득되는 것이지 인간의 자연적인 본능 속에 갖추어져 있는 것이 아니다. 순자는 이와 같이 인간의 사회적 속성을 자연적 본능에 귀결시켜 악과 인간의 생리적 욕구를 연결시킨 일면에 매몰되어 인간의 본성이 악하다는 결론을 도출해냈는데, 이는 완전히 틀린 견해다.[8)]

'이익을 좋아함'·'남을 미워하고 시기함'·'좋은 음악과 아름다운 여인을 좋아함' 등은 태어날 때부터 갖게 되는 것이 아니다 라는 주장은 틀린 말은 아니지만, 이러한 것들이 인간의 본성에 속하지 않는다고 했을 때는 문제가 발생한다. 즉 순자가 언급한 인간의 본성에는 태어날 때부터 가지게 되는 것이라는 의미 이외에 자연적인 것이라는 의미도 있다. 즉 '이익을 좋아함' 등등은 비록 태어날 때부터 갖게 되는 선천적인 속성은 아닐지라도 자연적인 것이라고 할 수 있으며, 이러한 것들은 교육과 학습의 필요가 없는 것이기 때문에 본성에 귀속시킬 수 있는 것이다.

이상에서 언급한 현대학자들의 '성악'에 대한 해석들은 비록 다 같은 것이라고 할 수는 없지만, 모두 본성과 '악'의 관계에 초점을 집중

8) 廖名春, 『荀子新探』, 臺北, 文津出版社, 1994년, 107쪽 참조.

하여 자연적인 속성과 '성악' 사이의 불일치의 해결을 시도했다. 그렇기 때문에 순자가 사용한 '악' 개념의 특수한 의미에 대한 분석이 불가피하게 소홀할 수밖에 없었던 것이다.

3. 선과 악의 개념

순자가 사용한 '선'과 '악'의 개념은 두 가지 측면의 의미가 있다는 주장이 있는데 다음과 같다. 즉 완벽함과 열악함의 의미이고, 다른 하나는 선량함과 악함의 의미라는 것이다.[9] 만일 이러한 주장이 정확한 것이라면 우리는 앞서 언급한 학자들의 논의가 모두 '악'함의 의미에만 집중되어 있을 뿐 열악함의 의미에 대해서는 인식을 소홀히 했기 때문에 자연적인 속성과 '성악' 사이의 불일치의 문제를 해결할 수 없었을 것이라고 생각할 수 있는 것이다.

앞서 언급한 바와 같은 장기지(張豈之)의 구분방법은 위에서 언급한 문제들에 대한 해결의 실마리를 제공했다고 할 수 있다. 그의 견해에 의하면 '성악'이라고 하는 것은 본성의 열악함을 의미하고 다른 한편으로는 본성의 '악'함을 의미하는 것이라고 말할 수 있다.

> 순자가 언급한 본성은 자연적인 천성이나 원초적 자질과 생리적 본능을 의미하는 것으로 어떠한 가공과 개선을 거치지 않은 상태의 것을 말한다. 이러한 의미에서 본다면 그가 언급한 '성악'은 인간 본성의 열악함을 의미하는 것이다. 그러나 그는 또 인간의 본성을 원초적 자질로 보고 그 속에는 예의나 법률제도를 만들어 내거나 포함시킬 수

9) 張豈之,『中國儒學思想史』, 臺北, 水牛出版社, 1992년, 123쪽 참조.

도 없다고 강조하는 한편 예의나 법률제도와도 상충된다고 강조했다. 예를 들면 '인간의 본성을 따르고 감정에 따라서 행동한다면 반드시 서로 다투고 빼앗고 하면서 사회질서의 어지러움을 야기 시켜 무법사회가 출현하게 된다' 『荀子』, 「性惡」 이러한 의미에서 본다면 그가 언급한 '성악'은 본성의 악함을 지칭하는 것이다. 이와 같이 볼 때 '악'에는 열악함의 의미와 악함의 의미가 있는 것이다.[10]

위의 인용문에서 볼 수 있듯이 '선량함'이라는 것은 '예의나 법률제도'에 부합한 내용을 의미하는 것이며, '악'함이라는 것은 '예의나 법률제도'에 위배되는 행위를 의미한다. 바꿔 말하면 이는 도덕표준에 부합되는지의 여부에 따라 '선'과 '악'을 구분한 것이기 때문에, '선'과 '악'은 도덕과 비도덕의 개념에 상당한다고 할 수 있을 것이다. 그러나 서복관(徐復觀)을 비롯한 일부 학자들은 이러한 각도에서 이해되어진 순자의 '성악'은 성립할 수 없다고 생각했다.[11] 즉 순자가 언급한 본성의 개념 속에는 도덕적 의미가 내재되어 있지 않기 때문에 '선'은 도덕이고 '악'은 비도덕이라고 말할 수가 없다는 것이다.

『순자』 속에 '선'과 '악'의 개념은 각각 200여 차례 정도 보이며 그 의미 역시 매우 다양하다고 할 수 있다. 그러나 '선'과 '악'이 함께 보이는 경우는 「성악性惡」의 "성악선위"(性惡善僞)와 "선악지분"(善惡之分)외에 다음과 같은 곳에서 보여 진다.

현명한 사람을 존중하고 유능한 인사를 기용하여 공적이 있는 사람

10) 張岂之, 『中國儒學思想史』, 臺北, 水牛出版社, 1992년, 123~124쪽 참조.

11) 徐復觀, 『中國人性論史』, 臺北, 臺灣商務印書館, 1990년, 255~256쪽 참조.

에게는 상을 주고 죄가 있는 사람에게는 벌을 내리는 것은 군주 혼자서만 행한 것이 아니다. 그것은 옛 성왕(聖王)으로부터 내려온 법도요 민심을 통일하는 근본이며, 선함을 선하다고 하고, 악함을 악하다고 하는 당연한 응대로서 국가의 다스림은 반드시 이러한 상벌의 법도에 의존해야 한다는 것은 옛날이나 지금이나 한가지인 것이다.[12)]

위의 인용문 가운데 "선함을 선하다고 하고, 악함을 악하다고 하는 당연한 응대"라는 말은 대략 '선하면 상을 주고 악하면 벌을 준다'는 의미에 상당한다고 볼 수 있는데, 그 속에는 '선'과 '악'을 도덕과 비도덕의 의미로 이해한듯한 분위기가 담겨져 있으며 또한 도덕적 행위에 대하여 장려를 하고 비도덕적 행위에 대해서는 징벌을 가해야 한다는 의미가 담겨져 있다. 그러나 문장 전체의 맥락에서 볼 때 여기에서 말하고자 하는 요점은 공적과 죄의 문제에 있다. 즉 "공적이 있는 사람에게는 상을 주고, 죄가 있는 사람에게는 벌을 내린다"는 말속에서 의미하는 바는 한 개인의 공과(功過)에 대한 상벌의 문제이지 개인의 도덕수양 문제와는 무관하다고 할 수 있는 것이다. 그러므로 위의 인용문에서 언급된 '선'과 '악'을 도덕과 비도덕의 문제로 이해하는 것은 문제의 소지가 있다고 판단된다.

부정한 음악이 사람의 마음을 감동시키게 되면 여기에 따라 부정한 기운이 일어나게 되고, 그 부정한 기운은 마침내 부정한 노래와 춤으로 나타나 사람의 마음을 음탕하게 만들어 혼란이 생기게 된다. 그러나 바른 음악이 사람의 마음을 감동시키게 되면 이에 따라 바른 기운

12) 『荀子』, 「彊國」, "夫尙賢使能, 賞有功, 罰有罪, 非獨一人爲之也, 彼先王之道也, 一人之本也, 善善惡惡之應也, 治必由之, 古今一也."

이 일어나게 되고, 그 바른 기운은 바른 노래와 춤으로 나타나 사람의 마음을 아름답게 만들어 여기서 질서가 생기게 된다. 노래하고 화답하는 데는 서로 맞아 어울리는 것이 있고, 선과 악 또한 마찬가지로 류(類)에 따라 같은 결과를 낳는다. 그러므로 군자는 무엇보다도 음악에 있어서 정(正)과 사(邪)를 신중하게 가려 부정한 것을 버리고 바른 것을 따르는 것이다.[13)]

위의 인용문은 음악과 사회적 분위기와의 관계에 대하여 설명한 것이다. 즉 퇴폐적인 음악은 사람들의 마음을 뒤흔들어 사회적 혼란을 야기 시키고, 좋은 음악은 사람들의 정서를 순화시켜 사회의 질서를 유지시키는 기능을 한다는 것이다. 여기에서 언급된 '선'과 '악' 역시 도덕적 의미를 가지고 있지 않다고 할 수 있다.

순자는 「성악性惡」에서 '선'과 '악'의 개념에 대하여 다음과 같이 설명하고 있다.

옛날부터 지금에 이르기까지 세상에서 말하는 선이라고 하는 것은 바르고 이치에 맞으며 질서가 있는 것이다. 일반적으로 말하는 악이라고 하는 것은 편벽되고 불공평하고 도리에 어긋나 혼란한 것이다. 이것이 바로 선과 악의 구분이다.[14)]

잠일성(岑溢成)은 위의 문장 가운데서 "바르고 이치에 맞으며 질서가 있는 것과 편벽되고 불공평하고 도리에 어긋나 혼란한 것"은 개인

13) 『荀子』, 「樂論」, "凡姦聲感人而逆氣應之, 逆氣成象而亂生焉. 正聲感人而順氣應之, 順氣成象而治生焉. 唱和有應, 善惡相象, 故君子愼其所去就也."

14) 『荀子』, 「性惡」, "凡古今天下之所謂善者, 正理治平也; 所謂惡者, 偏險悖亂也. 是善惡之分也已."

의 도덕행위와 사회질서 유지와도 관련이 있다고 주장한다. 즉 순자는 '선악' 구분의 기준을 '예의'와 이러한 두 측면의 의미를 갖춘 것으로 삼았다는 것이다. 그러나 잠일성은 순자가 인간과 짐승의 구분에 대하여 언급할 때 비교적 사회질서 유지의 측면에 편중되어 있다는 점을 강조한다.[15] 순자가 '성악'을 주장한 까닭은 '인간이 인간 되는 이유'를 바로 사회질서 유지에 근거하였기 때문이며 또한 인간과 짐승의 차이점에 대해서도 이러한 기준을 적용하기 때문에, 순자에게 있어서 사회질서 유지의 의미가 개인의 도덕행위의 의미에 선행된다고 할 수 있는 것이다.

사회질서의 측면에서 보았을 때 '선'이라고 하는 것은 "바르고 이치에 맞으며 질서가 있는"상태를 의미하는데, 이는 사회의 이상적이고 완벽한 상태를 말한다. 또한 '악'이라는 것은 "편벽되고 불공평하고 도리에 어긋나 혼란한" 상태를 의미하며 이는 이상적이지 못하고 불안정한 상태를 의미한다. 또한 순자는 「불구不苟」에서도 '예의'와 '비예의'(非禮義)로써 사회적 질서와 혼란에 대하여 설명을 한다. 즉 순자는 이상적이거나 완벽한 사회적 상태는 바로 '예의'의 표현이 그 구체적인 내용이 되어야 하는 것이며, 이상적이지 못하고 불안정한 사회적 상태는 '예의'가 결여되어 있거나 도덕적 상태가 이루어지지 않은 것을 의미한다고 생각한 것이다. 여기에서의 '선'과 '악'은 도덕과 비도덕의 개념에 상당히 접근되었다고 할 수 있다.

순자의 도덕과 비도덕에 관한 논의 역시 주목할 만한 가치가 있다

15) 岑溢成, 「荀子性惡論析辯」, 『鵝湖學誌』, 第3期, 臺北, 文津出版社, 1989년, 52~54쪽 참조.

고 할 수 있다.

> 타인의 선함을 보면 마음을 가다듬어 반드시 스스로 내 자신을 돌이켜보고, 타인의 선하지 않은 것을 보면 걱정이 되어 혹시 나에게도 그러한 결점이 없나 반성하여 볼 것이다. 그래서 나에게 선함이 있으면 굳건히 지켜 스스로 기뻐할 것이요, 선하지 않음이 나에게 있으면 재앙이 나에게 있듯이 미워할 것이다.[16)]

위의 인용문에서 말하고자 하는 바는 바로 타인의 도덕기준에 부합하는 행위를 보면 반드시 자신의 행위 역시 도덕적 요구에 부합하는지를 냉정하게 성찰하고, 타인의 도덕기준에 위배되는 행위를 보게 되면 자신 역시 같은 잘못을 범하지 않았는지 돌이켜 반성해야만 한다는 것이다. 또한 자신의 행위가 도덕기준에 부합된다면 마땅히 그러한 점을 굳게 지켜나가야 하며, 자신의 행위가 도덕기준에 위배된다면 마땅히 잘못된 점을 개선하여 같은 실수를 되풀이해서는 안 된다는 것이다.

> 이제 만일 선하지 않은 사람과 함께 있다면 항상 듣는 것은 사람을 속이는 거짓말 뿐, 또 항상 보는 것은 추악함과 사악함 그리고 탐욕뿐이다. 이렇게 하여 자기 자신에게 형벌이 가해지는 상황으로 몰려도 자각하지 못하는 것은 주위로부터의 영향에 따른 완만한 변화이기 때문이다.[17)]

---

16) 『荀子』, 「修身」, “見善, 修然必以自存也; 見不善, 愀然必以自省也. 善在身, 介然必以自好也, 不善在身, 菑然必以自惡也.”

17) 『荀子』, 「性惡」, “今與不善人處, 則所聞者欺誣詐僞也, 所見者汙漫淫邪貪利之

이것은 환경의 중요성을 강조한 언급으로 만일 개인이 품행이 불량한 사람들과 어울리게 되면 그러한 사람들로부터 보고 듣게 되는 것은 모두 남을 기만하는 거짓말과 추악하고 사악한 행위와 탐욕스러운 마음일 뿐으로 시간이 지나면 자신 역시 이러한 악습에 물든다는 것이다.

이상과 같이 볼 때 순자가 사용한 '선'과 '악'의 개념은 오늘날 현대인들이 사용하는 '선'과 '악'의 개념과 의미상에 있어서 분명한 차이가 존재하고 있음을 알 수 있을 것이다. 다시 말하자면 순자가 언급한 '선'과 '악'에는 도덕과 비도덕의 의미가 내재되어 있지 않기 때문에 확연하게 구분되는 것이다. 다만 그가 언급한 "선악지분"(善惡之分)과 "성악선위"(性惡善僞)의 주장들 속에서 도덕과 비도덕과 유사한 개념이 보일 뿐이며, 그가 도덕과 비도덕을 설명할 때 사용한 개념 역시 '선'과 '불선'이다.

4. 性惡善僞

순자는 「성악性惡」에서 "인간의 본성은 악이며, 그 선한 요소는 모두 후천적인 작위에 기인하는 것이다."라는 언급을 하는데, 이것은 그의 인성에 대한 기본적인 관점이라고 말 할 수 있다. 또한 문장 전반에 걸친 논의는 결국 이러한 주장의 연장이라고 할 수 있다. 앞서 진행된 논의를 근거로 하여 순자의 "인간의 본성은 악이며, 그 선한 요소는 모두 후천적인 작위에 기인하는 것이다."를 해석해 보면 다음과 같다

行也. 身且加於刑戮而不自知者, 靡使然也."

고 할 수 있다. 즉 인간의 자연적 성향은 불완전하고 비도덕적인 것이고, 완전하거나 도덕적 행위의 실현은 후천적인 학습과 노력에 의해야 한다는 것이다. 이러한 주장은 "생리적 본능을 인성이라고 한다"의 각도에서 인간의 본성을 인식한 것이 아니고 "인간이 인간 되는 까닭"의 각도에서 인간의 본성을 인식한 것이라고 할 수 있다. 즉 순자는 인간을 도덕적 존재로 인식하는 유가의 근본정신을 계승하여, 이러한 기준으로부터 그는 본성이 비도덕적이라고 생각하고 '성악'을 주장한 것이다. 그러므로 본문에서는 '성악'과 '선위'의 문제에 대한 분석을 중심으로 논의를 진행해보도록 하겠다.

먼저 '성악'에 대하여 살펴보겠다. 이 문제에 관하여 장기지는 '성악'은 한편으로는 본성의 열악함을 의미하고 다른 한편으로는 본성의 악함을 의미한다고 주장했다.[18] 즉 본성이란 것은 비도덕적인 것이라는 것이다. 그렇기 때문에 '성악'의 '악'을 비도덕적 의미로 해석할 수 있다는 주장인데, 그의 이와 같은 주장은 그 타당성이 부족하다는 것을 이미 앞에서 언급했다. 그렇다면 여기에서 우리는 '성악'과 '악성'의 차이에 대하여 살펴볼 필요가 있다고 생각된다. 즉 '성악'에서 '성'은 비도덕적 의미를 내포하고 있으며, '악성'에서의 '성'은 도덕이 아니라는 의미를 내포하고 있는 것이다.[19]

필자는 비록 순자가 언급한 '성악'에서 '악'을 도덕이 아니라는 해석

18) 張豈之, 『中國儒學思想史』, 臺北, 水牛出版社, 1992년, 124쪽 참조.

19) 鮑國順은 인간의 자연적인 성향이 '惡性'으로 변하게 되는 원인을 인간이 자연적인 욕망을 좇기만 할 뿐 절제할 줄 모르기 때문에 발생하게 되는 것이라고 주장한다. 그가 언급한 '악성'은 바로 이런 의미이다. 鮑國順, 『荀子學說析論』, 臺北, 華正書局, 1993년, 13쪽 참조.

에는 동의 할 수는 없지만, 이러한 주장은 '도덕이 아님'의 근원에 대한 해석을 가능하게 해준다고 본다. 모종삼 등과 같은 학자들의 견해에 의하면 인간 본성의 자연적인 성향이 '악성'으로 변하게 되는 관건성의 문제는 결국 "자연적 성향으로서의 본성을 따르기만 한다"는 데에서 찾아질 수 있다는 것이다. 즉 자연적인 성향으로서의 본성 그 자체는 '악'이 될 수가 없고 다만 그러한 성향을 조절하지 못하고 제어하지 못했을 때 '악'의 결과가 조성된다는 것이다.

그러나 순자는 "자연적 성향으로서의 본성을 따르기만 한다"는 것만이 '악'의 근원적인 문제라고 보지 않았다. 또한 순자는 한 걸음 더 나아가 "자연적 성향으로서의 본성을 따르기만 한다"는 것으로부터 '악'이 조성될 수 있는 원인을 '성악'에 있다고 보았다. 즉 본성 자체가 '악'이라는 것이다. 일반적으로 우리는 순자의 '성악설'에 대하여 단편적으로 전자의 의미에만 관심을 집중할 뿐, 후자의 의미를 소홀히 하는 경향이 있는데 바로 이러한 후자의 의미가 순자가 주장하고자 했던 핵심이라고 할 수 있는 것이다.

그러므로 '악성'은 다음과 같은 두 가지의 조건들을 만들어낸다고 할 수 있다. 하나는 인간의 자연적인 성향은 불완전하다는 것이고, 다른 하나는 인간의 자연적인 성향을 방임한다는 것이다. 인간의 자연적인 성향을 방임했을 경우 '악'의 결과가 조성된다는 말 속에는 '방임'이라고 하는 선택을 포함하고 있음과 동시에 상대적으로 조절이나 제어를 선택할 수 있는 성분을 포함하고 있기 때문에 의지의 자유 관점에서 본 것이라고 할 수 있다. 그러나 이러한 주장은 그 설득력이 매우 약하다고 할 수 있다. 즉 어째서 방임을 선택한 것이 도덕적인 것이 아니란 말인가?

이러한 문제는 당시의 유가의 학자들이 직면했던 문제였다고 할 수 있다. 즉 당시에 성행했던 일부 사조들 가운데는 인간의 자연적 성향이 완벽하고 이상적인 것이라고 생각하여 일체의 외재적 간섭을 배제한 자연 그대로의 상태로 방임할 것을 주장하는 학파도 있었기 때문에 유가에서 중시하는 '예의법도'나 '인문제도' 등은 필요 없는 것으로 취급되었다. 이러한 상황 속에서 인간의 본성을 자연 그대로의 상태로 방임하자는 이론의 문제점을 지적하기 위해서 순자는 '성악'을 주장한 것이다. 즉 순자는 인간의 본성은 불완전하고 결함이 있는 것이기 때문에 그것을 방임하고 조절하지 않는다면 '악'의 결과가 조성된다고 보았던 것이다. '악'의 형성은 한편으로는 자유의지의 선택 결과에 의한 것이며, 다른 한편으로는 이러한 선택이 도덕적인 것이 아니기 때문에 '성'은 비도덕적인 것이라는 것이다.

순자가 주장한 '성악선위'(性惡善僞)는 '성'과 '위'의 구분이 단지 선천적인 것과 후천적인 것의 구분에만 그치는 것이 아닐 뿐만 아니라 동시에 '위'의 결과가 반드시 '선'이 되는 것이 아니라는 점을 의미하기도 한다. '위'와 '선'은 두 측면의 의미를 가지고 있기 때문에 이러한 주장을 상당히 복잡한 형태로 만드는 한편 다양한 이해를 가능하게 하는 것이다. '선위'의 문제에 대한 이해를 보다 쉽게 하기 위하여 '위선'(僞善)의 문제와 비교하여 분석해보도록 하겠다.

'선위'는 다음과 같은 두 가지 의미를 함축하고 있다. 첫 번째 의미는 인격의 완성과 도덕은 후천적인 학습과 노력에 의해서 실현된다는 것이다. 이때의 '선'은 '악'과 상대적인 의미로서의 '선'이며, '위'는 수양

혹은 인위적인 노력 등을 의미한다. 이러한 의미는 반드시 '성악'과 동반되어 이해되어져야 할 것이다. 앞서 언급한 것처럼 '성'은 불완전하고 비도덕적인 것이기 때문에 인간 행위의 준칙이 되지 못하는 것이다. 인간 본성의 불완전하고 비도덕적인 성향만으로는 동물과의 차이를 규정 지울 수 없기 때문에 반드시 인간만의 특징을 규정 지울 수 있는 그 무엇이 필요한 것이다. 다시 말하면 '성악'과 대비되는 개념으로서 그 무엇이 필요하다는 것이다. 이러한 '성악'과 대비되는 개념으로서 그 무엇이 바로 '선위'라는 것이다. 이러한 '선위'는 도덕과 이상은 인간의 학습과 노력에 의해 실현된다는 것을 의미한다. 이렇게 인간의 인위적인 노력과 실천의 중요성을 강조한 순자의 '선위'는 도가(道家)에서 주장한 '무위'(無爲)와 분명한 대비를 이루고 있다고 할 수 있다.

다른 하나의 의미는 도덕은 반드시 실천이 전제가 되어야한다는 것이다. 만일 인간이 실천을 하지 않는다면 도덕이라고 하는 것은 그 존재이유를 상실하게 되는 것이다.[20] '선위'는 단지 '선'이 반드시 '위'를 그 전제로 해야만 한다는 것을 의미할 뿐, '위'의 결과가 반드시 '선'이 되어야 한다는 의미는 포함하고 있지를 않다.(여기에서의 '선'은 '불선' 즉 비도덕과 대비되는 의미로서의 '선'을 의미한다.) 바꿔 말하면 도덕의 영역은 인간이 그것을 실천하는 것으로부터 열리는 것이며, 이러한 영역 내에서야 비로소 도덕과 비도덕이라고 하는 것이 있게 된다는 것이다.

---

20) 『荀子』, 「儒效」, "도(道)라는 것은 하늘의 도(道)도 아니고 땅의 도(道)도 아니며, 사람으로서 마땅히 걸어가야 할 길로서 군자가 밟아나가야 할 길을 말한다."라고 언급되어있는 것에서 볼 수 있듯이 순자에 있어서의 도는 자연의 법칙을 의미하는 것이 아니라 인간세계의 규범을 의미하는 것이다.

'위선'(僞善)에서의 '위'는 이상(理想)의 의미로 간주해서 해석해야 하며, '선'은 두 가지 의미를 겸해서 가지고 있다고 할 수 있다.[21] 이상의 의미로서의 '위'란 장기적인 학습과 노력이 축적되어 나온 결과를 의미하며 이러한 결과를 '선'이라고 부른다. 사회적 차원에서 본다면 이것은 인류문명에 대한 긍정으로 인류가 장기간에 걸쳐 자연과의 투쟁 속에서 점차 원시생활에서 벗어나 문명생활로의 진입을 했음을 의미하는 것이다. 개인적 차원에서 본다면 이것은 성인(聖人)이라는 존재가 선천적으로 성인이 된 것이 아니고 장기간에 걸친 자아수양과 노력을 거쳐 만들어진 존재라는 것을 의미하는 것이다. 즉 장기간 노력을 하면 성인이 될 수 있다는 것이다.

이와 같이 '위선'은 '위'와 '선' 사이에 어떠한 필연적 관련이 있다는 것을 나타내고는 있지만, 그러한 필연성은 자연계의 인과율적 필연성이 아니고 인간세계 속에서의 실천 가운데의 필연성을 의미하며 끊임없는 실천을 그 전제로 한다.

이상과 같은 '성악선위'(性惡善僞)의 주장 속에는 인간의 본성이 불완전하다는 것이 지적되어 있다. 인간의 본성이 불완전한 이유에는 다음과 같은 것이 있다. 즉 소극적인 측면으로는 '예의'(禮義)가 없고 '예

---

21) 여기에서 말하는 두 가지 의미를 겸해서 가지고 있는 말은 의리적인 측면에서 언급한 것이다. 앞서 장기지(張豈之)의 견해를 비판한 이유는 바로 그가 이러한 두 가지 의미를 보편적으로 응용을 했기 때문이다. 그러나 '性惡善僞' 주장의 측면에서 본다면, '선'과 '악'은 기본적으로는 '완벽함'과 '조악함'으로 해석되거나 '도덕'과 '비도덕'으로 해석되는 것이 비교적 타당하다고 생각된다. 또한 개별적이고 다른 상황 속에서는 이 둘이 병존될 수도 있다. 그러나 이러한 두 의미에는 선후가 있는데, 즉 먼저 기본적인 의미가 있고 그 뒤에 응용한 의미가 있다는 것이다.

의'를 알지 못하기 때문이며, 적극적인 측면으로는 도덕행위를 방해하기 때문이다.[22] '성악'의 주장은 기본적으로 '선위'를 기준으로 해서 나온 것이다. 즉 '선위'라는 것은 한편으로 '선'의 의미와 범위를 규정하는 것으로 그것은 인간의 실천행위를 통해서 드러나는 것이기 때문에 본성이라고 말할 수 없는 것이며, 다른 한편으로는 '성악'은 해결의 방법을 제공해주며 또한 '선'으로 통할 수 있는 길을 제시해주고 있는데 그것이 바로 실천이라는 것이다.

5. 맺는 말

앞에서 살펴본 바와 같이 인간의 본성이 '악'하다고 하는 주장은 순자의 사상체계 가운데 후세 학자들로부터 가장 주목을 받는 한편 의견이 분분한 부분이라고 할 수 있다. 특히 현대학자들의 순자가 언급한 '성악'에 대한 해석들은 비록 다 같은 것이라고 할 수는 없지만, 모두 본성과 '악'의 관계에 초점을 집중하여 자연적인 속성과 '성악' 사이의 불일치의 해결을 시도했다고 볼 수 있으며, 그렇기 때문에 순자가 사용한 '악' 개념의 특수한 의미에 대한 분석이 불가피하게 소홀할 수 밖에 없었던 것이다. 그러므로 관심의 초점을 '악'의 의미에 맞춰서 순자가 과연 어떻게 이러한 개념을 사용했는지 분석한 결과는 다음과 같다.

---

22) 잠일성(岑溢成)은 '성악'을 강한 의미와 약한 의미로 구분한다. 즉 강한 의미는 '예의'가 파괴된 것을 뜻하고, 약한 의미는 '예의'가 결핍된 것을 뜻한다고 한다. 岑溢成, 「荀子性惡論析辯」, 『鵝湖學誌』, 第3期, 臺北, 文津出版社, 1989년, 56쪽 참조.

순자가 사용한 '선'과 '악'의 개념은 그 의미에 있어서 오늘날 현대인들이 사용하는 개념과는 의미상에 있어서 분명한 차이가 존재하고 있다고 할 수 있다. 이러한 차이는 순자가 언급한 '선'과 '악'에는 도덕과 비도덕의 의미가 내재되어 있지 않기 때문에 존재하는 것이다. 다만 그가 언급한 '선악지분'(善惡之分)과 '성악선위'(性惡善僞)의 주장들 속에서 도덕과 비도덕과 유사한 개념이 보일 뿐이며, 또한 그가 도덕과 비도덕을 설명할 때 사용한 개념 역시 '선'과 '불선'이다.

또한 순자가 언급한 '성악선위'의 주장 속에는 인간의 본성이 불완전하다는 것이 지적되어 있다. 인간의 본성이 불완전한 이유에는 다음과 같은 것이 있다. 즉 소극적인 측면으로는 '예의'가 없고 '예의'를 알지 못하기 때문이며, 적극적인 측면으로는 도덕행위를 방해하기 때문이다. '성악'의 주장은 기본적으로 '선위'를 기준으로 해서 나온 것이다. 즉 '선위'라는 것은 한편으로 '선'의 의미와 범위를 규정하는 것으로 그것은 인간의 실천행위를 통해서 드러나는 것이기 때문에 본성이라고 말할 수 없는 것이며, 다른 한편으로는 '성악'은 해결의 방법을 제공해주며 또한 '선'으로 통할 수 있는 길을 제시해주고 있는데 그것이 바로 실천이라는 것이다.

參考文獻

王先謙, 『荀子集解』, 北京, 中華書局, 1992년.

程頤, 程灝, 『二程全書』, 遺書十九, 臺北, 臺灣中華書局, 1990년.

牟宗三, 『名家與荀子』, 臺北, 學生書局, 1985년.

韋政通, 『荀子與古代哲學』, 臺北, 臺灣商務印書館, 1992년.

陳大齊, 『荀子學說』, 臺北, 中國文化大學出版部, 1989년.

廖名春, 『荀子新探』, 臺北, 文津出版社, 1994년.

張豈之, 『中國儒學思想史』, 臺北, 水牛出版社, 1992년.

徐復觀, 『中國人性論史』, 臺北, 臺灣商務印書館, 1990년.

鮑國順, 『荀子學說析論』, 臺北, 華正書局, 1993년.

岑溢成, 「荀子性惡論析辯」, 『鵝湖學誌』, 第3期, 臺北, 文津出版社, 1989년.

제10장 순자의 정치론

1. 들어가는 말

순자는 공자와 맹자로 대표되는 전통유가의 학설을 계승하여 정치 분야에 있어서 도덕의 숭상을 통한 천하의 안정을 가장 중요한 가치체계로 생각했기 때문에 그의 '예치'(禮治) 사상이 탄생하게 된다. 전통유가에서는 한 개인의 수신으로부터 치국평천하에 이르는 모든 과정이 외재적 도덕규범에 의해서 행해져야 한다고 주장하고 있다. 즉 개인에서부터 시작하여 천하의 모든 사람들에게 이르기까지 모두가 이러한 외재적 도덕규범에 의해서 질서의식이 생기게 된다면 천하는 바로잡히게 된다는 것이다. 그러나 순자는 전통유가의 이러한 관념체계와는 좀 다른 생각을 가지고 있었는데, 그 이유는 순자가 생존했던 시기의 시대적 상황은 공자나 맹자가 생존했던 시기의 상황과는 상당 부분에 걸쳐 다른 양상을 보였기 때문이다. 순자가 생존했던 시기는 사회적으로 모든 사람들이 자신의 이익만을 추구하여 사람들 사이에

분쟁과 찬탈이 발생하였으며 국가 사이에는 이익 때문에 전쟁이 빈번하게 발생하던 시기였다. 즉 당시는 모든 사회적 가치 및 정치적 행위들이 모두 이익에 초점이 맞춰져 행해지고 있는 상황이 만연하고 있었다. 그렇기 때문에 순자의 정치사상은 현실적적인 측면에서 국가를 효과적으로 통치하는 방법에 그 초점이 맞춰질 수밖에 없었던 것이다.

순자의 국가 통치방법에는 일정 정도의 도덕준칙이 존재하고 있음을 부정할 수는 없다고 할 수 있는데, 그 실례로 '예'(禮)의 규범과 상벌의 시행과 인재의 등용 등등의 국가를 통치하는 방법론 속에서 이러한 도덕준칙을 찾아볼 수 있다. 그러므로 순자에게 있어서 통치하는 방법(이하 治道라고 표현)은 정치의 도리(이하 政道라 표현)에서 파생되어 나온 것이라고 할 수 있는 것이다.

본문에서는 순자에게 있어서의 '정도'의 문제에 대하여 먼저 '예로써 다스림'(禮治)을 통해 분석해보고, 그 다음에 군주를 존중하는 방법을 통해 분석을 하고, 마지막으로 백성들을 귀하게 대하는 방법을 통하여 분석해 보도록 하겠다.

2. '예치'를 통해본 '정도'

순자가 언급한 '예'는 개인의 자기수양으로부터 시작되어 결국에는 국가나 사회에까지 확대되어 가는 것에 초점이 맞춰졌다고 할 수 있다. 즉 먼저 개인이 일정한 규범을 만들어 그것을 지킬 수 있게 만들고 다시 그러한 것을 사회와 국가에까지 확충해나가게 하는 것이다. 그렇기 때문에 순자는 사회와 국가적인 측면에서 '예'의 세 가지 분야

(구분, 양육, 절제)에 걸친 효용성을 언급한다. 이러한 세 가지 효용성을 중심으로 '예치'에 대하여 살펴보도록 하겠다.

순자는 국가가 반드시 표준이 되는 규범을 제정해야 한다고 함과 동시에 이러한 표준을 제정하는 데는 반드시 일정한 구분이 있어야 한다고 했다. 즉 백성들을 제 각각의 직업에 따른 본분이 있게 만드는 것이다. 가정에서 부모의 본분이나 자식으로서의 본분을 지켜야하는 것뿐만 아니라 국가나 사회적으로도 능력에 따라 직분을 나누어서, 농민은 농민으로서 수공업자는 수공업자로서 상인은 상인으로서 직분에 맞는 일에 종사해야 하며 관료는 관료로서의 직분에 최선을 다하게 만드는 것이다. 이와 같은 '구분의 관념'은 순자의 '치도'(治道)에서 다음과 같이 네 가지 측면으로 나타나 있다.

먼저 경제적인 측면이다. 순자는 백성들의 타고난 재주는 다양한 양상을 띠고 있기 때문에 사회적으로도 사무나 노동이라고 하는 다양한 종류의 업무가 존재한다고 했다. 그렇기 때문에 순자는 태생적으로 뛰어난 분별 능력과 임기응변 능력 그리고 예의도덕을 잘 체득할 수 있는 능력을 가진 사람은 관직에 적합하고,[1] 또한 태생적으로 이득을 좋아하고 언변이 능숙한 사람은 상인에 적합하다고 했다. 이와 같이 관료나 농민 수공업자 상인들은 제 각기 자신에게 적합한 직분이 있는 것이라고 순자는 역설했다.

순자는 각각의 직종에 종사하는 사람들이 자신의 직분에 최선을 다하여 자신의 업무를 최고로 만들게 되면 결국은 반드시 만족할 만한

1) 陳伯堅, 「荀子政治思想探微」, 『復興崗學報』 第36期, 臺北, 國防大學政治作戰學院, 1986년, 433쪽 참조.

성과를 거두게 된다고 하였다. 즉 농민이나 수공업자가 많은 잉여 생산물을 갖게 되면 그들은 그것들을 시장의 상인들에게 팔게 되고 상인들은 그것들을 매매함으로써 재화를 유통시킬 수 있게 된다. 이러한 과정들을 통하여 자연스럽게 수공업자와 농민과 상인들은 충분한 생필품을 확보할 수 있게 되는 것이다.[2] 그러므로 이런 활동을 통해서 백성들이 부유해지면 국가는 세금을 걷게 되는 것이며 그것으로 관료들에게 녹봉을 줄 수 있게 되는 것이다. 이와 같이 관료 농민 수공업자 상인들 모두가 윤택한 생활을 영위할 수 있기 때문에 구분은 각 업종에서 비중 있게 취급되어지는 것이다. 그렇기 때문에 순자는 농업을 중시하면서 상공업을 진작 시키는 정책이 실행될 수 있다고 한 것이다.

또한 순자는 농업을 중시하는 정책을 쓰게 되면 농민들 모두가 농토로 돌아가 부지런히 경작을 하게 되기 때문에 그 결과 농민들은 상당한 정도의 재화를 보유하게 된다고 주장했다. 이러한 결과를 도출시키기 위해서는 군주로부터 일반 관료들에 이르기까지 모두가 자신의 직분에 최선의 노력을 경주해야만 한다고 했는데, 즉 백성들을 긍휼히 여기는 마음가짐으로 백성을 위해서 봉사하고,[3] 합리적인 방법으로 국가의 지출 비용을 절약하고 농민들을 기만하지 않아야 한다는 것이다. 이러할 때 비로소 농민들은 자발적으로 농사에 최선의 노력을 경주하게 된다고 하였다.

순자는 상공업을 진흥시키는 정책은 수공업자들이나 상인들이 자신

2) 楊素珍, 「荀子禮論與其政治思想的關聯」(上), 『孔孟月刊』 第34卷, 第2期, 臺北, 1995년, 21쪽 참조.

3) 王忠林, 『荀子讀本』, 臺北, 三民書局, 1996년, 401쪽 참조.

의 능력을 충분히 발휘할 수 있도록 환경을 조성해주고[4] 관료들이 시장에 좋은 여건을 제공할 수 있도록 만들어주는 것이라고 했다. 즉 순자는 수공업자들과 상인들이 편리한 도구들을 만들어낼 수 있게 하는 한편 상품의 유통을 더욱 원활하게 할 수 있도록 여건을 조성하게 되면 국가 경제는 더욱 견고해질 것이라고 했다. 그러므로 순자는 농업을 중시하고 상공업을 진작시키는 경제정책은 '구분의 관념'을 극대화시켜 경제발전을 가능하게 하는 것이라고 주장했다.

> 상인들이 정직하면 무역이 안정되고, 상품이 잘 유통되어 국가가 풍족해질 것이다. 수공업자들이 정직하게 물건을 만들어 내면 도구가 실생활에 편리하고 생산량이 풍족할 것이다. 농민들이 순박하여 부지런히 농사에 힘쓰면 농사시기를 놓치지 않고 땅의 이로움을 잃지 않고 다른 사람들과 조화를 이룰 수 있어 모든 일에서 실패하는 경우가 없을 것이다.[5]

다음은 군사정책 측면이다. 순자는 국방정책의 군대제도에서 사대부를 포함한 모든 관리들이 자신의 위치를 굳건하게 지키며 적군이 침략을 했을 때는 최후의 순간까지 최선을 다해서 위수해야 한다고 했다. 그리고 장수나 병졸들은 더욱 그러해야 하고 모든 군령에 복종함과 동시에 기율을 엄수해야 한다고 했다. 또한 장수는 군대를 통솔하는 책무에 충실해야 하고 병졸은 용감하게 적군과 맞서고 지휘관의

---

4) 蘇新鋈, 『先秦儒學論集』, 臺北, 文津出版社, 1992년, 284쪽 참조.

5) 『荀子』, 「王霸」, "商賈敦慤無詐, 則商旅安貨通財而國求給矣. 百工忠信而不楛, 則器用巧便而不匱矣. 農夫朴力而寡能, 則上不失天時, 下不失地利, 中得人和而百事不廢."

통솔에 복종해야 한다고 했다. 순자는 이와 같이 장수에서 병졸에 이르기까지 모든 사람들이 각자의 직분에 충실하면 제도는 자연히 정비가 되고 군대는 자연히 규율이 서게 된다고 보았던 것이다.[6] 이러한 군사정책은 '구분의 관념'을 잘 운용하여 강력한 군대를 운영할 수 있는 원동력이 되는 것이라고 할 수 있는 것이다.

그 다음은 인재등용의 측면이다. 순자는 사람들의 지적능력과 사무처리 능력 그리고 규범 준수 여부의 차이에 따라 적합한 직위를 부여해야만 한다고 생각했다. 그리고 직위 역시 처리하는 일의 중요도에 따라 차이와 구분이 있어야 한다고 했다. 이러한 두 종류의 여건이 서로 조정되어 걸맞을 때 직위와 능력은 서로 부합하게 되어 '구분의 관념' 목적에 도달할 수 있게 되는 것이라고 보았다.[7] 이러한 것 외에도 순자는 군주가 일정한 원칙과 규범을 가지고 일을 처리해야만 한다고 했다. 즉 군주와 신하의 사이에는 대화하는 방법이나 행동거지 등에 관련하여 규범이나 의전이 분명히 있어서 일정한 한계를 넘어서는 안 된다는 것이다. 순자는 이와 같이 실제적으로 신하들을 대하는 과정 속에서 '구분의 관념'이 나타나는 것으로 보았다.

끝으로 포상과 처벌의 측면이다. 순자는 사람들이 행한 일의 결과에 따라 징계와 포상의 기준을 마련해야 한다고 했다. 즉 큰 공적이 있으면 포상도 그에 상응하게 커야만 하고 공적이 작으면 포상 역시 적어야만 하는 것이며, 큰 범죄를 저지르면 형벌도 그에 상응하게 엄중해야 하고 작은 범죄를 저지르면 형벌 역시 가벼워야만 한다는 것

---

6) 韋政通, 『荀子與古代哲學』, 臺北, 臺灣商務印書館, 1992년, 138쪽 참조.

7) 羅漢文, 「荀子的政治思想」, 『政治評論』 第40卷 第3期, 臺北, 1982년, 48쪽 참조.

이다. 순자는 이와 같이 일정한 기준에 의거하여 일을 처리해나간다면 큰 과오 없이 포상과 처벌의 실행이 그 목적에 맞게 실현될 수 있을 것이라고 보았다. 좀 더 정확하게 말하자면 순자는 포상과 처벌의 경중을 나누는 원칙은 바로 '구분의 관념'에 의거해서 만들어진다고 보았던 것이다. 즉 순자는 포상을 하고 형벌을 내리는 것의 경중을 구분하는 기준은 가장 가벼운 벌금형 및 상금수여에서부터 가장 무거운 사형 및 관직의 수여에 이르기까지로 구분할 수 있다고 보았다.[8] 이와 같이 볼 때 순자의 인간 행위의 결과에 대한 상벌의 타당한 기준 및 상벌의 경중에 대한 기준의 마련은 모두 '구분의 관념'에서 파생된 것이라고 할 수 있을 것이다.

순자는 백성들이 삶을 영위해나가는 과정 속에서 일정한 정도의 만족을 느끼게 만들어야 한다고 했다. 또한 순자는 이러한 만족을 물질적인 측면뿐만 아니라 정신적인 측면에서도 느낄 수 있도록 해주어야 한다고 했다. 순자는 인간 자체가 욕망을 가진 존재이며 이러한 욕망은 인간의 본성으로 어떻게 제거할 수 없는 것이기 때문에 '예'의 작용에 의하여 절제할 수 있게 만들어야 한다고 생각했다.[9] 그리고 순자는 이러한 '절제'라고 하는 것은 백성들의 욕망을 계도하여 백성들의 욕망이 합리적으로 만족할 수 있도록 만들어주는 기능을 한다고 보았다. 그래서 부강한 나라의 윤택한 백성들은 실제적인 행위에 있어서 '욕구를 충족'한다는 정신을 표출하기도 한다고 했다. 구체적으로 말하면 중농정책을 통하여 백성들이 성실하게 농업에 종사할 수 있도

8) 周紹賢, 「荀子與法家」, 『文藝復興』 第152期, 臺北, 1984년, 26~27쪽 참조.
9) 賴慶鴻, 「荀子禮治思想之功用」, 『東吳政治社會學報』 第8期, 臺北, 1984년, 141쪽 참조.

록 기상조건에 대한 정보를 제공하거나 관개수로를 만들어 제공하는 등의 경작에 대한 최적의 여건을 조성해주기 때문에, 매년 벼나 보리 등의 농작물이 풍작을 이루어 백성들이 가족을 양육할 수 있도록 해 주는 것이다. 그리고 상공업 진흥정책을 통하여 수공업자들이 아름다운 의복 편리한 기구 등을 만들어 제공하도록 하면 백성들 역시 눈과 귀의 욕구를 충족시킬 수 있는 기회를 가질 수 있게 되는 것이다. 게다가 상인들을 매개체로 하여 재화를 원활하게 유통시킨다면 최종적으로는 물질로 오감의 욕구를 충족시킬 수 있는 목적을 달성할 수 있을 것이라고 보았다.

순자는 이러한 조치들을 시행해나가는 과정 속에서 적절한 조절이 필요하다고 했다. 즉 마땅히 사용해야 할 부분에는 사용하고 절약이 필요한 부분은 반드시 절약을 하여 백성들의 욕구가 과욕의 추구로 치닫지 않도록 계도해야 한다는 것이다. 예를 들면 정부의 인력운용에 있어서 불필요한 관원들을 없애면 반드시 국가의 인건비 지출을 절약할 수 있게 된다. 정부에서 불필요한 인력들은 국가의 재원만 축내는 일 외에는 전혀 쓸모없는 존재들이기 때문이다. 이와 같이 한다면 물질적인 측면에서 '욕구를 충족'한다고 하는 이상에 도달할 수 있을 것이라고 했다.

순자는 경제정책이 백성들의 물질적 욕구를 충족시켜준 이후에야 비로소 정신적인 '양성'을 생각할 수 있다고 했다. 물질적인 욕구는 인간이 생존을 영위하기 위한 필수불가결 한 요소이기 때문에 생존을 영위하기 위한 목적을 달성한 후에 자연히 정신적인 측면을 추구해 가는 것이다. 인간은 영혼이 있는 존재이기 때문에 경제정책을 수립할 때는 반드시 물질적인 측면의 '충족'과 정신적인 측면의 '양성'이 상호 보완을 이루어 갈 수 있도록 해야만 한다고 한 것이다.[10)]

순자는 인간의 감정을 절제하여 방종하지 않게 함으로써 사회적인 규범이나 타인의 마음을 상하지 않도록 해야 한다고 했다. 장례를 치르는 과정에서 상주가 너무 과도하게 슬퍼하고 애통해 한다면 문상객들을 곤혹스럽게 만들 수 있을 뿐만 아니라 감정 조절능력을 상실하게 되어 혼절하여 몸을 상하게 할 수도 있기 때문에 절제의 방법으로 상례 규범을 제정한 것이다. 또한 순자는 사람들이 그것을 준수하도록 상벌의 원칙을 적용하면 충분히 그 목표를 달성할 수 있다고 했다.[11)] 예를 들자면 만일 어떤 사람의 행위가 지나치게 과도하여 예법에 어긋난다면 처벌을 통하여 그 과도한 행위를 제어하고, 또 다른 어떤 사람의 행위가 예법에 부합하면 반드시 포상하여 백성들의 모범으로 삼아야 한다는 것이다. 순자는 백성들이 감정을 표출하는데 있어서 일정한 형식이 있게 하고, 성문화 된 포상과 처벌에 관한 운용 규범이 만들어진다면 이것이 바로 절제의 구체적인 표현이 된다고 보았다.

> 지극히 명확하게 고귀한 작위와 충분한 은상을 사람들 앞에 걸고, 죄상을 고지하는 형벌과 크나큰 수치(사형)를 사람들 뒤에 걸면, (그들이) 감화되지 않을 것을 바란다고 하더라도 그것은 불가능할 것이다.[12)]

---

10) 袁信愛, 「荀子的社會思想與當前民主政治」, 『哲學與文化』 第17卷 第11期, 臺北, 1990년, 1029쪽 참조.

11) 袁信愛, 「荀子的社會思想與當前民主政治」, 『哲學與文化』 第17卷 第11期, 臺北, 1990년, 1032쪽 참조.

12) 『荀子』, 「議兵」, "雕雕焉懸貴爵重於其前, 縣明刑大辱於其後, 雖欲無化能乎哉."

그러므로 현명한 군주는 권세로 임하고, 도로 다스리고, 명령으로 진전시키고, 인륜으로 밝히고, 형벌로 금지시킨다. 그러므로 백성들이 도에 동화되어 오는 것이 신비함에 가까운 것이다.[13)]

3. 존군과 귀민의 정책

순자는 군주를 존중해야 하는 것(이하 尊君이라 표현)에 대하여 특별한 강조를 한다. 즉 순자는 군주란 도덕과 예법의 근원일 뿐만 아니라 인간 세상의 모든 규범들을 제정한 사람이기 때문에 반드시 존중해야 한다고 했다. 그러나 순자는 어떠한 방식으로 군주를 존중해야 하는지에 대한 분명한 논급은 하지 않았다. 그렇다고 해서 법가처럼 군주가 법률로 백성들을 통치하고 권력과 통치기술로 신하들을 제어하여 그들로부터 존중받는다고 하는 목적을 효과적으로 달성하는 것과는 같은 맥락으로 이해해서는 안 된다. 순자가 '치도'(治道)에 대하여 언급하면서 군주는 반드시 진정한 행위의 규범으로서 '예'를 정확하게 숙지하고, 모든 정치행위는 군주가 주도적으로 실행해야만 한다고 하는 부분에서 우리는 그가 군주를 중시하는 관점을 견지하고 있음을 알 수 있다.

경제정책의 측면에서의 '존군'(尊君)에 대하여 살펴보면 다음과 같다. 즉 순자는 군주는 대자연의 운행 원칙을 숙지하고 있기 때문에 백성들이 때에 맞춰 경작을 할 수 있도록 지도해야하고, 그러한 것들을 몸소 실천하며 군주로서 갖추어야 할 요건들을 엄수해야만 한다고 했

---

13) 『荀子』, 「正名」, "故明君臨之以勢, 道之以道, 申之以命, 章之以論, 禁之以刑, 故其民之化道也如神."

다. 또한 순자는 군주란 신하들과 백성들을 대하고 정무를 처리하고 국가의 재화를 유용하게 집행해야 하는 것 등을 포함한 업무를 충실하게 수행해야 하고, 자신의 욕망과 향락을 위해서 '예'에 어긋나는 일을 해서는 안 된다고 했다. 예를 들자면 군주가 사치와 향락을 일삼고 과도한 세금을 부과하며 백성들을 강제노역에 자주 동원시키는 것 등을 해서는 안 된다는 것이다. 그러므로 순자는 군주가 반드시 '예'에 의거하여 모든 정무를 처리할 때 백성들도 군주를 따라서 '예'에 맞춰서 자신들의 생업에 충실하게 되고 그 결과 부유해질 수 있게 되는 것이라고 했다. 이와 같이 되었을 때 비로소 군주는 백성들로부터 사랑을 받게 되고 존경받게 되는 것이다.

국방문제에 있어서도 순자는 군주가 합리적인 원칙에 의해서 국가를 통치해나가면서 백성들을 자애로서 대하고 신하들을 관용과 신뢰로서 대하여, 신하들이나 백성들 모두가 군주를 가깝게 여기도록 만들어 온 나라의 백성들과 군주가 혼연일체로 결속하게 된다면 만일의 사태가 발생했을 때 군주가 앞장서서 군대를 이끌면 백성들 모두가 그 뒤를 따를 것이라고 한다. 또한 전쟁이 발발해도 이와 같은 상황이 발생할 수 있을 것이니 이는 국방에 대한 가장 이상적인 정책인 것이라고 할 수 있다.

인재등용의 문제에 있어서도 순자는 군주가 유능한 인재를 판별하여 그러한 자에게 적합한 직위를 줘야한다고 했다. 또한 인재를 영입할 때는 공정하고 합리적인 기준에 의거하여 영입해야 하고, 일단 영입된 인재들은 능력과 직위가 서로 부합할 수 있도록 원칙을 세워야 한다고 했다. 이것 외에도 순자는 인재등용에 있어서 군주는 '예'로서 유능한 인재들을 대해주고 그들을 지극한 정성으로 대우 해줘서 그들 스스로가 중용 받고 있다고 여기게 만들어야 한다고 했다. 그러므로 순자는 유능한 인재들이 군주로부터 중용 받고 있다는 사실을 인식했을 때 비로소 군주를 존경하고 우러러 보게 되는 것이라고 했다. 또한 순자는 백성들이 군주의 이러한 인재등용의 원칙 즉 '예'로서 유능한 인재를 대하고 성심으로 그들을 대우 해주는 것을 직접 목격하고 나서 군주의 덕행에 감복되어 군주를 더욱 숭배하고 존경하게 되는 것이라고 했다. 그러므로 이와 같이 보았을 때 순자는 군주란 유능한 인재를 선발하고 또 그들을 대우해주는 측면에 있어서 주인공의 역할을 담당한다고 했던 것이다.

포상과 처벌의 시행 문제에 있어서도 순자는 군주가 솔선수범 하여 상벌의 원칙을 지켜야한다고 주장했다. 이러한 원칙을 지키는 가장 좋은 방법은 바로 '예'에 의거하여 시행하는 것이라고 할 수 있다. 포상과 처벌의 원칙은 '예'에서 나온 것이기 때문에 군주는 원칙에 맞는 처벌의 시행을 엄수해야만 함과 동시에 포상과 처벌의 기준을 숙지해야만 하는 것이다.[14] 또한 순자는 군주가 이러한 기준에 의거하여 백성들의 행위를 살펴서 공적이 있으면 포상을 내려주고 죄를 지었으면 처벌을 실시하는 행위를 통하여 포상과 처벌이 무겁고 가벼운지에 따라 공정하게 이루어질 수 있게 해야 한다고 했다. 이와 같이 된다면 백성들이 자신들의 군주가 솔선수범 하여 '예'를 지키고 '법'을 준수하는 것을 보고 모두가 따라서 '예'와 '법'을 준수하게 될 것이며, 게다가 포상과 처벌이 공정하게 이루어진다면 사회는 자연히 질서가 있게 될

14) 周紹賢, 「荀子與法家」, 『文藝復興』 第152期, 臺北, 1984년, 26~27쪽 참조.

것이고 질서가 있게 된다면 백성들은 생활에 안정과 즐거움을 도모할 수 있게 될 것이라고 순자는 생각했던 것이다.

이상과 같이 볼 때 '존군'은 '치도'의 네 가지 측면(경제, 국방, 인재등용, 포상과 처벌)의 전개라고 할 수 있으며, 군주 자신의 통치행위에 대한 백성들의 뜻이라고도 말해질 수 있는 것이다. 즉 '예'로써 경제정책을 실행하고, '예'로써 국방정책을 수행하고, '예'로써 공정하게 인재를 등용하고, '예'로써 공평하게 포상과 처벌 정책을 실행한다면 '존군'의 목적을 달성할 수 있다는 것이다.

> 이와 같은 이유로 시기에 맞춰 적절하게 사육을 하면 여섯 종류의 가축도 살찌고, 시기에 맞춰 적절하게 벌채와 식목을 하게 되면 풀과 나무도 우거지고, 마찬가지로 정치상의 시의(時宜)를 얻고 있다면 백성들은 통일되고 도덕적으로 훌륭한 현자도 귀의하여 복종하게 된다. 이것이야말로 성왕의 정치제도의 효용이라는 것이다.[15)]

> 군주가 조세의 등급을 매겨 생산 사업을 정리하는 것은 만물을 완비하여 백성을 잘살게 하자는 것이다.[16)]

> 저는 지금 인자(仁者)의 병법과, 군주의 뜻을 말하는 것입니다.[17)]

> 그러므로 백락에게 이 말이 좋다 나쁘다 말을 속일 수 없고, 군자에게 이 사람이 좋다 나쁘다 사람을 속일 수 없으니, 이것이 바로 현

---

15) 『荀子』, 「王制」, "故養長時, 則六畜育, 殺生時, 則草木殖, 政令時, 則百姓一, 賢良服. 聖王之制也."

16) 『荀子』, 「王制」, "王者之等賦政事, 財萬物, 所以養萬民也."

17) 『荀子』, 「議兵」, "臣之所道, 仁人之兵, 王者之志也."

명한 군주가 사람을 선택하여 기용하는 방법이다.[18]

> 군주의 행정은 덕이 있는 사람은 다 우러러 존중하고, 유능한 사람이라면 한 사람도 관직을 갖지 아니한 사람이 없도록 하고, 공적이 있는 사람은 한 사람도 빠짐없이 상을 주고, 죄가 있는 사람은 모조리 벌을 주는 것이다.[19]

순자는 백성을 귀하게 여겨야한다고 주장했는데, 이는 백성을 부유하게 함과 백성을 단결시킴과 상벌의 실행 그리고 현명한 사람을 숭상하고 유능한 인재를 등용하는 국가 통치의 구체적인 방법 속에 나타나 있다. 순자는 전국시대(戰國時代) 말기에 생존했기 때문에 끊임없는 전란으로 인해서 백성들의 삶은 도탄에 빠지고 도덕규범은 사라지고 이익만을 추구하는 풍조가 만연된 당시의 사회상황을 직접 목도했다. 그래서 그가 백성을 귀하게 여긴다(이하 貴民이라 표현)고 하는 주장은 바로 백성들의 기본적인 삶을 충족시키고 백성들을 교화시키는 한편 전쟁의 방지를 중시한데서 비롯된 것이라고 할 수 있는 것이다.[20]

순자는 백성들의 민생문제를 해결하기 위해서는 경제적으로 모든 백성들을 부유하게 만들어야 한다는 주장을 함과 동시에 유능한 인재를 등용하고 백성들을 교화시키기 위해서는 적절한 포상과 처벌을 병

---

18) 『荀子』, 「君道」, "故伯樂不可欺以馬, 而君子不可欺以人, 此明王之道也."

19) 『荀子』, 「王制」, "王者之論, 無德不貴, 無能不官, 無功不賞, 無罪不罰."

20) 施銘燦, 「荀子之尊君貴民思想」, 『高雄師範學院學報』 第16期, 高雄, 1988년, 61~62쪽 참조.

행하여야 한다는 주장을 한다. 그리고 전쟁 방지의 문제에 대해서는 모든 백성과 군주의 대동단결을 통하여 해결하고자 했다.

백성을 부유하게 만든다고 하는 문제에 대하여 순자는 중농정책과 상공업 진흥정책 등의 경제정책을 통하여 해결하고자 했다. 또한 그는 이러한 정책들의 시행 속에서 백성들을 중시하는 입장을 가감 없이 드러내놓고 있다. 백성들을 중시하기 때문에 그들의 생활방식을 간섭하거나 방해하지 않아야 할 뿐만 아니라[21] 최선의 노력을 기울여 협조해야 한다고 생각했다. 좀 더 구체적으로 말하자면 백성 한 사람 한 사람 모두가 통치자로부터 가장 좋은 대우를 받을 수 있게 되어 자신의 일에 최선을 다할 수 있도록 만들어 준다면, 결국에는 이러한 것이 확산되어 모든 사회구성원들이 자신의 일에 전념해서 최선을 다할 수 있기 때문에 부유해질 수 있다는 것이다.

그러므로 순자는 정부가 취해야 할 적극적인 정책은 백성들이 자신의 생업에 전념할 수 있도록 전폭적인 지원을 하는 것이라고 하는 한편 정부가 취해야 할 소극적인 정책으로는 세금을 가볍게 해주거나 노역을 줄여주는 것이라고 주장했다. 다시 말하면 이러한 위민(爲民) 정책을 통하여 백성들이 풍부한 농작물의 수확을 통하여 재화를 축적할 수 있도록 여건을 조성해주는 한편 충분한 휴식의 기회를 제공해야 한다는 것이다. 순자는 이와 같은 정책들을 통하여 백성들을 부유하게 만든다고 하는 목적에 도달할 수 있고 이를 통해 민생문제가 해결될 수 있다고 했다.

---

21) 과도한 세금을 징수치 않거나, 노역이나 부역에 동원시킬 때는 반드시 농사철을 피해는 것 등을 의미함.

포상과 처벌을 적절하게 운용한다는 문제에 대하여 순자는 백성들에 대하여 실시하는 포상과 징계의 주요한 목적이 그들의 언행과 행동거지가 '예'의 규범에 부합하도록 하여 처벌을 받지 않으면 포상을 받을 수 있도록 만드는데 있다고 하였다. 만일 그렇지 않을 경우 반드시 형벌을 받게 만들어야 한다고 했다. 이와 같은 조치로서 백성들의 언행이나 행동거지가 '예'에서 벗어나거나 규범에 위배되지 않도록 교화시켜야 한다고 했다.

현명한 사람을 숭상하고 유능한 인재를 등용해야 한다는 문제에 대하여 순자는 이러한 조치가 백성들을 교화시키는데 있어서 가장 효과적인 방법이라고 주장했다. 순자는 군주가 "현자를 숭상하고 유능한 사람을 등용하면, 백성들이 저마다 스스로 나아갈 방향을 알게 된다."[22]고 하여 국가를 통치하고 인재를 등용하는데 있어서 원칙에 맞게 일을 처리하고 능력 있는 인재를 판별해서 기용해야 한다고 했다. 즉 모두가 유능한 인재라고 하는 사람들이 전부 국가의 관리로서 임용될 수 있다면 그들은 국가를 위하여 최선의 노력을 기울일 것이라는 것이다.

순자는 "비록 서인의 자손이라 할지라도 학문을 쌓아 몸가짐을 바르게 하여 행동하고 예의에 힘쓴다면, 그 인물을 재상이나 사대부로 끌어올리는 것이다."[23]라고 언급하여 기층계급인 서인(庶人)에게 조차 신분상승의 기회를 주자고 했다. 그렇다면 서인은 어떤 방법으로 유능한 인재로 변화 될 수 있는 것인가? 그것은 교화에 의해서이다. 그렇

22) 『荀子』, 「君道」, "尙賢使能, 則民之方."

23) 『荀子』, 「王制」, "雖庶人之子孫也, 積文學, 正身行, 能屬於禮義, 則歸之卿相士大夫."

기 때문에 "학문을 쌓아 몸가짐을 바르게 하여 행동함"은 순자가 백성들에 대하여 실시하고자하는 교육방법론이 된다고 할 수 있는 것이다. 백성들이 자신들의 능력을 발휘할 수 있게 만들어 유능한 인재들이 신분에 관계없이 정치권에 입지를 마련할 수 있는 기회를 제공하자는 것이 순자가 언급한 백성들을 교화한다는 것의 주요한 목적인 것인 것이다.

순자는 '예'로서 백성들을 교화하여 덕행이 뛰어난 사람을 임용하고자 했다. 이러한 그의 조치는 백성들로부터 대단한 호응을 받게 됨은 물론이고 그들이 반드시 능동적으로 모든 행동거지를 '예'에 맞춰 행동하게 만들 수 있는 원동력이 되었던 것이다. 이러한 순자의 현명한 사람을 숭상하고 유능한 인재를 등용해야 한다는 주장은 백성들의 교화에 대해 많은 효과를 냈을 뿐만 아니라 백성들의 정치적 지위를 끌어올리는데도 일조 했다고 할 수 있다.[24]

백성들을 대동단결 시킨다고 하는 문제에 대하여 순자는 전쟁의 상황을 들어 설명을 한다. 순자는 만일 국가가 전쟁의 상황이 돌입하게 되었을 때 가장 염려되는 것은 바로 군주와 신하 및 백성들이 서로 한마음으로 협력하지 못하여 단결된 전력을 창출하지 못하는 점이라고 했다. 즉 스스로 내분이 발생하면 적국은 싸우지 않고도 승리를 할 수 있다는 것이다. 그러므로 먼저 자국의 전력을 공고히 하기 위해서는 백성들을 일치단결 시켜야한다고 했다. 백성들을 일치단결시키기 위해서는 군주부터 시작해야 하는데, 그 이유는 군주가 백성들의 학습

---

24) 袁信愛, 「荀子的社會思想與當前民主政治」, 『哲學與文化』 第17卷 第11期, 臺北, 1990년, 1030쪽 참조.

과 모방의 대상이 되기 때문이다.

순자는 군주가 진심으로 국가를 위하여 정사를 처리하면 백성들의 삶은 자연히 안정을 찾게 되고 그에 따라 국가도 안정된다고 했다. 게다가 위로는 군주가 백성들을 자애로 돌보며 그들이 필요로 하는 것들을 적절하게 제공해주면 백성들은 당연히 군주를 더욱 믿고 따르게 된다고 보았다. 이와 같이 군주와 백성들이 한마음으로 단결했을 때 반드시 공통의 이데올로기가 만들어지게 되는 것이며, 군주가 백성들의 삶을 안정적으로 만들어주면 백성들은 군주를 충성의 대상으로 여기고 충성을 바치게 되기 때문에 국가의 내부적인 여건이 이와 같이 굳건하게 다져져 있으면 전쟁이 발생해도 두려울 것이 없게 된다는 것이다.

만일 모든 나라가 이와 같은 내부적인 여건을 모두들 갖추고 있다면 감히 어떤 나라의 통치자가 다른 나라와 전쟁을 하려고 생각을 할 수 있겠는가? '예'로써 백성들을 교화하고 자애로움으로 정치를 하고 백성들을 자식처럼 사랑하는 군주가 어떻게 백성들을 전쟁의 위험에 빠트리겠는가? 그렇기 때문에 이와 같은 조처들이 완성된다면 전란은 결코 발생하지 않을 것이라고 순자는 주장한 것이다.

4. 맺는 말

순자의 정치사상에 있어서 '예치'와 '존군·귀민'의 정책은 전체 '정도'의 정신이 된다고 말할 수 있다.

'예치'에서 '예'는 인간 사회의 규범이자 원칙으로, 인간 사회에서 발생하는 모든 일들 즉 개인의 언행에서부터 천하를 다스리는 일에 이르기까지 어떤 사안도 '예'를 벗어날 수는 없는 것이다. 인간 사회에 '예'가 존재하고 있기 때문에 인간 사회에 질서가 있는 것이고, 사람들이 마땅히 어떤 말을 해야 하고 어떤 행위를 해야 하는지를 알게 된다는 것이다.

이러한 '예'의 경제 정책의 측면에 있어서의 효용은 바로 백성들이 각자 자신의 직분에 최선을 다하고 절제를 할 수 있게 만들어 '예'를 통한 구분의 관념을 양성한다는 것이다. 그리고 군사정책의 측면에 있어서의 효용은 바로 백성들이 자신들의 본분을 인식할 수 있게 하여 모든 사람들이 각자의 직분에 충실하면 군대는 자연히 규율이 서게 되어 강력한 군대를 운영할 수 있는 구분의 관념을 갖게 하는데 있는 것이다. 또한 인재등용 정책의 측면에 있어서의 효용은 바로 유능한 인재를 그 능력에 맞는 직위에 임용하여 구분의 관념을 전개할 수 있게 하는 것에 있다. 끝으로 포상과 처벌의 측면에 있어서의 효용은 포상과 처벌을 공정하고 원칙에 맞게 시행하는데 있는 것이다.

'존군·귀민'의 정책에서 먼저 '존군'의 경제적인 측면에 있어서의 효용은 군주가 반드시 '예'에 의거하여 모든 정무를 처리할 때 백성들도 군주를 따라서 '예'에 맞춰서 자신들의 생업에 충실하게 되고 그 결과 부유해질 수 있으며, 그럴 때 군주는 백성들로부터 사랑과 존경을 받게 된다는 것이다. 또한 군사적인 측면에 있어서의 효용은 군주가 합리적인 원칙과 관용과 신뢰로 백성들과 신하를 대하여 백성들과 군주지간의 결속력을 강화시키는데 있다. 그리고 인재등용의 측면에 있어서의 효용은 군주가 공정한 원칙에 의거하여 유능한 인재를 등용하고 또한 그들을 '예'와 성의를 다해 대우 해주게 되면 백성들이 이를 통하여 군주를 더욱 숭상하고 존경하게 만드는데 있다. 끝으로 포상과 처벌의 시행 측면에 있어서의 효용은 상벌이 공정하게 이루어진다면 사회는 자연히 질서가 있게 될 것이고 질서가 있게 된다면 백성들은 생활에 안정과 즐거움을 도모할 수 있게 된다는데 있다.

'귀민'의 경제적인 측면에서의 효용은 국가가 백성들이 자신의 생업에 전념할 수 있도록 전폭적인 지원을 해야 함과 동시에 세금을 가볍게 해주거나 노역을 줄여주는 정책을 통하여 백성들을 부유하게 만드는데 있다. 또한 포상과 징계의 적절한 시행이라는 측면에서의 효용은 포상과 징계의 목적이 백성들의 언행과 행동거지가 '예'의 규범에 부합하도록 교화시키는데 있다. 그리고 현명한 사람을 숭상하고 유능한 인재를 등용해야 한다는 측면에 있어서의 효용은 현명한 이를 높이고 인재를 등용하는 조치가 백성들이 자신들의 능력을 발휘할 수 있게 만들어 유능한 인재들이 신분에 관계없이 정치권에 입지를 마련할 수 있는 기회를 제공함과 동시에 이를 통하여 백성들을 효과적으로 교화시킬 수 있다는데 있다. 끝으로 백성들을 대동단결 시킨다고 하는 측면에 있어서의 효용은 군주가 진심으로 국가와 백성들의 윤택한 삶을 위하여 정치를 하면 백성들은 생활의 안정을 찾게 되고 그에 따라 국가도 안정되어 백성들은 군주를 신뢰하고 따르게 되어 결국은 군주와 백성들이 한마음으로 단결하게 만드는데 있다. 또한 이와 같이 군주와 백성들이 혼연일체가 되어 단결된 모습을 보이면 매우 효과적으로 전쟁을 방지할 수 있다는 것이다.

參考文獻

王先謙, 『荀子集解』, 北京, 中華書局, 1992년.

王忠林, 『荀子讀本』, 臺北, 三民書局, 1996년.

韋政通, 『荀子與古代哲學』, 臺北, 臺灣商務印書館, 1992년.

蘇新鋈, 『先秦儒學論集』, 臺北, 文津出版社, 1992년.

陳伯堅, 「荀子政治思想探微」, 『復興崗學報』 第36期, 臺北, 國防大學政治作戰學院, 1986년.

楊素珍, 「荀子禮論與其政治思想的關聯」(上), 『孔孟月刊』 第34卷, 第2期, 臺北, 1995년.

羅漢文, 「荀子的政治思想」, 『政治評論』 第40卷 第3期, 臺北, 1982년.

周紹賢, 「荀子與法家」, 『文藝復興』 第152期, 臺北, 1984년.

賴慶鴻, 「荀子禮治思想之功用」, 『東吳政治社會學報』 第8期, 臺北, 1984년.

袁信愛, 「荀子的社會思想與當前民主政治」, 『哲學與文化』 第17卷 第11期, 臺北, 1990년.

施銘燦, 「荀子之尊君貴民思想」, 『高雄師範學院學報』 第16期, 高雄, 1988년.

참고문헌

[원전류]

朱公遷, 『詩經義疏』, 『四庫全書』 本.

孫星衍, 『尙書今古文注疏』, 『平津館叢書』 本.

趙汸, 『春秋左氏傳補注』, 『通志堂經解』 本.

朱彬, 『禮記訓纂』, 『宜祿堂』 淸刻本.

朱熹, 『大學章句』, 『海淵閣』 明刻本.

黃侃, 『論語義疏』, 『皇淸經解』 本.

朱熹, 『論語集注』, 『海淵閣』 明刻本.

劉寶楠, 『論語正義』, 『續皇淸經解』 本.

朱熹, 『中庸章句』, 『海淵閣』 明刻本.

趙岐, 『孟子章句』, 『四部叢刊』 本.

朱熹, 『孟子章句集註』, 『海淵閣』 明刻本.

焦循, 『孟子正義』, 『焦氏遺書』 本.

王先謙, 『荀子集解』, 北京, 中華書局, 1992년.

北京大學哲學系注釋, 『荀子新注』, 臺北, 里仁書局, 1983년.

李滌生, 『荀子集釋』, 臺北, 學生書局, 1991년.

王忠林, 『荀子讀本』, 臺北, 三民書局, 1996년.

程頤, 程灝, 『二程全書』, 遺書十九, 臺北, 臺灣中華書局, 1990년.

王陽明, 『王陽明全集』 上冊, 上海, 上海人民出版社, 1992년.

司馬遷, 瀧川資言會注考證, 『史記會注考證』, 太原, 北岳文藝出版社, 1999년.

許愼撰, 段玉裁注, 『說文解字注』, 上海, 上海書店, 1992년.

[중국자료]

趙起彬,『論語新探』, 北京, 人民出版社, 1976년.

匡亞明,『孔子評傳』, 濟南, 齊魯書社, 1985년.

錢穆,『孔子與論語』, 臺北, 聯經圖書事業公司, 1988년.

金谷治,『唐寫本論語鄭氏注及其硏究』, 北京, 文物出版社, 1991년.

蔡仁厚,『孔孟荀哲學』, 臺北, 學生書局, 1991년.

H.G.Creel,『孔子與中國之道』, 太原, 山西人民出版社, 1993년.

郎擎霄,『孟子學案』, 上海, 商務印書館, 1928년.

唐迪風,『孟子大義』, 北京, 北平直隸書局, 1931년.

陳大齊,『孟子的名理思想及其辯說實況』, 臺北, 臺灣商務印書館, 1983년.

何淑靜,『孟荀道德實踐理論之硏究』, 臺北, 文津出版社, 1988년.

袁保新,『孟子三辨之學的歷史省察與現代詮釋』, 臺北, 文津出版社, 1992년.

李信言,『孟子政治思想及經濟思想』, 上海, 易社, 1938년.

許宗興,『孟子的哲學』, 臺北, 臺灣商務印書館, 1989년.

葉經柱,『孟子之民本主義』, 臺北, 正中書局, 1990년.

黃俊傑 主編,『孟子思想的歷史發展』, 臺北, 中央硏究院 中國文哲硏究所籌備處, 1995년.

劉鄂培,『孟子大傳』, 北京, 淸華大學出版社, 1998년.

楊筠如,『荀子硏究』, 上海, 商務印書館, 1931년.

周群振,『荀子思想硏究』, 臺北, 文津出版社, 1987년.

魏元珪,『荀子哲學思想』, 臺北, 谷風出版社, 1987년.

陳大齊,『荀子學說』, 臺北, 中國文化大學出版部, 1989년.

李哲賢,『荀子之核心思想』, 臺北, 文津出版社, 1994년.

馬積高,『荀學源流』, 上海, 上海古籍出版社, 2000년.

牟宗三,『名家與荀子』, 臺北, 學生書局, 1985년.

韋政通,『荀子與古代哲學』, 臺北, 臺灣商務印書館, 1992년.

陳大齊,『荀子學說』, 臺北, 中國文化大學出版部, 1989년.

廖名春,『荀子新探』, 臺北, 文津出版社, 1994년.

鮑國順,『荀子學說析論』, 臺北, 華正書局, 1993년.

熊十力,『明心篇』, 臺北, 學生書局, 1979년.

周群振,『儒學探源』, 臺北, 鵝湖出版社, 1986년.

蘇新鋈,『先秦儒學論集』, 臺北, 文津出版社, 1992년.

余英時,『中國知識階層史論』, 臺北, 聯經圖書出版事業公司, 1980년.

李澤厚,『中國古代思想史論』, 北京, 人民出版社, 1986년.

徐復觀,『中國人性論史』, 臺北, 臺灣商務印書館, 1990년.

唐君毅,『中國哲學原論』, 原性篇, 臺北, 學生書局, 1984년.

馮友蘭,『中國哲學史新編』 第二冊, 北京, 人民出版社, 1995년.

張豈之,『中國儒學思想史』, 臺北, 水牛出版社, 1992년.

藩菽 主編,『中國古代心理思想研究』, 南昌, 江西人民出版社, 1983년.

陳定閎,『中國社會思想史』, 北京, 北京大學出版社, 1990년.

牟宗三,『中國哲學的特質』, 臺北, 學生書局, 1991년.

牟宗三,『中國哲學十九講』, 臺北, 學生書局, 1991년.

牟宗三,『心體與性體』, 第一冊, 臺北, 正中書局, 1989년.

牟宗三,『心體與性體』, 第二冊, 臺北, 正中書局, 1989년.

牟宗三,『圓善論』, 臺北, 學生書局, 1985년.

牟宗三,『王陽明致良知教』, 臺北, 中央文物供應社, 1980년.

傅佩榮,『儒道天論發微』, 臺北, 學生書局, 1989년.

楊慧傑,『天人關係論』, 臺北, 水牛圖書事業出版公司, 1989년.

成中英,『知識與價值』, 臺北, 聯經出版事業公司, 1986년.

黃維幸,『法律與社會理論的批判』, 臺北, 時報文化事業公司, 1991년.

瞿同祖, 『中國法律與中國社會』, 臺北, 里仁, 1987년.
徐復觀, 『中國思想史論集』, 臺北, 學生書局, 1983년.
徐復觀, 『中國思想史論集續篇』, 臺北, 時報文化事業公司, 1985년.
蕭公權, 『中國政治思想史』(上), 臺北, 聯經出版事業公司, 1990년.
侯家駒, 『先秦儒家自由經濟思想』, 臺北, 聯經出版事業公司, 1985년.
王友三 主編, 『中國宗教史』, 濟南, 齊魯書社, 1991년.
錢穆, 『國史大綱』, 卷上, 臺北, 臺灣商務印書館, 1991년.
楊寬, 『古史新探』, 北京, 中華書局, 1965년.
宋淑萍, 『浩瀚的學海』, 北京, 三聯書店, 1991년.
秦家懿・孔漢思, 『中國宗教與西方神學』, 臺北, 聯經出版事業公司, 1993년.
칸트 著, 藍公武 譯, 『純粹理性批判』, 北京, 商務印書館, 1997년.
Hans-Georg Gadamer, 洪漢鼎 譯, 『眞理與方法』, 上海, 上海譯文出版社, 2004년.

[일본자료]

木村英一, 『孔子と論語』, 東京, 創文社, 1971년.
白川靜, 『孔子傳』, 東京, 中央公論社, 1989년.
增淵龍夫, 『中國古代の社會と國家』, 東京, 弘文堂, 1960년.
小倉芳彦, 『中國古代政治思想硏究』, 東京, 青木書店, 1970년.
伊藤道治, 『中國社會の成立』, 東京, 講談社, 1981년.
赤塚忠, 『中國古代思想史硏究』, 東京, 硏文書店, 1987년.
松本雅明, 『世界歷史』卷四, 東京, 岩波書店, 1970년.

[한국자료]

H.Fingarette, 송영배 역, 『공자의 철학』, 서울, 서광사, 1993년.

松丸道雄 외, 조성을 역, 『중국사개설』, 서울, 한울 아카데미, 1990년.

[논문자료]

徐復觀, 「封建政治·社會的崩潰, 及典型專制政治的成立」, 『新亞書院學術年刊』 第十一期, 香港, 1969년.
侯家駒, 「井田叢考」, 『大陸雜誌』, 卷67, 第3期, 臺北, 1972년.
許俊雅, 「禮之精神及社會價値」, 『孔孟月刊』, 第二十三卷 第十二期, 臺北, 1982년.
林義正, 「論語 '夫子之文章之硏究'」, 『文史哲學報』, 第四十二期, 臺北, 1995년.
薛保綸, 「荀子的天論」, 『哲學與文化』, 第三卷 第十三期, 臺北, 1978년.
傳佩榮, 「荀子天論硏究」, 『哲學與文化』, 第十二卷 第三期, 臺北, 1985년.
岑溢成, 「荀子性惡論析辯」, 『鵝湖學誌』, 第3期, 臺北, 文津出版社, 1989년.
陳伯壑, 「荀子政治思想探微」, 『復興崗學報』 第36期, 臺北, 國防大學政治作戰學院, 1986년.
楊素珍, 「荀子禮論與其政治思想的關聯」(上), 『孔孟月刊』 第34卷, 第2期, 臺北, 1995년.
羅漢文, 「荀子的政治思想」, 『政治評論』 第40卷 第3期, 臺北, 1982년.
周紹賢, 「荀子與法家」, 『文藝復興』 第152期, 臺北, 1984년.
賴慶鴻, 「荀子禮治思想之功用」, 『東吳政治社會學報』 第8期, 臺北, 1984년.
袁信愛, 「荀子的社會思想與當前民主政治」, 『哲學與文化』 第17卷 第11期, 臺北, 1990년.
施銘燦, 「荀子之尊君貴民思想」, 『高雄師範學院學報』 第16期, 高雄, 1988년.
顔厥安, 「論法哲學的範圍及主要問題」, 『哲學雜誌』, 第四期, 1993년.
蕭高彦, 「共同體的理念」, 『臺灣政治學刊』, 第一期, 1996년.

河池重造, 「先秦時代'士'の諸問題」, 『史林』卷四十二, 1959년.

高木智見, 「春秋時代の神人共同體について」, 『中國-社會と文化』集五, 1990년.

近藤正則, 「『讀余隱之尊孟辨』に見える朱子の孟子不尊周への對應」, 『日本中國學會報』 第33集, 日本中國學會, 1981년.

倉田信靖, 「『孟子』の"春秋天子之事也"に就いて」, 『日本中國學會報』 第38集, 日本中國學會, 1986년.

색인

ㅇ

ㅈ

■ 지은이

조원일(趙源一)

충남대학교 철학과 졸업. 臺灣 中國文化大學 대학원 철학과에서 석사학위를, 中國 北京大學 대학원 철학과에서 박사학위를 취득했다. 현재 전남대학교 중국학과 교수로 재직하고 있으며, 저서로 『東吳哲學』, 『哲學·宗教與人文』(中國出版), 『半生緣』(영화로 배우는 중국어), 『맹자의 도덕사상과 정치사상』, 『고대중국의 사유세계』, 『동아시아의 유학사상』 등이 있으며, 논문으로 「孟子的人性論探微」 외 국외발표 다수 및 「儒家의 政治理想」 외 국내발표가 다수 있다.

선진유가의 사상

인쇄 | 2011년 11월 10일
발행 | 2011년 11월 15일

저자 | 조원일
발행 | 김윤수
발행처 | 전남대학교출판부

등록 | 1981. 5. 21. 제53호
주소 | 500-757 광주광역시 북구 용봉로 77
전화 | (062) 530-0571~3
팩스 | (062) 530-0579
홈페이지 | http://altair.chonnam.ac.kr/~cnup

값 13,000원

ISBN 978-89-7598-954-4 (93150)

이 도서의 국립중앙도서관 출판시도서목록(CIP)은 e-CIP홈페이지(http://www.nl.go.kr/ecip)와 국가자료공동목록시스템(http://www.nl.go.kr/kolisnet)에서 이용하실 수 있습니다.
(CIP제어번호 : CIP2011005083)